协调发展视角下的
现代经济管理研究

华 忠 钟惟钰 ◎ 著

吉林出版集团股份有限公司

图书在版编目（CIP）数据

协调发展视角下的现代经济管理研究 / 华忠, 钟惟
钰著. 一 长春：吉林出版集团股份有限公司, 2021.11
ISBN 978-7-5731-0635-3

Ⅰ. ①协… Ⅱ. ①华… ②钟… Ⅲ. ①经济管理一研
究一中国 Ⅳ. ①F123

中国版本图书馆 CIP 数据核字（2021）第 231847 号

协调发展视角下的现代经济管理研究

著　　者	华　忠　钟惟钰
责任编辑	曲珊珊
封面设计	吴志宇
开　　本	710mm×1000mm　1/16
字　　数	261 千
印　　张	15.5
版　　次	2023 年 3 月第 1 版
印　　次	2023 年 3 月第 1 次印刷

出版发行　吉林出版集团股份有限公司
总 编 办　010-63109269
发 行 部　010-63109269
印　　刷　北京市兴怀印刷厂

ISBN 978-7-5731-0635-3　　　　　　　　　　定价：79.00 元

前　言

改革开放后，我国经济发展取得了举世瞩目的成就，但经济的快速发展并不能掩盖因为管理不到位而对经济可持续发展所造成的损害，区域经济发展失衡、城乡经济差距过大、产业结构不合理等一系列问题成为我国未来经济发展的艰难挑战。

协调是转向高质量发展的内在要求。协调既是发展手段又是发展目标，同时还是评价发展的标准和尺度，是发展两点论和重点论的统一，是发展平衡和不平衡的统一，是发展短板和潜力的统一。转向高质量发展，要深化供给侧结构性改革，着力点必须放在实体经济上，实体经济的协调发展是不断推动供给体系质量提升的前提与基础。经济协调发展既要破解结构性改革过程的难题，又要考虑巩固和厚植原有优势；既不能搞平均主义，又要更加注重资源均衡配置；既要补齐经济迈向高质量发展的短板，又要不断增强发展后劲。在协调发展中解决不平衡不充分的发展问题，推动经济体系质量不断提升。

我国人口众多，经济发展情况相对复杂，我国在经济发展中难免会顾此失彼，这大大降低了经济管理措施的科学性和针对性。本书的创作正是基于我国经济发展与管理的现实状况，通过对国民经济管理、农业经济发展、区域经济管理的分析研究，结合经济协调发展理论，探求适合我国经济管理协调发展的模式和方法，为提高我国经济管理质量与水平提供一定的借鉴。

本书共分六章对我国经济的协调发展进行分析和研究：第一章，第二章为理论基础，介绍我国国民经济发展的相关状况以及经济供求平衡关系；第三章和第四章从区域协调发展的角度对我国经济的发展进行分析，主要有区域经济空间结构的协调发展和区域经济产业结构协调发展；第五章、第六章从城乡协调发展的角度对经济协调发展进行阐述，主要有城乡经济协调发展以及生态农业的发展。

在本书的撰写过程中，引用了很多同行专家和研究学者的数据资料，参考文献中已经列出，如有遗漏，望请见谅！同时也要对这些专家和学者表示衷心的感谢。由于各方面条件的限制，本书难免会存在一些疏漏之处。在此，希望广大读者对本书提出宝贵意见，对书中的错误进行指正，帮助本书进一步修改与完善。

作　者

2021 年 4 月

目　　录

第一章　国民经济管理

国民经济管理是政府对整个国民经济进行的全局性和综合性管理，在管理过程中表现出独有的特殊性。政府是国民经济管理的主体，对其经济管理职能必须有清晰的界定。国民经济，按照概念的本义来理解也就是国家经济（national economy）。因而可以简单地说，对一个国家的经济活动加以管理，就是国民经济管理。然而，由于国民经济概念从内涵到外延十分丰富，因此国民经济管理也具有相应丰富的内容。

第一节　国民经济管理的含义与内容

一、国民经济管理的含义

一个国家的经济是由不同层面、不同环节和不同要素的内容有机构成的。这种复杂的内容可以简化为几方面。

（一）国民经济按照资源要素划分为自然、人力、资本和技术等

一个国家的全部资源可以简单分成自然资源、人力资源、资本资源和技术资源，等等。自然资源又叫作资源禀赋，是完全客观化、自然化的要素。资源禀赋较好的国家比起资源禀赋较差的国家，拥有长远的国家竞争优势潜力。但是潜力要发挥出来，必须通过生产力与生产关系的良好组合。这种组合的核心就是人力资源、资本资源与技术资源的整合。一定数量受过良好专业素质训练的劳动力，采用恰当的组织形式和适当的技术手段去推动规模巨大的资本，一般就能获得明显的自然资源利用效果。但是，当国家资源日益稀缺时，如何管理好国民经济资源，如何在资源开发和消耗的平衡条件下获得国民经济资源的可持续性利用效果，便成为现代国民经济管理的一项重大使命和任务。

（二）国民经济按照再生产环节划分为生产、交换、分配和消费

市场经济下的经济活动依照再生产环节循环往复，以致无穷，但在各个环节上具有相对的阶段稳定性。生产领域是厂商内部的领地，效率是该环节的核心。但是效率能否带来效益，则取决于厂商外部的交换领域。交换是从生产通向分配及消费的必要途径，是市场经济中的"惊险一跳"。

几乎市场经济的所有矛盾都在交换领域中呈现出来，并反馈给生产领域以及延续到分配和消费领域。分配领域是生产和交换领域的折射，生产及交换关系决定了分配关系，分配关系进一步强化了生产与交换关系，并进一步决定了消费。因此分配是市场经济的中枢神经。消费领域既是再生产的终点，又是再生产新一轮循环的起点。这样，市场经济始终处于生产、交换、分配和消费的循环运动中，其中任何一个环节出现脱落，都会给市场经济运行造成伤害。应当承认，市场经济的发育成熟逐步形成了对这个循环系统的自我维护功能机制，但是这个自我维护功能机制所需要的条件比较多，也比较严格，需要外部系统的支持。国民经济管理实际上就是这种外部支持系统，就是对这种循环系统的全程监控，目的是防止和纠正脱环现象。

（三）国民经济按照空间范围的大小划分为微观经济、中观经济和宏观经济

其中，微观经济一般是指单独的个人、家庭和厂商等的经济活动，这些活动也被称作经济个量。宏观经济一般是指一个国家的整体经济活动，如社会的总需求和总供给、总投资、总消费、总进出口等。宏观经济并不是单独的经济个量的简单相加，而是这些经济个量按照一定的形式有机组合而形成的经济总量。中观经济一般是指介于宏观经济与微观经济之间的部门和区域的经济活动。这种划分具有相对性，是首先存在宏观和微观经济层次前提下的进一步划分。从概念的严格科学意义上讲，国民经济包含了这三个不同层次经济活动的全部内容。因此，在论及国民经济问题时避而不谈经济个量显然是不合理的。不过，由于在市场经济条件下，政府的经济职能侧重在市场环境的改善和主要经济关系的平衡等方面，因此宏观经济和中观经济成为国民经济管理的主要对象，而在个别情况下，某些微观经济领域也成为国民经济管理的对象。一般说来，对宏观及中观领域的活动所做的国民经济管理有时也被称为宏观调控，对微观领域的活动所做的国民经济管理被称为微观规制。

由管理学的知识可知，任何一项管理行动都是由管理主体、管理对象或客体、管理手段和管理目的构成的。在市场经济中，国民经济管理的主体是政府，国民经济管理的对象是国民经济，国民经济管理的手段是一切能够用于实现管理目的的措施和方法，国民经济管理的目的是保持国民经济各个层面、环节和要素的协调，或者说保持市场经济的良好运行。因而，所谓国民经济管理，就是指政府为了达到一定的预期目的，对国民经济进

行全局性的规划、组织、调控和监督等的行动总和。

二、国民经济管理的性质

马克思主义经济理论认为，任何经济过程都是在一定的生产方式下进行的。社会再生产既是物质资料的再生产，又是生产关系的再生产；因此，对社会生产过程的管理也就存在着二重属性：一方面是与生产力相联系的管理的自然属性，另一方面是与生产关系相联系的管理的社会属性。

国民经济管理的二重性，从自然属性看，它体现着合理组织社会化大生产对经济管理的客观要求，其作用在于优化配置社会经济资源，保证国民经济高效、协调和有序运行。显然，这种意义上的经济管理直接以发展生产力为目的，为不同社会制度所共有，故人们又称之为管理的一般功能。所谓国民经济管理的社会属性，是指国民经济管理必须体现作为管理主体的国家意志，维护现存的财产关系，最大限度地实现社会利益。这种意义上的经济管理服从并服务于特定的生产关系，因社会制度性质不同而不同，故被称作管理的特殊功能。在国民经济管理的实践中，这两种功能并非各自分离，而是相互结合，共同作用于管理过程的始终。

认识和掌握管理的二重性原理，对于搞好现实的国民经济管理具有重要的指导意义。

首先，不同国家的政府履行经济职能、进行国民经济管理的经验具有可借鉴性和可继承性。当代的资本主义国家与社会主义国家都是以社会化大生产为基础的，并以市场经济的运行为宏观背景。因而，就管理的自然属性而言，不同国家在管理国民经济的具体方式、方法和手段上存在着许多共同之处。发达资本主义国家的政府，是管理市场经济的先行者，在国民经济管理方面积累了丰富的经验，尤其是近半个世纪以来，伴随着新技术革命和生产社会化的高度发展，提出了不少新的管理理论和思想，这些理论和思想成为人类社会的共同财富。社会主义国家的政府，最初是在否定市场经济的理念下建立并管理计划经济的，具有管理计划经济的丰富经验，但是严重缺乏管理市场经济的经验。实践证明，市场经济比起计划经济在实现资源优化配置方面具有更高的效率，可以持续地促进社会生产力发展，因而社会主义各国最终纷纷放弃了计划经济而改行市场经济。为了少走弯路，尽快提高市场经济条件下驾驭国民经济的技能和水平，建立社会主义市场经济体制的国家有必要吸收和借鉴当今世界各国一切反映现代化大生产规律的先进管理方法，特别是要注意学习发达资本主义国家政府干预经济活动的成功经验，并将其与本国国情相结合，为我所用。

其次，在借鉴和吸收发达国家国民经济管理先进经验的同时，还应清醒地看到，由于管理的社会属性的存在，任何管理经验和理论都包含着一定的社会关系和文化传统的沉积。所以，学习发达市场经济国家的国民经济管理经验，必须有批判、有鉴别地取其精华，弃其糟粕。即使对已被国外实践证明的成功做法，也不能简单地照抄照搬进来，而要根据我国的具体条件加以改造和消化。

最后，经济管理的二重性，反映着生产力与生产关系矛盾运动的客观要求。随着生产力的不断发展和生产关系的相应调整，国民经济管理的方式、方法和手段也必须改进和提高。

除了具有自然和社会二重属性之外，国民经济管理还是科学性与艺术性的统一。所谓国民经济管理的科学性，主要是指管理不能随心所欲，它必须遵循一定的客观规律。在长期的管理实践中，经过反复验证和总结提高，已逐步形成了其他学科无法替代的管理理论和知识体系，从而为国民经济管理提供了符合规律的理论指导和分析问题、解决问题的科学方法论。而管理的艺术性则主要是指在国民经济管理的实践中会经常面临新的形势，需要处理新的问题，仅凭停留在书本上的管理知识或靠背诵原理和公式来进行管理是根本不能奏效的，只有充分发挥管理者的积极性、主动性和创造性，因地制宜地灵活运用管理理论，并将其与具体的管理活动相结合，才有可能达到预期的目的。国民经济管理既是一门科学，又是一门艺术，是管理科学与管理艺术的有机结合体。在系统掌握有关管理理论的基础上，能动地将其应用于管理实践，是国民经济管理取得成功的一项重要保证。

三、国民经济管理的前提条件

任何一项国民经济管理行动都不是在真空中进行的。国民经济管理的环境条件制约着行动本身。这种情况无论是在社会主义国家还是在资本主义国家都存在。就中国而言，约束其国民经济管理行动的基本前提有以下三个。

(一) 政治法律前提

1. 国民经济管理受到政治制度的前提约束

社会主义经济的基本政治前提是共产党一党领导或执政，其他党派合作、参政并实行人民代表代议制。我国曾经在第二部宪法（1975 年）和第三部宪法（1978 年）的第二条中直接写明中国共产党对国家的领导地位。第四部宪法（1982 年）虽然取消了原来的第二条，但是在总纲部分仍然指出了中国共产党的领导作用。一般来说，执政党的作用居于中心地位，这是社会主义政府经济管理模式的基本前提。它决定了政府经济管理模式的终极决策、管理路线、管理组织方式以及管理人员的委派等一系列程序和做法。从历史上曾经有过和现在仍然存在着的社会主义经济模式考察，共产党一党执政是社会主义经济体系之中政府经济管理行为的一个十分重要的政治前提。如果党的基本路线和方针保持正确性，就能保证国民经济管理路线及方针的长期稳定，就能为国民经济提供持续、稳定、高速增长的政治环境。

2. 国民经济管理受到国家法律的约束

由于国家管理职能分工细化，其国家组织机关被分成了若干部分。与国家的立法机构（各国的议会或人民代表大会）和国家的护法机构（各国的法院或检察组织）相对应，政府作为国家的执法组织机构，根据宪法及其他有关法律的规定，按照一定的程序组建，并执行宪法赋予的各种职权，接受宪法及有关法律的监督和保护。我国宪法规定，国家的最高权力机关是全国人民代表大会，国家的最高行政机关是国务院。从此往下，各级地方权力机关是地方人民代表大会，各级地方行政机关是地方政府。如果按照依法行政的理念理解，作为国民经济管理主体的政府就要服从国家法律，受到宪法的制约。

（二）传统文化前提

传统文化是指一个民族经过长期岁月积累而遗留给后人的那些精神财富。由于是祖辈世世代代留下来的东西，因此具有深厚的基础和广泛的影响力。影响所及，自然连国民经济管理行为也概莫能外。在以儒家思想为核心的中华文化氛围中，以社会、国家、集体等利益至上的整体主义，一直优先于个人利益至上的个体主义。个人的利益不允许超越于社会、国家和集体的利益之上。国民经济管理行为首先依据的是社会、国家及集体的利益。在民众心目中，政府管理天然地具有一定的合法性和合理性，老百姓很不习惯西方市场经济中的有事不靠政府而靠自己的那种观念，企业也同样不习惯西方市场经济中的有事不找市长而找市场的那种观念。

文化遗产越多，对迈向现代化的国家而言，也意味着历史包袱越沉重。

中华传统文化中既有不利于市场经济基因滋生的传统，如重农抑商、重义轻利等，但同时也有促进市场经济基因滋生的传统，如讲诚信、天人合一，以及道家学说中的无为而治理念，等等。对于当代的中国国民经济管理来说，如何对中华传统文化进行合理的扬弃显然是一项不轻松的任务。但是无论如何，一个民族多少年沉淀下来的那些文化遗产是不会轻易消失的，更不用说像中华民族这样拥有数千年历史的民族。中国的市场经济始终是具有自身文化特色的市场经济，因而中国的国民经济管理也将是渗透着中华传统文化特色的国民经济管理。

（三）经济与物质前提

国民经济管理的主体——政府是建立在一定物质与经济基础之上的上层建筑，其国民经济管理行为受制于物质与经济基础两个基本方面，即社会生产力与社会生产关系的影响。就社会生产力而言，国民经济管理行为受到生产力的发展水平及其发展阶段的影响；就社会生产关系而言，国民经济管理行为受到生产资料所有形式的制约。目前中国处于社会主义初级阶段，属于发展中国家，因而生产力尚未达到十分高的水平，生产关系也就不可能实现全社会的统一。国民经济管理行动本身被多元性、阶段性和区域性等物质经济基础所限制。

从世界范围观察，有两点比较明显：第一，受整个社会生产力发展趋势的影响，国民经济管理行为总的趋势是强化。在人类社会生产力不发达的时期，由于生产的分工与技术联系比较单纯，生产者的生产、分配、交换与消费处于较为狭隘的天地，因而依赖于生产者、经营者与消费者的自我联系，社会的再生产活动就能进行下去。相对简单化的社会再生产依靠内部的活动主体就能够顺利地运转下去。但是，自20世纪以来，由于数次技术革命，生产力的发展一再突破原来的极限，社会再生产朝着信息化和全球化方向发展，依靠原来的联系是无法适应这种趋势的。国民经济管理行动越来越频繁。第二，由于受社会生产力发达程度的影响，国民经济管理行动呈现阶段性和重心转移。在市场经济不发达的阶段，国民经济管理行动具有决定性的意义；而在市场经济发达阶段，由于市场机制对经济活动自发调节能力增强，国民经济管理行动的意义就有所降低。此时，国民经济管理的重心从以直接性控制为主向以间接性控制为主转移，从以经济内容管理为主向以社会内容管理为主转移。

中国目前的社会生产力水平尚处于由低向高的发展过程中，市场机制不成熟，因而国民经济管理行动仍然有强化的趋势。但是由于过去长期实行计划经济，行政干预和人治的传统突出，这对建立社会主义市场经济不利。因此，需要在减少人治因素和行政干预方面进行大胆的改革。改革不是要弱化国民经济管理，而是改进和完善国民经济管理。同时，在改进和完善中国国民经济管理的过程中，不是要削弱公有制基础，而是要以维护公有经济主体地位和促进多种经济成分发展为己任。

四、国民经济管理的内容

国民经济管理千头万绪，需要清理出清晰的管理脉络。根据世界各国的实践，国民经济管理集中在近期、中期和远期的管理任务上。进一步说，按照市场经济的运行特征，国民经济管理分成经济总量控制、经济结构调整和若干社会经济重大问题的处理。

（一）国民经济管理的短期内容：总量调控

经济总量问题是关系到国民经济整体性、全局性的问题，国民经济管理的短期任务主要是保持经济总量的基本平衡，以实现国民经济的稳定运行和均衡增长。所谓经济总量是指一定时期内一个国家或地区全部经济活动总成果的数量反映。经济理论的发展已经为实施总量控制提供了很多有力的概念工具，如经济增长率、就业率或失业率、价格总水平、储蓄总额、投资总额、税收总额、财政收入总额、财政支出总额、货币供给量和货币需求量、进出口总额和外汇储备总额，等等。这些指标是通过一个严格的国民经济核算体系产生出来的，即国民经济账户体系（the system of national accounts，SNA）。20世纪30—50年代，美国经济学家西蒙·库兹涅茨和英国经济学家理查德·斯通为这种核算体系的创立提供了理论基础，20世纪60年代该体系开始在西方国家广泛使用。后经反复改进，目前采用的是21世纪最新版本的SNA。我国在20世纪80年代开始引入SNA，与以前计划经济时代沿用的物质产品平衡表体系（MPS）平行使用。到1995年最终废止MPS，正式采用SNA。

最集中、最概括地反映经济活动总成果的经济指标是社会总供给和社会总需求。市场经济运行中客观上存在着需求与供给的矛盾，在长期的管理实践中各国政府已经积累起较为丰富的总量控制经验。这种经验上升到一定的理论高度，就形成了所谓需求管理路线或学派与供给管理路线或学派。一般而言，依照凯恩斯主义理论形成的经济政策属于需求管理学派，依照新古典主义理论形成的经济政策属于供给管理学派。后者认为供给会自动地创造出需求，因此经济政策的重点不在需求而在供给，前者的观点则与之相对。但在一些具体问题的解决上，二者的差距并不大。

根据一般管理经验，经济总量调控的内容可分为总量供给管理、总量需求管理。与供给管理比较起来，需求管理侧重解决市场供求矛盾中需求方面的问题，其着眼点是通过运用财政政策、货币政策和收入调节政策等手段，调节市场总需求进而实现充分就业、物价稳定、经济增长和国际收支平衡等经济目标。需求管理在 20 世纪 40－70 年代为西方自由市场经济国家所采用，其具体做法就是根据经济的波动情况实行反周期的财政政策和货币政策，以期熨平经济周期，实现经济的稳定健康发展。相对来说，供给管理侧重解决市场供求矛盾的供给方面问题，其着眼点是通过实施有利于经济增长的中长期经济政策如产业政策、投资政策等，调节供给能力进而增加社会总产出、提高产出率、降低成本。因此，供给管理的内容应包括：根据中长期经济发展的目标和需要，确定合理的国民消费和积累的比率；制定产业政策，调整和优化产业结构，促进社会经济资源的合理配置；大力推进技术改造与创新，把经济增长与环境保护和谐统一起来，做到经济社会的可持续发展。

我国国民经济管理实践历来十分重视社会总供给和社会总需求的平衡，综合平衡思想是体现于我国宏观经济管理实践中的具有创造性的思想。从根本上说，需求管理或供给管理最终都要在供求平衡管理的思路下统一起来。供求平衡管理是一种高度综合的管理形式，其具体内容是实现"四大平衡"及其相互之间的综合平衡，即保持财政收支状况的基本平衡；实现信贷收支状况的基本平衡；通过调整国际收支平衡表中的经常项目和资本项目实现外汇收支的平衡；通过优化资源配置实现物资供求平衡；运用各种政策手段实现财政收支、信贷、外汇和物资相互之间的平衡。

（二）国民经济管理的中期内容：经济结构调整

国民经济中的经济结构与经济总量具有同等重要的地位。经济结构是指国民经济内部各个相关因素占经济总量的比重及其数量对比关系，一般包括产业结构、技术结构、区域结构、企业结构等。只有通过对这些结构的调整，生产力水平的提高、有效供给的增加和资源的合理配置才能得到保证，也才能实现国民经济的持续、协调、快速增长。

对经济结构的调整与对经济总量的控制，在国民经济管理工作中具有内在的辩证统一性。首先，经济总量与经济结构是国民经济的两方面，并且这两方面是对应的。总量表现国民经济的数量规模，结构表现国民经济的质量特性。只抓总量平衡不重结构优化，会片面突出数量控制、外延扩张，导致粗放经营。反过来，只重结构优化不抓总量平衡，会片面突出重点、忽视一般，导致非均衡性增长。只有两者都予以重视，两手抓两手硬，国民经济才能保持健康增长。其次，经济总量与经济结构在一定条件下可以形成良性互动格局。一方面，优化经济结构的主要途径是对供给结构进行调节，因而供给管理在结构优化中起着推动作用；另一方面，供给结构的调整离不开需求结构的引导，因而需求管理对结构优化起着拉动作用。光有总量的平衡而无结构的优化，这种国民经济的运行质量是不高的，基础是不稳固的；只有在结构优化的前提下实现总量平衡，这种国民经济的运行质量才是高的，基础才是稳固的。

（三）国民经济管理的长期内容：社会经济的全面进步

国民经济管理的长期任务是推动社会经济的全面进步。从长期看，我国的国民经济管理必须在保持经济持续稳定增长的基础上，促进经济与社会之间的协调发展；在推动国民经济由多元结构转向一元结构的过程中，促进城乡之间、区域之间的协调发展；在处理好人口、资源、环境、技术与经济可持续发展关系的基础上，促进人与自然的协调发展；在全面提升社会成员生活质量的目标引导下，促进物质文明和精神文明建设之间、国家硬实力与软实力之间的协调发展；在积极参与经济全球化的过程中，促进国内经济与国外经济之间的协调发展。以上这些任务只有经过长期努力才能够实现，也只有从长期角度才能判断出任务实现的好与不好，因而也是国民经济长期管理义不容辞的任务。

由于社会经济涉及方方面面，所以在推动社会经济进步的长期过程中，要把解决好阶段性重大问题作为国民经济管理的主要任务，保证国民经济发展具有更为广阔的空间和更为持久的增长潜力。为此，首先需要确定一个合理的社会经济发展战略，通过战略对国民经济长期发展进行理性引导；其次要着力解决在一定时期困扰国民经济长期发展的重大问题，从根本上消除阻碍国民经济长期发展的阻力或隐患。20世纪80年代中国进入改革开放后，经济管理体制僵硬、国有企业活力不够、能源与交通形成发展瓶颈、人口过多、贫困问题、教育落后等成为困扰国民经济发展的重大问题。由于较好地解决了上述问题，中国经济实现了多年持续增长，国内生产总值年均递增速度高达9%以上。进入21世纪后的一段时期，诸如内需不足，收入差距拉大，地区之间不平衡加剧，官员腐败，市民的"就学贵、就医贵、住房贵"，农民的"就业难、就学难、就医难"以及"三农"（农民、农业、农村）问题等开始成为困扰中国国民经济增长的重大问题。只有解决好这些问题，我们才能获得更加持续和稳定的发展。

由于社会经济的全面进步需要以持续、稳定的经济增长为基础和前提，而经济的持续、稳定、协调增长又必须以良好的人文、社会和资源等环境为条件，所以，国民经济管理的长期、中期与短期任务也是相互统一和相互结合的。

五、国民经济管理的原则

所谓国民经济管理原则，是指国民经济各项管理工作都应遵循的准则。为了更好地履行政府的经济管理职能，完成国民经济管理的任务，在实际国民经济管理工作中应特别注意坚持以下原则。

（一）规范管理原则

所谓规范管理，就是要使国民经济管理工作制度化、程序化、法制化。管理工作和经济行为的规范，是人们通过对大量的实际管理活动和经济活动的分析研究，提炼和总结出这些活动中合乎规律且行之有效的合理内核，从而逐步形成的系统化、程序化的行为准则。对于国民经济管理工作来说，最为重要的规范是法律规范。国民经济管理部门要善于运用各种经济法规和行政法规组织经济活动、调节经济运行。同时，在国民经济管理系统内部，也要有明确的责任制度和工作规范，以避免权责不清和主观随意现象的发生，为管理工作的有效进行和科学化管理提供制度保证。

（二）整体优化原则

追求最优，是各项管理工作、各种组织行为的共同特征，但由于工作性质和范围的不同，最优化的标准自然也会有所不同。国民经济管理的优化，强调的是整体最优。这种整体最优，从经济运行的角度看，表现为国民经济总体效益的最大化。当然，整体效益是以局部效益为基础的，没有局部效益，就没有整体效益；但这两类效益又不完全一致，有时对局部有利的事，未必对全局有利，甚至可能损害全局利益。所以，国民经济管理必须树立全局观念，将是否有利于增进国民经济总体效益作为管理工作的出发点和判定工作成果好坏的标准。此外，为了实现国民经济运行的最优化，也需要将整体优化原则运用于国民经济管理系统本身，寻求管理全过程各环节、各职能的最优集合，最大限度地提高国民经济管理的效率。

（三）以人为本原则

人是经济活动的主体，一切经济活动都要由人来进行。在所有资源中，最重要的资源是人力资源。当代世界经济的竞争，归根结底是知识与人才的竞争。发展生产力，首先在于调动人的积极性和创造性，包括领导者、管理者和广大劳动者的积极性、创造性。从根本上说，经济体制改革就是要创造一个使亿万人民的聪明才智都能充分发挥的环境和机制。所以，国民经济管理工作必须高度重视人的因素，以人的发展为中心，尊重人的价值和能力，注意人力资源的开发和有效利用。

（四）改革创新原则

国民经济管理的客体，是庞杂多变的国民经济系统，各种新事物、新情况、新问题层出不穷。这就要求国民经济管理要有更开阔的视野和更长远的眼光，纵观全局，高瞻远瞩，面向世界，面向未来，在不断变化的环境中寻求发展的契机，不断进行改革，不断开创新的局面。相反，如果面对瞬息万变的形势和激烈竞争的格局，因循守旧，不思进取，以不变应万变，就无法适应时代发展的要求。改革和创新，意味着对旧体制、旧框架的突破，这既需要敢冒风险的无畏勇气，又要有求真务实的科学头脑。改革和创新可能有失败，但应当允许有失败，因为失败是成功之母。正是由于改革创新，我们的社会才会前进，所以，每一个管理者都应是新时代的改革者和开拓者。

第二节　国民经济管理的必要性

一、市场经济功能及其缺陷

配置资源的基本机制有两种：一是市场，二是计划。计划由政府制订，即所谓的政府干预。社会经济发展实践表明，市场是配置资源的一种有效机制，但存在着很多缺陷，这使得政府干预成为一种必要。但是，政府干预同样也存在很多缺陷，因而政府干预只是市场机制的一种补充。

（一）市场经济功能

在价格信号具有充分灵活性和伸缩性的条件下，建立在完全竞争基础上的市场机制能够使资源的配置达到最有效率的状态。其必要条件有以下几个。

（1）所有的生产资源都为私人所有。

（2）所有的交易都在市场上发生，并且每一个市场都有众多的购买者和销售者。

（3）没有任何购买者或销售者能够单独操纵价格。

（4）购买者和销售者都拥有充分的信息。

（5）资源可以充分流动并且可以无任何阻碍地流向任何使用者。

市场机制对资源的配置过程是这样进行的：当消费者在决定某种物品的购买量时，总要比较一下其需要支付的货币数量（价格）与其为获得某种满足程度所愿意支付的货币数量（私人边际效益）。如果追加一单位物品的消费给消费者带来的私人边际效益大于其必须为之付出的价格，消费者就会增加该种物品的购买量。如果追加一单位物品的消费给消费者带来的私人边际效益小于其必须为之付出的价格，消费者就会减少该种物品的购买量。如此的调整将持续到消费者从最后一单位物品的消费中所获得的私人边际效益恰好等于其必须为之付出的价格时为止。这时，消费者所获得的满足程度达到了最高，消费者既不会增加购买量，也不会减少购买量。消费者购买某种物品所获得的私人边际效益也就是该种物品所提供的社会边际效益。若以 P 代表价格，MPB 代表私人边际效益，MSB 代表社会边际效益，则上述条件可以用公式表示为：

$$P=MPB=MSB$$

再看生产者的销售（生产）行为。在决定某种物品的销售（生产）量时，生产者比较的是其增加销售（生产）一单位物品所消耗的成本（私人边际成本）与所能获得的货币收入（价格）。如果追加一单位物品的销售（生产）所消耗的私人边际成本小于其所能获得的价格，生产者就会增加该种物品的销售（生产）量。如果追加一单位物品的销售（生产）所消耗的私人边际成本大于其所能获得的价格，生产者就会减少该种物品的销售（生产）量。如此的调整会持续到生产者从最后一单位物品的销售（生产）所获得的价格恰好等于其因此而消耗的私人边际成本时为止。这时，生产者所获得的利润实现了最大化。与前面的问题相似，这时，生产者销售（生产）某种物品所消耗的私人边际成本也就是该种物品所消耗的社会边际成本。若以 P 代表价格，MPC 代表私人边际成本，MSC 代表社会边际成本，上述条件可以写成：

$$P=MPC=MSC$$

将上述两个公式进行合并，可以得到公式：

$$P=MPB=MPC=MSB=MSC$$

可以看出，由公式决定的产量水平意味着，所有的消费者已将其消费量调整到了其私人边际效益等于该物品的价格的水平，所有的生产者已将其生产量调整到了其私人边际成本与该物品的售价相等的水平。进一步看，如果消费者就是所购买物品的唯一受益者，且生产者承担了制造该物品的所有成本，那么，公式也意味着该种物品的 $MSB=MSC$。所以，由公式决定的最佳产量点就是该种物品的市场均衡点。如果这种条件在所有的市场上以及所有通过市场进行交易的物品上都得到了满足，那么，就意味着该经济社会中的所有资源的配置达到了最佳状态，即实现了"帕累托效率"。

（二）市场机制

市场经济是通过一系列的具体运行机制来展开的。要理解机制，必须从以下几方面来把握：机制是一个系统，由众多要素组成；机制有一个明确的运动方向；机制能自动自我调节。用机制的理论或思路考察市场经济，可以归纳出至少五种机制，这些机制几乎包容了市场经济的全部要素与功能。

1. 价格机制

商品价格是商品价值的货币表现。商品价格首先是在市场以外的生产场所决定的，即是由生产商品的社会必要劳动时间决定的，其本质是由生产商品的劳动量大小决定的。然而作为交换品，商品价格的形成又是由生产场所以外的市场所确定的。价格本质上是反映商品价值大小的一般形式，但在形式上反映了社会劳动资源以及其他相关资源的配置情况，反映了整个社会经济资源的稀缺程度，这是价格机制最鲜明的功能特性。市场经济中的价格要素与供求要素结合起来，形成了复杂的讨价还价交易过程。供求双方的平衡态势都是在一定价格水平下实现的，同时又是在价格水平波动中被打破的。价格机制是供求机制的晴雨表，担负着提供市场经济的信息的功能。

2. 供求机制

市场经济中所有的要素均可抽象为两个独立和对立的方面：商品的供

给与商品的需求。由此产生了相应的经济功能：供给可以创造需求，需求可以带动供给，彼此谁也离不开谁。然而双方的存在是市场经济内部矛盾体的共生现象，因为双方各自追求的市场目标是不一致的：供给方最终追求的是商品的价值及其增值，而需求方最终追求的是商品的使用价值及其带来的满足感。理论上说，供求机制的健康运行依赖于两个前提：供给主体拥有独立产权，需求主体具有主权地位。二者的行为会有两种结果：市场供求平衡与市场供求失衡。古典经济理论认为，供求双方主体会自发地寻找到解决市场供求失衡的办法。然而迄今为止，实践表明这还只是一种理想。尽管如此，供求机制仍担负着市场经济的组织功能。

3. 竞争机制

竞争是在市场各种机制作用下产生出来的一种争夺：众多的供应商为获得顾客相对稀缺的订单而进行的斗争，以及消费者为获得某些相对稀缺的商品而进行的斗争。由此产生了竞争的正面功能：第一，竞争使得商品成本下降，从而使得市场价格水平下降；第二，竞争使得需求方拥有更多的选择机会并从中获利，也使得供给方的生产经营质量有所改进；第三，竞争促使创新活动增多，创新能力加强。然而，竞争过度也会产生消极后果：低水平生产、重复性建设现象大量涌现。从国民经济角度看，这是对资源的一种浪费。如果竞争起点是平等的，在竞争过程中可以实现优胜劣汰，那么竞争的结果将促使国民经济效率大幅度提高。竞争机制担负着提升市场经济效率的功能。

4. 信用机制

信用是建立在信任基础之上的契约化市场关系。信任或诚信则是一种心理现象，是依靠社会习惯和社会心理形成的人对人的主动承诺与尊重；而信用在市场经济中是对经济规则与制度的一种被动承认和遵守，是一种契约现象。信用机制的最基本形式有两种：货币与契约。信用机制的建立和完善，降低了市场交易成本，节省了市场参与者寻找规则的制度成本，惩罚了不遵守市场秩序的行为，维护了多数人的经济利益，因而担负着市场经济秩序的维护功能。[①]

5. 激励机制

市场经济中的激励，从根本上说来自主体对经济利益的追逐行为。对于

---

① 刘瑞. 国民经济管理学概论[M]. 北京:中国人民大学出版社，2004.

企业而言，利润获取始终是企业追求的目标。正是在这个激励因素驱使下，大批企业才按照市场经济规律参与市场活动，众多的消费者才斤斤计较商品的相对价格。激励机制的核心是对经济利益的关注与追逐。经济利益客观上存在于个人、企业、产业、区域和国家之间，由此形成了不特定层次和要求的多元经济利益。只有形成了兼顾这些多元经济利益的激励机制，在其中平衡了供给方利益与需求方利益、宏观利益与微观利益、整体利益与个体利益、长远利益与短期利益、强势群体利益与弱势群体利益等关系，市场经济才能保持稳定运行。激励机制担负着提供市场经济动力的功能。

（三）市场机制的失灵

市场机制在商品经济中起着配置资源的基础性作用，但是市场机制并非万能，市场机制存在许多缺陷。这些缺陷在市场经济中是难以避免的。总起来说，这些缺陷以三种形式表现：第一，市场运行的条件不能达到正常状态而引起市场机制功能不到位。一般说来，通过改进市场条件并建立健全市场机制可以减少此类缺陷，如将垄断价格水平恢复到竞争价格水平，就可以消除由于价格扭曲而导致的资源配置不合理状态。第二，市场运行的条件已经达到正常状态但功能依然有缺陷。这是市场机制的内在缺陷，是无法通过市场机制自身的完善而避免的。第三，市场机制根本不起作用。严格说来，这并不是市场机制的缺陷，而是市场机制的盲区。假如强制让市场机制起作用，必定比其他机制起的作用更坏。

具体分析，市场机制存在着如下几方面的失灵。

1．难以实现社会公平

资源要实现合理配置，既要求市场具有效率，又要求分配公平，达到公平和效率的统一。市场重要的功能是激励生产经营者的活力，促进经济效率的提高。但市场不能自动带来社会分配结果的均衡和公平，很难达到公平和效率的统一。在市场经济中，由于存在经济条件的差别、各人天赋条件的不同、社会环境的差异，各经济利益主体追求各自利益最大化的行为，会使收入差距不断扩大。可见，市场机制虽然具有分配功能，但难以实现社会的公平，而社会的不公平会加剧各种矛盾，影响劳动者及其他社会成员的积极性，阻碍资源的合理配置。

2．存在外部效应

所谓外部效应，指的是私人边际成本和社会边际成本之间或私人边际效益和社会边际效益之间的非一致性。其关键方面是指某一个人或厂商的行为活动影响了他人或其他厂商，却没有为之承担应有的成本费用或没有获得应有的报酬。在这种情况下，市场调节是无效的，价格体系不能传达正确的信息，资源难以实现合理配置，达不到最优状态。例如，污染源企业缺少持久控制污染物排放的积极性。

3．不能或低效提供公共物品

公共物品是指那些由社会提供的、能同时供许多人共同享用的产品和劳务。公共物品的特征在于非竞争性和非排他性。产品在消费过程中，任何人对该产品的消费和受益不会影响其他人对该产品的消费和受益，这就是非竞争性。如电视、广播、城市道路等均具有非竞争性。某些产品投入消费领域后，任何人都不能独立专用，就称这个物品具有非排他性。公共物品的非竞争性和非排他性，使得对公共物品的消费产生了"搭便车"的问题，即社会上有的人可以不支付任何代价而享用公共物品。由于存在"搭便车"现象，生产公共物品便无利可图。市场机制下的厂商是以利润最大化为目标的，它不会主动提供公共物品。公共物品是社会正常运行与发展不可或缺的，公共物品的缺乏会损害整个社会经济的运行效率，从而降低社会资源配置的效率，但市场不能自动提供公共物品。

4．信息不完全或不对称

与完全竞争市场的假设不同，现实的市场经济本身没有提供完备信息并有效配置信息的机制。无论是生产者还是消费者，都不可能拥有完全的市场信息，而且生产者和消费者各自拥有的信息往往是不对称的，这样就不可避免地会导致决策失误、不公平交易以及结构失衡和经济波动等现象的发生，增大了市场的风险。

5．市场的盲目性造成经济波动

市场机制的盲目性表现在两方面。

（1）商品生产者追求商品价值增值，受价格信号调节，当价格显示一种商品生产有利可图时，厂家会蜂拥而至，使得该商品的供给由短缺逐步转向过剩，导致后续进入的厂家微利或亏损。随着资本有机构成的提高，固定资本流动的技术限制越来越大，所以厂家并非能够自由地、无成本地转移资本。这样，过剩的生产能力成为一种资源闲置与浪费。

（2）商品世界的二重性矛盾会使经济运行不稳定。由于市场当事人只具有有限的信息，无法知道自己的活动成果的市场真实价值，而已有的价格只是表现商品的交换价值、相对价值，因此生产处于一定的盲目状态，市场供给与需求处于一种随机变化之中。这种市场机制的盲目自发现象最终会引起经济的波动以及周期性震荡。

6. 竞争不完全，形成垄断

理论上的完全竞争存在于没有任何阻碍和干扰的市场，即没有任何垄断因素的市场。但这只是一种理论分析。在实践中，市场经济要求市场参与者都必须按竞争的规则办事，价格由市场的供给和需求所决定。市场竞争的结果是优胜劣汰，市场份额逐步向少数优势企业集中，最终形成垄断，使市场竞争不完全。一旦占有了相当多的资源，垄断厂商就会设法控制、影响商品价格，从而获取垄断利润。因此，市场机制导致生产趋向集中，形成垄断；而垄断反过来会破坏竞争，降低市场配置资源的效率，影响资源的合理配置，并造成全社会的福利损失。

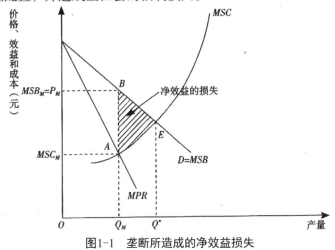

图1-1　垄断所造成的净效益损失

如图 1-1 所示，对垄断性物品的需求曲线代表着其社会边际效益。假定垄断性物品的私人边际成本代表着生产最后一单位物品所使用的所有生产要素的价值，即代表着社会边际成本，那么，该垄断企业的产量将为 Q_M。Q_M 是 A 点所决定的产量，即在 A 点上，$MPB=MSC$。在这样的产量水平上，其价格将为 P_M。P_M 正是这种产量水平上的社会边际效益 $MSBM$。由于垄断者的边际效益低于该物品的价格，生产的社会边际成本也会低于该物品的价格。因此，在 Q_M 的产量水平上，$P=MSB>MSC$。而只要 $MSB>MSC$，资源配置的效率就不会实现。在图 1-1 中，三角形 ABE 的阴影面积代表着因垄断所造成的净效益损失。不难看出，如果通过政府部门的干预，强迫垄断者增加产量，使其价格降至同社会边际成本相等的水平，即 E 点的水平，将产量由 Q_M 增至 Q^*，从而使得 $MSC=MSB$，便可以因此而获得三角形 ABE 所代表的净效益。所以，政府有责任通过法律和经济手段保护有效竞争，排除垄断对资源有效配置的扭曲。

二、政府干预及其缺陷

自发的市场机制并不能使经济自行趋向稳定增长，相反，由总需求和总供给之间的不协调而导致的经济波动是经常发生的。因此，需要非市场的力量来校正和弥补市场机制的缺陷。从市场经济的演变历史观察，最初主动校正和弥补市场机制缺陷的是市场主体自身。由于这是市场自发的自律、自卫行为，带有很大的局限性，不能根本消除市场机制缺陷，所以渐渐的，作为社会利益的代表性组织——政府——被推到了弥补市场机制缺陷的前台。政府对市场的干预成为现代市场经济一个不可或缺的有机组成部分。

（一）政府的经济职能

在市场经济条件下，前述种种"市场失灵"现象的存在，决定了政府至少必须具有如下经济职能。

1. 培育市场体系

市场机制有效发挥作用的首要条件是完整和完善的市场体系，从而使经济主体能够及时掌握与自己经济行为相关的市场信息。如果市场体系残缺不全，信息传输不畅，就可能导致资源配置的无效率。对此，一般应依靠培育市场体系、完善市场结构予以解决。但是，市场的发育成熟和市场体系的发展完善是一个长期的渐进过程。对于发展中国家来说，这一任务更为艰巨。所以，在发展市场体系的同时，一定程度的政府干预和计划引导，有助于弥补因市场不完善和信息不充分而产生的"市场失灵"。

2. 维护产权制度

对产权的明确界定及保护，是市场经济存在与发展的基本前提。市场经济是一种交换经济，交换的顺利实现以及市场经济的正常运行，都必须以产权的明确界定为基础，以产权保护为条件。美国经济学家斯蒂格利茨说过："虽然经济学家和哲学家都试图设想在没有政府的情况下生活会怎样，但假如没有法律来规定财产权，那么只有暴力才能制止人们的相互偷窃；假如政府没有能力保护私有财产，那么个人就不会有积累财富的积极性。

不用说，经济活动就会被严重地限制住了。"

3．提供公共物品

由于公共物品普遍具有非排他性和非竞争性的特点，所以由市场机制决定的公共物品供给量往往低于应有的效率水平。在这种情况下，为保证社会对公共物品的需求，提供市场经济正常运行的基础条件，政府就需要出面，通过直接投资或补贴及委托经营等方式组织和支持公共物品的生产，如国防、社会治安、环境保护、教育以及大型文化娱乐和市政基础设施等。

4．处理经济活动的"外部性"

根据完全竞争的市场假设，价格机制的调节作用将使经济体系趋于均衡，实现资源配置的帕累托效率。然而，现实经济生活中"外部性"的存在，却打破了这种竞争的均势。为恢复效率，政府必须进行适当干预，或者运用价格制度对具有负外部效应的经济活动进行惩罚，对正外部效应经济活动予以奖励；或者运用组织化手段，将外部效应最大限度地内部化；或者对某些耗资巨大、外部效应强的项目进行直接投资。

5．调整收入再分配

经济效率与社会公平之间的矛盾，是任何实行市场经济体制的国家都必须面对的现实问题。由市场竞争所导致的两极分化和收入分配不公平，仅靠市场经济自身的机制来校正与调节，根本无法收到预期效果。而分配不公的持续和激化又会引发一系列社会和政治问题，并间接影响经济效率。因此，政府有必要、有责任参与和干预社会的收入再分配过程，同时建立和健全社会保障体系，以使社会成果的最终分配符合公众所追求的公平目标。

6．保护竞争，防止垄断

市场竞争是经济体系充满活力的源泉，而垄断的产生则会降低资源的配置效率。为了建立和维护市场竞争制度，防止和限制垄断对经济运行可能产生的负面影响，必须借助政府行为对市场结构进行干预。政府限制垄断的措施主要有三种：一是通过立法限制垄断；二是限制个别垄断企业的规模和市场占有率，打破垄断企业造成的"进入壁垒"；三是直接限制价格，把价格上限确定在最低平均成本上，以实现帕累托最优的边际条件。

7．避免经济运行的周期性震荡

市场经济的运行明显具有周期性特征，其根源是市场经济中存在着供求不平衡矛盾。这种不平衡矛盾从产生到解决、到新一轮的矛盾产生和解决，往往表现为经济活动的周期性波动或震荡，从而使资源配置和价格在趋向其均衡的过程中，产生种种效率损失。为此，政府有必要运用各种政策手段对经济运行和经济增长进行宏观调控，使经济周期性波动的频率和幅度缩小到社会各方均能承受的限度内。如果说政府对前述"市场失灵"干预的目的在于提高社会资源配置的效率，那么政府对经济运行调控的着眼点则是如何降低社会资源的配置成本。

（二）政府干预的局限性

市场经济国家和计划经济国家的实践表明，政府干预不能够完全替代市场机制，而只能够对市场机制的缺陷加以弥补。政府干预不是对市场机制的功能替代，而是对市场机制缺陷的补充。这种认识的产生来自政府干预本身所存在的局限性。具体而言，这些局限性有如下几种形式。

1．政府机构膨胀，效率低下

政府部门的"顽疾"是政府机构的自我扩张冲动，其根本目的在于追求政府机构"行为空间"的最大化。这一现象在许多国家似乎都已经成为一种不可避免的趋势。政府机构的扩张和机构中供职人数的增加，不仅使政府用于维持自身运转的开支增大，从而加重了企业和居民的负担，而且各行政管理机构之间的互相推诿、扯皮，也会大大降低政府办事的效率。此外，伴随着政府机构的扩张，政府的经济职能日趋扩大，越来越多本应属于企业经理和消费者的决策权转移到政府机构和官员手里。这种转移导致了政府对经济的过多干预，从而损害了企业和消费者的利益。

2．政府干预经济活动达不到预期目标

即使政府制定的行为目标是正确的，但运用经济政策手段干预、调节经济运行过程的作用仍然会受到很大限制，不同政策手段之间有时会相互矛盾、相互抵消，难以取得明显的效果。特别是当经济运行出现诸如衰退与通货膨胀并存的复杂情况时，采取扩张性的政策解决衰退和失业，会刺激物价上涨，使通货膨胀加剧；而采取紧缩性的政策抑制通货膨胀，又会带来加重衰退、增加失业的后果。如何选择合理的政策搭配，往往使政府陷入两难的境地。

3．政府行为目标决策可能偏离社会公共利益

政府行为目标决策是一种非市场决策，有着不同于市场决策的特点。

市场决策通常以个人或个别企业为决策主体，以私人物品为对象，并通过竞争性的市场来实现。而政府决策则以政府机构和政府官员为决策主体，以公共物品为对象，通过一定的政治程序来实现。这样的决策往往是一个十分复杂的过程，其中存在的种种困难和障碍，使政府行为目标的确定有可能偏离社会的公共利益。

4．政府行为派生的外在负效应

政府干预经济活动的主要目的是纠正和弥补市场的功能缺陷。但是，在调节经济运行的过程中，政府所实施的各种干预手段，有时也会产生某种难以预见的副作用和消极后果，这突出地表现在政府推行的各种管制和福利性政策之中。例如，寻租行为产生的根源就在于政府运用行政权力造成某些资源的人为短缺，更为严重的是，一些政府官员甚至在寻租过程中充当主动者，进行所谓的"政治创租"。寻租活动并不能给社会增加任何新产品或新财富，却会滋生腐败，导致社会秩序的混乱和资源配置效率的下降，并使政府干预归于失败。

造成政府干预缺陷或失灵的原因错综复杂，不是单一因素决定的。总体来讲，有大致六方面的原因：

（1）信息缺失对宏观决策的影响。这主要来自两方面：一是信息不充分；二是信息失真。

（2）不同利益群体对宏观政策的干扰。在市场经济条件下，不同的利益群体主要以不同阶层、不同地区和部门的形式存在。为了维护自身利益，不同阶层、地区和部门会以各自的方式影响宏观政策的走向。不同的利益群体对宏观政策的干扰，必然会影响宏观政策的合理性，同时也对政策的作用产生阻力，从而使宏观经济管理失效。

（3）宏观政策"时滞"效应。宏观政策的"时滞"是指宏观政策效果的滞后性。由于"时滞"的存在，宏观政策的效应会因各种条件的变化而受到影响，这个时间差是影响政策效果的重要因素。

（4）经济主体的"合理预期"行为。在市场经济条件下，经济活动的主体以追求经济利益为目的，趋利避害是经济活动主体的本能。为了趋利避害，他们会精心研究和分析政府政策的趋向和政策变化的规律，形成理性预期并采取相应的防范措施或对策。经济主体的"合理预期"，常常会使政府的宏观管理的效果大打折扣甚至失败。在我国发展市场经济过程中，"上有政策，下有对策"实质上就是经济主体的"合理预期"行为对宏观政策的效应产生阻抗的一种表现。

（5）决策者的素质与偏好对宏观经济管理的影响。国民经济管理的主体是政府，而决策者往往是"少数人集中决策"。在这种情况下，政府决策一方面要受到决策者的政策偏好的影响，另一方面要受到决策者素质高低的影响。

（6）政治体制不健全，对政府组织的监管不力。政府组织是市场经济中最大的垄断性组织，具有强制性和普遍性的特点，在社会舆论和法律法规双重监督不力的情况下，就可能出现政府干预失灵的现象。

（三）政府干预局限性的弥补

认识到政府干预的局限性，不是要因此而放弃政府对国民经济的管理职责，而是要采取针对性的补救行动，防止这些缺陷对国民经济造成严重损害。

1. 完善政府内部管理，提高政府管理水平

首先，规范政府组织行为。通过一系列制度和规则的建立健全，使政府管理程序化水平提高，政府自律行为加强。其次，设立政府绩效考核制度。通过可量化的考核方式对政府管理行为的绩效进行评估，督促政府组织提高工作效率。通过优胜劣汰、奖罚分明的公务员管理制度，促使政府公务员的素质不断提高，从而提高政府行为的有效性。

2. 处理好市场调节与政府干预的关系

明确市场调节或政府干预都不是万能的，二者各有利弊、各有短长，重要的是保持二者关系的协调。在市场经济条件下，市场机制配置资源的作用是基础性的，政府干预的作用是补充性的。市场能够做到的事情，尽量不要让政府去做，而市场做不到的事情，政府必须去做。政府的经济管理职责应限定在合理范围之内。政府干预的目的不是替代市场机制，而是完善市场机制，发挥市场机制的作用。

3. 强化舆论监督和群众监督的作用

政府行为必须接受舆论监督，社会各种合法新闻媒体都有权利对涉及公众利益的政府政策加以报道和评述，对政府公务员的行为加以关注，并实事求是地引导公众对政府政策及行为的认识和态度。

4. 发挥非政府组织的作用

非政府组织作为现代市场经济中的第三种力量，于 20 世纪 80 年代在全球范围内得到迅速发展，并在弥补政府干预局限性方面发挥了积极作用。在市场失灵和政府失灵两种现象中，分别存在着两种情况。以公共物品和

私人物品为例，第一种情况是市场机制在提供公共物品上的失灵或政府在提供私人物品上的失灵。此时，两种失灵可以互为补缺。第二种情况是，市场失灵表现为市场即使在提供私人物品时也有一些功能缺陷，比如当信息不对称而使消费者无法确定商品品质时，正常的商品交换就会受到影响；政府失灵表现为政府即使在公共事务方面也存在不足，如政府政策往往体现的是大多数人的利益，而忽视了某些弱势群体或其他特殊群体的需要。正是市场失灵和政府失灵的第二种情况的存在，推动了非政府组织的迅速发展。

三、发展中国家政府干预与市场调节

（一）政府干预与市场调节相结合的分析前提

1. 资源效率低

衡量资源效率水平的指标大致有单位土地的农作物产出量、能源消耗系数、劳动生产率、全要素生产率等。如果一国的所有这些指标偏低，那么该国即可算为资源效率低的国家。

2. 资源约束紧

衡量一国资源约束的松紧状况，可以使用人均可用资源占有量这类指标。考虑到开放因素，在计算这类指标时必须将可利用的国外资源纳入计算范围，也应将必须输出的国内资源加以扣除。

3. 消费规模不可逆

消费规模不可逆是指一国的实物消费总量只能有所提高而不能持续下降。一般来说，发展中国家都不大可能持续缩减其消费规模。消费规模不可逆对所有国家都具有约束性，发展中国家所受到的消费规模不可逆的约束比发达国家要紧得多。

（二）政府干预与市场调节相结合的必要性

1. "三条件"约束下的国家干预与市场调节

如果一个国家受到"三条件"全面约束，就意味着该国只能在一种难以克服的短缺中求发展。资源约束紧与资源效率低从供给方面限制了总供给的规模。消费规模不可逆从需求方面决定了总需求只能扩大，不能缩小。这样一来，"三条件"共同决定了总供给小于总需求，而且在相当长的时期中这种供给短缺的状况难以改变，因而它构成了这类国家经济发展的一个既定的制约条件。

供给短缺情况下，在资源配置和收入分配上就只有两种可能性：一是按平均原则由一个权威机构来主持分配；二是通过竞争，强者多得，弱者少得，最弱的那一部分人则所得为零。前者实际上就是政府计划，后者即是自由竞争。采取前一种办法，社会能够保持稳定，但由于缺乏刺激而缺乏效率；后一种办法将使社会受到刺激而获得效率，但将牺牲一定时期的社会稳定。这就是受"三条件"全面约束的国家在经济发展中面临的一个两难选择：多一点国家干预就多一点稳定，同时少一点效率；多一点市场调节就多一点效率，同时少一点稳定。

显然，一个国家不可能只要稳定不要效率，也不可能只要效率不要稳定。这种矛盾反映在运行机制的选择上就是：不能只要市场调节不要国家干预，或者不能只要国家干预不要市场调节。因此，受"三条件"约束的国家必须同时选择国家干预和市场调节，努力在国内形成一种国家干预与市场调节相结合的二元经济运行机制。

2. 无"三条件"约束下的国家干预与市场调节

有些国家并未受到"三条件"约束的全面影响，如发达国家和石油输出国组织国家。这些国家要么能够有效地获得国外资源，要么具有较高的人均资源指标。

由于这些国家在资源上没有受到严格的不可逾越的约束，所以其总供给就有可能迅速增加到足以抵消甚至超过其总需求的程度。这样，这些国家就不会出现持续而普遍的短缺问题。这种情况就使得这些国家在选择和设计经济运行机制时不会遇到前一类国家的那种矛盾，可以较为容易地形成国内的市场调节机制。不过，基于以下理由，经济学家一般认为，任何一个国家都不可能实行无国家干预的发展。

第一，发展中国家的市场缺陷甚多，经济结构刚性较强，因而市场调节机制的作用得不到正常发挥，妨碍着资源的正常流动，削弱甚至破坏了市场机制的功能，因而导致经济结构难以改变、资源配置难以优化。

第二，在市场不完整的情况下，政府干预可以使有限的资源得到较好的利用。这主要表现在：由政府制订计划和组织实施投资项目，可以较快地加强国民经济的"瓶颈"部门；政府投资项目不会像私人投资那样仅仅考虑局部投入－产出关系，而会考虑到社会机会成本，使社会纯产值较大；政府组织投资还可以在短期内动员和集中财力、物力和人力，将有限的资源优先投入最有利的部门。

第三，强有力的政府干预对内可以动员和团结民众，对外可以让世人了解本国经济发展规划，因而有利于吸引外资和外援。

（三）政府干预与市场调节的搭配

虽然所有国家都必须实行政府干预与市场调节相结合的经济运行机制，但是在不同国家及同一国家的不同经济发展阶段，政府干预与市场调节在经济运行中所占的比重是迥异的。决定国家干预与市场调节的比重的因素有以下几方面。

1．经济发展水平的制约

经济发展总是在某种经济运行机制之中获得的，而经济发展本身又会反过来对经济运行机制产生重大影响。这是由以下三方面的原因决定的：第一，经济发展到一定水平以后，国内"三条件"约束开始松弛化，总供给不足的状况基本上得以克服，商品日渐丰富，国内市场日趋繁荣。在这种条件下，有可能对传统经济体制进行改革，这时的改革通常是以适当引进和增加市场调节的比重为特征的，改革的结果自然是政府干预的比重趋于下降。第二，经济发展会逐步改善原有经济结构，会逐渐培育出民众的市场观念，也会相应改进一国国内的交通、通信、水电供应及金融服务等基础设施状况。所有这些方面的进步都有助于促进市场的发育，提高市场的完整性，增强市场调节的功能。所以，一国的经济发展到一定水平之后就比较容易扩大市场调节的范围，因而市场的比重就有可能逐渐增大一些。第三，经济发展将逐渐改良或完善社会制度，改变某些传统的生活方式和陈腐观念。这些变化也会影响到一国的政府干预与市场调节的比重。有些国家（例如第二次世界大战后的社会主义国家）曾经将政府干预中的计划机制视为最先进的唯一能与生产资料公有制相适应的经济体制，但这些国家在经济发展的过程中逐步放弃了这种一元机制观，认识到了适当进行市场调节的必要性。其结果是，不同的国家在其经济发展的不同阶段，都在某一方面调整着本国政府干预与市场调节的比重。

2．"三条件"约束的松紧程度

国家干预与市场调节以何种比重相结合构成二元机制，是由多种因素决定的。如一国的自然国情、经济国情、文化传统和社会制度等就是这些因素中最突出的几项。一国的自然国情实际上集中体现在该国的资源状况、人口状况和既有效率状况这三方面。由于人口是一国实物消费总规模的一个基本决定因素，所以上述三方面实际上就是前面所阐述的所谓"三条件"约束。

"三条件"约束越紧的国家，其实行政府干预发展的必要性越大；反之，"三条件"约束较松的国家，其政府干预程度可以低一些，其市场调节的成分可以多一些。在这里必须明确的是，"三条件"约束紧对于受约束的国家来说，是实行计划化发展的充分条件，否则发展中国家就会出现严重的社会不稳定现象，从而干扰甚至在一段时期内中断经济发展。但是对"三条件"约束松或基本上不受"三条件"约束的国家来说，这种松约束或无约束只是其低程度政府干预的必要条件。这是因为对于这些国家来说，除了其自然国情之外，还有经济、社会和文化因素影响其经济运行机制的选择。所以，有的国家可能具有优越的自然条件，也没有人口负担，但它可能建立起卓有成效的政府干预机制，而置市场调节于较次要的位置。

3. 社会制度和文化、历史因素的影响

从静态角度看，一国的社会制度、历史传统和文化现状都可以被视为决定该国经济机制选择的既定因素。事实上，发展中国家谋求经济发展，大都是在其国内的社会制度、政治秩序和生活方式相对稳定的条件下进行的。故一国既有的社会制度和生活方式是决定该国选择何种经济体制的一个重要因素。与社会制度及生活方式相类似，历史传统和文化现状也对一国经济机制的选择有着不可忽视的影响。例如，缺乏冒险精神、缺乏竞争意识、缺乏创新意识、鄙薄经商、安贫乐道、不求进取、追求平均主义、自主意识与参与意识淡薄等都会妨碍一国市场机制的形成及其作用的正常发挥。总之，制度、传统、文化都对一国经济发展中运行机制的选择有着重要影响。

可以看出：一方面，一国经济发展中的政府干预机制与市场机制的比重是由该国的自然国情、经济国情、制度、传统和文化状况共同决定的；另一方面，经济发展本身又反过来影响一国经济发展中的政府干预机制与市场机制的组合。

（四）政府干预与市场调节的结合方式

1. 板块结合方式

所谓板块结合，指的是对国民经济的各个部门（或行业）采用区别对

待的调节方式，即在一部分经济部门中实行全面和严格的国家干预，而把其他经济部门交由市场去调节。也就是将一国的经济分为两大块：一块实行国家干预，另一块交由市场调节。从现阶段各国的实际情形来看，在相当多的国家中，军事工业、邮电、铁路、航天航空、大规模能源开发、基本原材料的生产和基础研究等部门由政府实行宏观控制。无论如何，一块实施国家干预，另一块进行市场调节，是现阶段各国经济发展中客观存在的现实。

（1）板块结合的优点

第一，政府可以对国民经济发展中那些最重要的部门加以直接操纵，以使其符合一定时期经济发展的整体要求。如邮电通信、铁路、航空、能源、基本原材料等部门是一国经济发展必需的基础产品或基础劳务，这些部门的发展达不到一定的规模，整个国民经济的发展就会受阻。因此，不少国家都在一定时期内，尤其是在其发展的初期，通常由政府直接投资来建立和扩大这些基础部门，并对这些部门实行相应的国家干预。

第二，可以防止基础部门或骨干企业形成私人垄断，从而为整个经济系统提供一个良好的竞争环境。邮电通信、铁路、航空、能源和基本原材料等部门中较易形成大公司。私人资本如果在这些部门中形成垄断，会干扰整个经济系统的正常竞争。当然，政府来经营这些部门的企业，在排除了形成私人垄断可能的同时，也会形成垄断，即政府垄断。不过政府垄断与私人垄断毕竟不同，因为从基本的方面来看，政府办大企业不能与政府自己确定的国民经济发展目标相悖，而只能为实现这一目标服务。所以相对来说，排除了私人垄断的政府垄断对经济发展利多弊少。

第三，板块结合便于操作，可行性较强。这是相对于"渗透结合"或"两个全覆盖"论而言的。"渗透结合"论指国家干预与市场调节相互渗透的论点。"两个全覆盖"论指让市场调节全面覆盖经济活动，同时又对所有部门和环节都实行国家干预的论点。这两种论点的最大弱点是缺乏可行性和可操作性。国家干预与市场调节这两种调节方式在同一场合上是不可能并存的，因而只具有理论上的意味，不可能付诸实施。至于依据市场要求来进行国家干预的"两个全覆盖"，则既不可能，也无必要。与上述两种论点相反，国家干预与市场调节的板块结合理论可行性强、便于操作。

（2）板块结合的缺点

第一，政府干预与市场调节的相互协调性不佳。从理论上说政府干预部门的价格和产量都不会是一般均衡条件下的价格和产量，且由于政府计划的经常变动和调整，非国家干预部门的经济活动经常受到这种变动和调整的冲击。

第二，国家干预部门中容易滋生脱离实际的现象以及国家干预本身科学性不强等。发生这类问题的原因在于体制方面的缺陷以及国家干预的方法不够先进。所以，在板块结合中，往往是政府干预部门的比重越大，发生这类问题的可能性越多。

2. 政府干预对市场调节的间接调控

在板块结合的二元机制中，除了政府干预之外，非政府干预的板块也会受到政府干预的管理和影响。非政府干预这一块虽以市场调节为基本运行机制，但其运行过程是受国家总体发展计划所调控的。调控的方式是间接的和指导性的。这种调控方式已经一般地为各国所采用。政府作为施行政府干预的主体，对市场的经济活动进行间接调控主要是通过各种经济杠杆来实现的。政府间接干预与板块结合不能被看成是不同国家实现政府干预与市场调节相结合的不同方式，而应理解为在一个国家内必然被同时采用的两种相互补充的方式。这两种方式本身的有机的相互配合，是经济发展中二元机制正常运行的必备条件，也是使政府干预与市场调节这两种调节功能的优点都得到充分发挥的良好模式。

第三节　国民经济管理的特性

一、国民经济管理的二重性

国民经济管理的二重性是指管理的自然属性（生产力属性）和社会属性。社会再生产既是物质资料的再生产，又是生产关系的再生产。因此，对社会生产过程的管理也就存在着二重属性：一方面是与生产力相联系的管理的自然属性，另一方面是与生产关系相联系的管理的社会属性。认识和掌握管理的二重性原理，对于搞好现实的国民经济管理具有重要的指导意义。一方面，就管理的自然属性而言，不同国家在管理国民经济的具体方式、方法和手段上存在着许多共同之处。发达资本主义国家的政府是管理市场经济的先行者，在国民经济调控方面积累了丰富的经验，尤其是近半个世纪以来，伴随新技术革命和生产社会化的高度发展，提出了不少新的管理理论和思想，成为人类社会的共同财富。另一方面，在借鉴和吸收发达国家国民经济管理先进经验的同时，还应清醒地看到，由于管理社会属性的存在，任何管理经验和理论，都包含着一定的社会关系和文化传统的沉积，即使对已被实践证明的成功做法，也不能简单地照抄照搬，而只能根据各国的具体条件加以改造和消化。

二、国民经济管理的综合性

宏观或次于宏观管理方面的问题有很多，但应当把综合性的问题作为研究重点，如研究各个宏观经济政策应该如何协调，而不是仅仅研究财政政策应该如何、货币政策应该如何。再如研究产业结构，关注的应当是各个相互联系着的产业之间的协调优化问题，而不是仅仅关注单个产业如何发展的问题，因此，它具有很强的综合性。

三、国民经济管理的实践性

国民经济管理理论与方法是人们通过对各种管理实践活动的深入分析、总结、升华而得到的，反过来它又被用来指导人们的国民经济管理实践活动。国民经济管理学是一门应用性很强的学科，它一刻都不能脱离国民经济管理实践。要真正掌握国民经济管理学仅靠书本是不行的，必须通过大量的国民经济管理实践活动去体会和磨炼，理论必须联系实际。

四、国民经济管理的指导性与战略性

国民经济范围十分广泛，不能事事都研究，只有那些具有战略性的问题，才应当进入学科的视野。经济运行过程中的战术问题属于其他技术性强的学科研究的对象。即使如此，对同样的问题也可能会有不同的解决方案，得到不同的结果，这主要是由社会经济发展中许多无法预知的复杂因素所引起的。因此，国民经济管理学对某一问题的解决具有指导性，培养的人才今后应成为全国各行各业的社会经济管理战略家。

五、国民经济管理的科学性与艺术性

国民经济管理的科学性，主要是指管理不能随心所欲，它必须遵循一定的客观规律。在长期的宏观管理实践中，特别是在近二十年来的现代管理实践中，经过反复验证和总结提高，国民经济管理已逐步形成了其他学科无法替代的管理理论和知识体系，从而为国民经济管理实践提供了符合规律的理论指导和分析问题、解决问题的科学的方法论。而管理的艺术性主要是指在国民经济管理的实践中会经常面临新的形势，需要处理新的问题，仅凭书本上的管理知识或靠背诵原理和公式来进行管理是根本不能奏效的；只有充分发挥管理者的积极性、主动性和创造性，因地制宜地灵活运用管理理论，并将其与具体的管理活动相结合，才有可能达到预期的目的。

第四节　国民经济管理的任务与手段

一、国民经济管理的任务

（一）国民经济管理的基本任务

政府对国民经济的统一管理，是从全社会共同利益和国家长远利益出发，根据经济规律和市场经济运行机制的要求，对国民经济总体进行的计划、组织、指挥、协调、监督和控制。国民经济管理的任务包括制定经济社会发展战略和计划，维护产权制度和对国有资产进行管理，对整个国民经济进行宏观调节和控制，规范市场运行秩序，调整社会分配和完善社会保障，提供公共物品，保护环境，维护生态平衡，促进国民经济的持续、快速、有序、健康发展和整个社会经济效益的全面提高。在国民经济管理的这些任务中，对国民经济总量的调控，即实现社会总供给和总需求在量上和结构上的基本平衡，并在此基础上努力促进国民经济的持续、快速、有序和健康发展是国民经济管理的基本任务。因此，在宏观经济运行的诸多矛盾中，如社会发展与经济发展的矛盾、工业与农业的矛盾、积累与消费的矛盾、经济发展与资源环境保护的矛盾、效率与公平的矛盾等，经济总量平衡与不平衡的矛盾是最基本和最主要的矛盾，它贯穿于宏观经济领域所有的矛盾之中。所以，正确处理宏观经济总量的平衡问题，努力实现宏观经济的基本平衡，并且在此基础上促进国民经济的持续、快速、有序和健康发展，是国民经济管理最基本的任务。

1. 努力追求宏观经济的基本平衡

国民经济管理的任务就是要通过对经济的干预和调节，使宏观经济运行的不平衡状态向平衡状态趋近。为此，必须做到以下几点。

（1）保持生产结构与需求结构相适应。国民经济各种结构的平衡是与总供给和总需求平衡相互关联、相互制约的两方面。总量平衡是结构平衡的前提，总量一旦失衡，必然引起结构的混乱；结构平衡又是总量平衡的基础，结构一旦失衡，也必然表现为总量平衡的破坏。结构平衡的实质是产业结构、产品结构同需求结构相适应。虽然需求结构是随着生产力的发展而变化的，但在一定的生产力水平之下的社会总需求结构是基本稳定的。所以，在通常情况下，总需求结构决定生产结构，不能强制地让需求结构适应生产结构。要根据社会经济的发展以及科学技术的进步不断地调整产业结构、产品结构，以适应国民日益增长的物质文化需要，适应国内外市场变化的需求。

（2）努力保持社会总供给与社会总需求的基本平衡。社会总供给与社会总需求的基本平衡是国民经济快速、健康发展的前提。如果总供给与总需求不平衡，市场价格就会偏离价值规律运行的轨道，就不能正确指示社会资源的稀缺状况和程度，不能正确反映供求关系的变化，从而导致市场机制失灵和经济运行的不正常。保持社会总供给与社会总需求的基本平衡，乃是国民经济管理的首要任务。

（3）努力做到价值平衡与实物平衡相统一。在市场经济条件下，社会总供给与总需求平衡的内容除了实物产品的供求平衡外，还包括劳务或服务的供求平衡，而劳务供求的计量只能用价值指标来衡量，这也表明市场经济中经济总量的平衡首先必须是价值平衡。但是，总供给与总需求的价值平衡，又离不开实物平衡。因此，要把价值平衡与实物平衡很好地统一起来，要通过价值平衡来引导实物平衡，通过实物平衡来改善结构平衡，最终使国民经济中总供给与总需求的平衡在总量和结构上达到统一。

2. 努力追求国民经济持续、快速、有序、健康发展

搞好宏观经济的基本平衡，抓住国民经济的主要矛盾进行宏观经济管理，其目的就是要保证和促进整个国民经济能够持续、快速、有序、健康发展，取得尽可能好的宏观经济效益。

（1）要力求国民经济持续发展。所谓持续发展，是指经济的发展要与社会、资源、环境的发展相协调、相一致，即经济的有效增长既要建立在社会体制创新、技术进步和有利于社会公平的基础上，又要与资源的可利用能力、环境的可承载能力和整个生态环境的改善相适应。促进国民经济的可持续发展，要求我们尊重自然的、社会的、经济的客观规律，能动地调控"自然－社会－经济"这一复合系统，在不超越资源与环境承载能力的条件下，保持经济的持续发展：既保证人们的生活质量不断提高，又保持资源永续利用和生态环境的不断改善；既满足当代人的需求，又不损害后代人满足其需求的能力。同时，经济的持续发展还应该避免经济发展过程中的大起大落。

（2）要力求国民经济快速发展。一般来说，提高国民经济效益是经济工作的核心内容，快速发展是经济工作的基本出发点和根本宗旨。但是，我们要充分地认识到，快速发展要与经济效益的提高相统一，不能不顾经济效益而片面地追求高速度。同时，快速发展又要以比例协调为基础，离开了协调的比例关系，快速冒进只能导致经济大起大落。因此，保持国民经济的快速发展，必须正确处理好速度、效益和比例的相互关系。从一个发展时期来看，只有持续、稳定地发展，才能有真正的高速度。国民经济管理的一个重要任务，就是要把快速发展建立在比例协调、效益良好、经济持续、稳定发展的基础上。

（3）要力求国民经济有序发展。所谓有序发展，是指整个国民经济有秩序地运行，消除经济运行中的无序现象。一般来说，经济发展秩序是指在特定的生产方式下保证经济正常发展和有效运行的机制和规则。社会主义市场经济体制的形成、发展和确立的过程，也是社会主义市场经济秩序的形成和完善的过程，两者是相伴而生的。国民经济持续、快速、健康地发展，有赖于完善的社会主义市场经济体制的秩序的保障。所以，国民经济管理要把建立和维护国民经济运行秩序作为一项重要任务。它主要包括运用法律、法规和行政管理来规范政府、企业和劳动者的行为，规范产品市场和资本、劳动力等生产要素市场运行的秩序，以及规范市场公平竞争的规则三方面的内容。

（4）要力求国民经济健康发展。所谓健康发展，是指经济运行中速度、比例、效益的关系，生产、积累和消费之间的关系，经济发展和社会发展的关系，资源合理利用和生态环境保护之间的关系都比较合理，宏观经济效益与微观经济效益之间达到比较完美的统一。只有在国民经济持续、稳定、协调、有序发展的基础上，才能实现国民经济健康发展的目标。

国民经济的持续、快速、有序和健康发展是一个完整统一的概念，反映了社会主义市场经济内在规律的根本要求。能否实现国民经济的持续、快速、有序、健康发展，很大程度上取决于我们国民经济管理工作的好坏。可见，国民经济管理的任务十分重要，它关系到整个国民经济能否快速发展，人民生活水平能否得到较快提高，社会主义现代化能否顺利实现。

（二）国民经济管理的具体任务

有效地进行国民经济管理，是通过把它的基本任务分解为各个经济发展时期的具体任务来实现的。按照国民经济管理的过程和宏观调控收效的快慢，可以把经济发展时期分为短期、中期和长期，把国民经济管理的任务分为短期任务、中期任务和长期任务。为了完成国民经济管理的总任务，不同期间的国民经济管理的侧重点要有所不同。

1．短期任务

短期任务一般是指在一个年度以内国民经济管理所要完成的任务和要解决的主要问题。其中，最主要的是保持社会总供给与社会总需求之间的平衡。总供给与总需求之间的平衡主要包括财政、资金、劳动、外汇等方面的平衡以及它们相互之间的平衡，这是国民经济管理经常性的任务。在经济运行过程中，不平衡是经常发生的，它通常表现为财政赤字、通货膨胀、重要资源短缺、失业人口增加、国际收支不平衡等。对于这些，我们都要及时采取措施加以解决。

短期国民经济管理的侧重点，一般应该放在总需求的调控方面，即通过必要的财政政策、货币政策及其他政策和措施来抑制或刺激消费需求和投资需求，进而调节总需求来适应既有的供给水平，以实现总供给与总需求的平衡。当出现需求不足时，政府的宏观调控应侧重于刺激总需求，以求在短期内解决需求不足带来的经济衰退和失业等问题；当出现过度需求时，政府的宏观调控就应侧重于抑制总需求，以尽快解决经济过热、通货膨胀和物价上涨等问题。需求调节手段可以在短期内收到一定成效，但具有治标性质。因为一些严重的不平衡并非是在该年内造成的，而是多年积累的结果，所以，在年度内并非任何不平衡都能够解决。要解决宏观经济中的根本性问题，还需要中、长期的供求管理来实现。

2．中期任务

中期任务，是指国民经济管理五年左右所要解决的问题以及需要五年左右取得效果的任务。它与国民经济和社会发展五年规划基本一致。中期任务的期限接近一般经济活动的平均周期，如大中型工业企业、水利和交通建设项目、产品的更新换代、一般专门人才的培养周期等，大约都在五年左右。

中期国民经济管理任务的主要内容一般包括：确定国民经济和社会发展的规模和速度；安排重大比例关系；制定产业政策和调节产业结构；确定固定资产投资规模和投资结构；确定对外贸易和经济技术交流、科学技术和教育事业发展任务；确定投资与消费的比例、人民生活水平提高幅度，以及区域经济发展政策和生产力布局等国民经济中的重大问题。在这些任务当中，最重要的是确定固定资产投资规模和投资结构。管理好固定资产投资规模和结构，对于形成新的生产能力，对于宏观经济的正常运行和国民经济的稳定增长具有决定性的作用。

中期国民经济管理的侧重点是调节和管理社会总供给。其主要手段是通过优化资源配置，改善供给效益，加快经济发展，扩大未来供给能力，以实现总供求的平衡。其效应是中长期的，短期内不可能收效。但是，它具有治本性质，弥补了短期需求调节只能治标的缺陷，两者共同作用能达到互补的效果。因为短期国民经济管理的侧重点放在需求方面，并不是社会主义国民经济管理的最终目的本身。宏观需求调节的最终目的是通过调节需求流量来引导国民经济生产或供给。因此，以优化经济结构、提高经济效益、增加社会总供给能力为内容的供给管理乃是整个国民经济管理的重点。

3．长期任务

国民经济管理的长期任务，主要是指涉及国民经济发展的长远的、具有战略性的问题。它主要包括国民经济与社会发展的战略目标、战略重点、战略布局、重大建设项目、科学与教育事业发展以及一些重大方针政策等。

长期任务通常是以制定十年或十年以上的国民经济和社会发展规划的形式来体现的。发展规划的内容应该具有纲领性、原则性和指导性。由于在长期中存在着许多难以预料的可变因素，因此，在经济和社会的实际发展过程中，还需对规划的内容做出某些修正。同时，在各个时期和各个年度，还应把长期任务不断地具体化为中期任务和短期任务。

短期任务、中期任务和长期任务，是相互联系、彼此衔接的。在每一特定时期，国民经济管理都必须同时兼顾、合理安排这三者。

二、国民经济管理的手段

在社会主义市场经济条件下，国民经济管理的一个重要特点是以市场为基础的间接调控，相应要建立以经济手段为主，经济、行政、法律等手段相结合的宏观经济调控体系。它是国民经济错综复杂、相互联系，而又要顺利运行的内在要求。

（一）经济手段

经济手段是指国家依靠经济组织，运用经济杠杆，调节经济利益关系去引导和控制经济活动，实现国民经济管理的目标和效益。

经济手段主要是通过税收、信贷、外汇、价格等经济杠杆来实现其作用的。

经济手段的运用需要具备一定的条件：①国家拥有运用经济手段的权威和责任，以及相应的经济实力；②要有比较完善的市场体系和宽松的市场环境；③企业要成为独立的经济实体，具有生产自主权和自身的利益。只有具备了这样的条件，国家才能有效地运用经济手段，使其发挥调节作用。

经济手段表现为以下特点：

1. 引导性

经济手段属于间接调控性质。它是利用经济利益推动经济发展。经济利益是经济发展的内在动力，市场经济中的各个经济实体和个人都有自身的利益。国家根据经济发展中出现的矛盾，运用各种经济手段影响经济主体的经济利益，引导经济活动向国民经济管理目标靠近，达到调控目的。

2. 关联性

经济手段主要是利用价值形式的经济杠杆。价值形式把各种经济关系联系起来，具有横向联系的特点。比如，某种经济杠杆的调整，会引起相关经济利益的变动，导致一系列经济关系的变动。由此，各种经济杠杆要相互配合，力度适当，才能完成宏观调控的任务。

3. 灵活性

经济手段较之行政手段和法律手段具有灵活性的特点。当经济活动中出现某种矛盾时，可及时运用相应的经济手段予以调节；当其矛盾克服时，又可改变其调节方向和力度。而经济运动的不平衡性是经常存在的，客观上需要这种灵活性的经济手段。

经济手段在国家宏观调控手段体系中占有重要地位，起着主导作用，但也有其局限性，并不是万能的。它在作用范围和作用后果等方面均有一定的限度，必须与其他调控手段配合运用才能取得更好的效果。

（二）行政手段

行政手段是国家运用行政权力，按照行政系统、行政层次、行政区域直接指挥和管理社会经济活动。

行政手段的具体运用，是通过制定方针政策并以下达命令、指示、通知、条例和指令性计划等形式来实现的。

1. 行政手段的特点

（1）直接性。行政手段是通过对调控对象的直接作用而达到调节目标，因而具有直接性的特点。

（2）强制性。行政手段是通过国家政权力量来实现调控目标，所有经济单位必须执行，不能自由抉择，因而具有强制性特点。

（3）迅速性。行政手段的直接性、强制性决定了它的调控作用能快速实现，不存在机制转换过程，因而具有速度快的特点。

2. 行政手段的必要性

（1）社会化大生产条件下管理共同劳动的内在要求，需要行政手段。微观领域必须有指挥，宏观领域也必须有一个社会中心来协调经济发展。

（2）生产资料公有制在国民经济中占主体地位，以及社会主义国家的经济管理职能决定其需要行政手段。行政手段不是超经济的强制，而是社会主义经济内在机制的体现。

（3）行政手段在保证社会的整体利益和长远利益等方面具有更强和更直接的作用。即使在间接调控为主的条件下，对一些垄断性行业和基础设施、基础工业等的建设，国家还要直接投资管理。

3. 行政手段的缺陷

（1）过多使用行政手段会压抑地方政府、企业、职工的积极性、主动性和创造性，使经济发展缺乏活力。

（2）运用行政手段，决策失误往往造成全局性的损失。

（3）在市场经济条件下，行政手段存在失效的状况：一是信息机制的限制。绝大部分信息由基层单位提供，这些信息有时是扭曲或失真的，对行政手段产生误导。二是决策缺乏科学性。由于主客观原因，有时制定的行政手段没有很好地反映客观经济规律和实际情况，难于贯彻执行，甚至行不通。三是执行过程中的障碍。由于利益机制的影响和限制，在执行中常出现打折扣，阳奉阴违，甚至拒不执行的情况。

因此，运用行政手段要保持在合理的范围内，要有政权组织的保证，有科学的决策，有经济手段、法律手段的配合，才能在国民经济运行中发挥更好的调控作用。

（三）法律手段

法律手段是国家对各种经济关系、经济行为制定统一的法律规范，并用法律的强制手段保证这些规范的遵守和实现，以维护市场经济秩序和社会秩序。法律手段的运用，是上层建筑对经济基础的一种反作用，是经济手段、行政手段的保证条件。

法律手段包括经济立法和经济司法。它的具体运用形式，在立法方面有：全国人民代表大会或其常务委员会所颁布的各种经济法律；政府颁布的各种法令、条例、规定等约束经济运行的行为准则，还有一些具有法律效率的规章制度，如企业登记注册制度、生产许可证制度等。在司法方面有：对以上法律法规制度违犯者，司法机关追究其经济、行政或刑事责任。

法律手段与其他调控手段相比较有如下特点：

（1）规范性。经济法规中任何一个条文都有详细具体的规定，不能有多种理解，因而具有明显的规范性。

（2）普遍性。经济法规是社会经济生活中的行为准则，对任何从事经济活动的当事人都具有普遍的约束力，法律面前人人平等。因而，它具有普遍约束性。

（3）强制性。法律手段是通过经济法规的严格贯彻执行而实现的，对违法者采取强制措施，追究法律责任，具有高强度的强制性。

（4）稳定性。经济法规的内容是经过实践充分验证了的法律性的经济政策，它的制定和修正要遵守严格的立法程序，不能随意变动，因而具有稳定性。

法律手段对经济活动的调控作用，体现在为调整各种经济关系创造一个公开、公平、公正的市场竞争条件，维护市场秩序，实现国民经济的良性循环。法律手段也有其短处：第一，局限性。法律手段的规范是遵守最起码的经济关系和经济行为准则。而经济关系是十分复杂、不断变化的，不能应用于所有的经济关系和经济活动，因而出现无法可依、法律滞后的现象。第二，被动性。有些经济行为有害于经济发展，但不违法或钻了法律条文的空子，如重复建设、重复引进、某些投机活动等，法律手段就不能主动进行干预。此外，法律手段有可能失效，一是权大于法，以言代法；

二是执法不严，违法不究。

各种宏观经济调控手段都有其特定的作用和缺陷，都不是万能的，必须取长补短，综合运用，做到同向性、互补性、适度性的统一。只要各种宏观调控手段都遵循客观经济规律的要求，符合客观经济情况，就能做到协调配合。

第二章　经济供求平衡管理

在经济全球化背景下，国家与国家之间的贸易活动与资本往来变得越来越频繁，因此国家在进行短期的宏观经济调控中，保持社会总供求的平衡是面临的一个最为重要的问题。社会总供给和总需求的平衡有利于资源配置的优化，有利于产业结构的合理调整，有利于保证宏观经济正常运行。

第一节　消费需求管理

一、消费需求与消费函数

在国民经济管理中，要正确引导和调节消费需求与消费结构，首先需要分析消费和消费需求与其影响因素之间的依存关系（消费函数），这是进行消费需求管理的重要前提。

（一）消费需求及其影响因素

1. 消费与消费需求

广义的消费包括生产消费和生活消费，狭义的消费仅指生活消费。本章研究的消费是狭义的消费，并以个人生活消费为重点。因此，在这里的消费是指为了满足人们的物质和文化生活需要而消费消费资料和消费性服务的行为。消费资料是指用于生活消费的那部分物质资料。没有消费资料，人类就不能生存；没有追加的消费资料，社会扩大再生产就不能进行。因此，对消费资料的消费是人类社会得以存在和发展的基本条件。消费性服务主要是指满足人们生活需要的各种服务（或劳务），如向居民提供的洗澡、理发、生活用具修理服务，为居民提供的卫生、文娱、体育服务等。随着人们生活水平的提高，人们对服务的消费日益增多，服务消费的内容也越来越丰富。

消费需求是一定时期内，全社会用于购买消费资料和消费性服务的货币支付能力。在市场经济条件下，任何需求都由两个要素构成，即货币支付能力和购买欲望，二者缺一不可，消费需求也不例外。

消费需求由居民消费需求和社会消费需求两部分组成，即：

消费需求=居民消费需求+社会消费需求

社会消费需求=政府消费需求+集体消费需求

居民消费需求是指常住居民在一定时期内对物质产品和服务的消费需求，它包括用货币购买和用实物工资形式获得的用于生活消费的耐用消费品、非耐用消费品及服务支出，如日用消费品、交通费、房租、医疗保健、教育、文化娱乐、家庭保姆费等支出。

政府消费需求包括由行政管理费、国防和武装警察部队经费、科学文化卫生事业费、城市维护费等项目在内的消费品和服务的支出。

集体消费需求是指各单位或团体对与本身生产活动无关的，仅供集体最终消费的物质产品和服务的需求。它包括集体福利设施、文体宣传、农村村委会经费开支等。

2. 消费需求的分类

消费需求可以从不同的角度进行分类。当前，符合我国实际情况，并具有一定现实意义的消费需求分类主要有以下几种。

（1）从消费需求的实际内容看，可以分为生理需求、精神需求和社会需求。生理需求是指维持人的机体的正常活动和发育的需求，如饮食、衣着、住房、医疗等；精神需求是指满足人的精神和智力发展的各种需求，如读书、看报、看电视、欣赏音乐等；社会需求是指人们参加各种社会公共生活引起的需求，如参加政治活动、社会活动和社会公益活动等。

（2）从消费需求满足人们的消费行为看，可以把消费行为分为吃、穿、用、住、行几方面。人们的消费行为是多方面的，吃、穿、用、住、行是基本的消费行为。按照消费行为对消费需求进行分类比较具体、现实，在实际经济工作和统计工作中比较容易把握。我国统计部门和实际工作部门主要采用这种分类方法。

（3）从消费需求满足的对象看，可以分为个人消费需求和社会集体消费需求。个人消费用于满足劳动者个人及其所赡养的家庭成员的生活需要；社会集体消费是指用于国家行政管理、国防、科学、文化、教育、体育、卫生等方面的消费支出。

（4）从消费需求存在的形式看，可以分为实物需求和服务需求。实物需求是指对于具有独立的物质实体的消费资料的需求。服务需求则是对于以劳务提供的特殊使用价值的需求。目前我国服务性消费需求还比较低，随着生产力的发展和居民收入水平的提高，服务性消费的比重将逐步提高。

3．影响消费需求的因素

虽然各种消费函数对消费需求和收入之间关系的描述有较大差异，但有一点是共同的，即个人的可支配收入是决定消费需求最重要的因素，消费需求随着可支配收入的波动而波动。但是，在现实中，消费需求的变化无论在方向、时间还是幅度上都不完全与个人可支配收入相一致。这是因为除了收入之外，还有其他一些因素会对消费需求产生影响。

（1）利率。利率对消费需求的影响主要是通过影响储蓄，从而影响消费在收入中所占的比例实现的。较高的利率既能产生替代效应，促使人们增加储蓄，减少当前消费；也能产生收入效应，刺激人们增加当前消费，减少储蓄。利率提高会增加消费需求还是减少消费需求，就要看是替代效应更大还是收入效应更大。一般而言，对于低收入阶层来说，利率的替代效应大于收入效应，消费需求会减少；对于高收入阶层来说，利率的收入效应大于替代效应，消费需求会增加。

（2）收入分配。由于边际消费倾向递减规律，随着收入增加，不同收入水平社会阶层的消费需求变化是不同的，或者说消费需求的收入弹性是不同的。通常而言，低收入者的消费倾向大于高收入者，因此，收入分配越均等，总收入中用于消费的比例就越大；相反，收入分配差距越大，总收入中用于消费的比例就越小。

（3）价格水平和价格预期。在名义收入不变的情况下，物价总水平上升或下降将导致居民实际可支配收入下降或上升，从而使居民根据收入的变动调整消费需求。由于不同商品需求的价格弹性不一样，价格水平的变化使得价格弹性高的商品需求变化大，而价格弹性低的商品需求变化小，由此引起消费需求结构发生变化，并对消费需求产生影响。价格预期往往在价格变动时期形成，会导致消费者的消费支出提前或推迟，但由于较大地受到主观因素的左右，其影响难以确定。例如，在通货紧缩时期，价格下降提高了居民的实际可支配收入，如果消费者有价格上升预期，则消费需求会增加；相反，如果消费者有价格下降预期，则消费需求不但不会扩张，还会缩小。

（4）金融资产及其实际价值的变动。一般来说，拥有较多金融资产的家庭，其消费支出会大于拥有较少金融资产的家庭。这是因为，随着金融资产的增加，家庭继续增加金融资产的欲望会逐步降低，总的可支配收入中用于消费的部分就趋于增加。金融资产实际价值变动如果是由于物价水平的变动所引起的，则实际可支配收入的变化会对消费需求产生影响；金融资产实际价值的上升或下降，如果是由于利率的上升或下降引起的，则消费需求也会受到刺激或遏制。

（二）消费函数

1. 凯恩斯消费函数和库兹涅茨消费函数

凯恩斯消费函数的最大特点：一是消费取决于当期收入，随着当期绝对收入的增加，消费也在增加；二是消费的增加额不能超过收入的增加额（边际消费倾向在 0 和 1 之间）；三是消费占收入的比例（平均消费倾向）随着收入的增加而降低。凯恩斯消费函数可以具体表述为：

$$C = C_0 + c_1 Y$$

公式中，C 为平均消费，C_0 为初始消费，c_1 为边际消费倾向，Y 为消费者收入。

此时，平均消费倾向为：

$$\frac{C}{Y} = \frac{C_0}{Y} + c_1$$

从上述公式可见，平均消费倾向随着收入的增加而降低。

从我们日常生活的经验来看，凯恩斯消费函数具有直观的说服力。但如果取较长时间序列数据来观察，平均消费倾向并不是随着收入的增加而递减，而是基本上保持不变。最早发现这种倾向的是西蒙·库兹涅茨教授。

库兹涅茨教授以美国 1869—1938 年的数据为依据计算了收入与消费的关系，发现：

$$C=0.9Y$$

也就是说，平均消费倾向从较长时间看几乎是定值 0.9。

同样的情况其后在日本也得到了证明。例如，日本的经济学家以 1965—1990 年每季度的数据为基础，推算收入与消费的关系，得到如下结果：

$$C=0.86Y$$

但是，当经济一时出现疲软，收入发生较大变动时情况就发生了变化。日本经济学者以 1973—1977 年每季度为数据基础推算的短期消费函数为：

$$C=18+0.71Y$$

此时的边际消费倾向降低到 0.71，而且还有一个不可忽视的截距。随着 Y 的增大，平均消费倾向也逐渐降低。

库兹涅茨的发现和凯恩斯消费函数是矛盾的，这被称为消费之谜。在20世纪四五十年代曾经围绕这个问题展开了激烈的争论。争论的结果，明确了凯恩斯的消费函数适用于短期消费，而库兹涅茨消费函数适用于长期消费。于是，议论的焦点就转为如何把凯恩斯短期消费函数和库兹涅茨长期消费函数统一起来的问题。

2. 生命周期假说

生命周期假说认为，个人的消费行为是由个人的生涯收入所决定，并且在一生中偏好稳定的消费路径。

假定某人现在的年龄为 f，并预定他到 n 岁后退休，寿命约为 T 岁；因为这个人的退休年龄为 n，其后剩下的就业年数为（$n-t$），在此期间每年约有收入 Y^e 元，现存资产为（W/P）元，那么此人的生涯收入为：

$$\left\{ (n-t)Y^e + \frac{W}{P} \right\} 元$$

预计此人今后还可健在（$T-t$）年，每年的消费为 C 元，不留遗产，则今后的消费总额（生涯消费额）为：

$$(T-t)\cdot C = (n-t)\cdot Y^e + \frac{W}{P}$$

若对上式变形，可求出每期消费 C，有：

$$C = \frac{1}{T-t}\cdot\frac{W}{P} + \frac{n-t}{T-t}\cdot Y^e$$

上式是对特定的消费者计算出的每期消费额。为了求得全社会的近期消费额，就需要把全社会所有个人消费额合计，这样就可以得到社会全体成员的消费函数：

$$C = a_0\cdot\frac{W}{P} + a_1\cdot Y^e$$

在这里使用的 C、$\dfrac{W}{P}$、Y^e 不是使用的个人的数值，而是社会全体成员的消费、资产、预想收入，以 a_0，a_1 在人口构成不变的情况下是个定值。

但是，正确预计将来的收入是困难的，而且每年都获得同额收入也未必符合实际，这些都是生命周期假说的缺欠。所以，有的经济学家提出，要以消费者的近期收入 Y 代替上述公式中的远期预想收入 Y^e，则消费函数可以变为：

$$C = a_0 \cdot \frac{W}{P} + a_1 \cdot Y$$

这就是以生命周期假说为基础确定的消费函数。

如果将公式两边除以消费者收入 Y，得到平均消费倾向：

$$\frac{C}{Y} = a_0 \cdot \frac{W/P}{Y} + a_1$$

从短期来看，社会总资产（W/P）大致不变，在经济景气时，Y 将上升，消费倾向降低；在经济不景气时，Y 将减少，消费倾向会上升，这与凯恩斯消费函数一致。但是，从长期来看，总资产是随着 Y 的增加而成比例地增加，$\frac{W/P}{Y}$ 是个定值，所以平均消费倾向 $\frac{C}{Y}$ 也是定值，这就得到库兹涅茨消费函数。

3. 其他几种不同的消费理论

（1）杜森贝利相对收入理论。杜森贝利认为，消费需求主要与收入的相对水平有关，即家庭消费在其现期收入中所占的比重取决于该家庭与其周围其他家庭的收入水平的相对值。他认为，人们生活中具有攀比心理，如果生活在收入较高的邻居环境中，攀比行为将打破经济状况不好家庭的消费计划（其消费支出将会增加）；相反，一个家庭相对于周围家庭收入越高，则其消费在其收入中所占的比重越低。可见，即使某一个家庭总收入水平在不断变化，但只要相对收入等级不变，它会将收入的相同比例用于消费。

（2）弗里德曼持久收入理论。弗里德曼认为支配人们消费行为的不是现期收入而是长期持久性收入，即消费取决于人们根据过去和现在的情况所预测未来长时期的稳定收入。当人们确认未来收入增加是持久的，他们才会将消费水平调高，其调高的过程慢于收入增长的过程。

（三）消费需求管理的任务

消费需求是随社会经济的发展，人口、性别、年龄、文化结构的变化以及人们消费观念等多种因素的变化而变化的，在不同时间和空间条件下，人们消费需求的观念和结构不同。因此，加强消费需求的有效管理，使之与社会生产协调极为重要。

1. 消费需求管理的任务

（1）实现消费结构的转化。研究和掌握影响消费结构的因素及其变动趋势，积极引导消费结构的转换，逐步实现消费结构的升级，促进产业结构的合理化和高度化。

（2）确定适度的消费水平。从我国的具体情况出发，在现有生产力发展水平的基础上，合理确定消费水平，正确指导消费，采取各种宏观调控措施，预防消费需求膨胀和消费需求不足。

（3）合理调节消费的增长。在保证生产发展的基础上使消费不断增长，并把消费增长控制在经济增长所允许的限度之内，使有支付能力的消费需求同商品可供能力相适应。

2．消费需求管理的作用

（1）有利于不断地、全面地提高人民的生活质量。生活质量的提高，既包括物质生活的改善，也包括精神生活的充实；既包括居民个人生活水平的提高，也包括社会福利和劳动环境的改善。从总体上看，我国目前基本上处于温饱型社会，离小康水平还有一段差距，如城镇人均居住面积较少，社会保障覆盖面太小。消费需求管理就是要从我国经济发展不平衡的实际情况出发，统筹规划，适当安排，有计划、有步骤、全面地提高人民的生活质量。

（2）有利于充分发挥市场优化配置资源的作用，促进国民经济的协调发展。一定时期的社会总需求包括消费需求、投资需求和出口需求，其中消费需求是主要组成部分，其比例通常占 50%以上，远高于其他需求。就三种需求的比较而言，消费需求是最终需求，投资需求是中间需求，出口需求则是需求在空间上的拓展，反映其他国家对本国商品的需求。通过消费需求管理，谋求适度的、合理的消费，不仅有利于实现市场供求的平衡，保持物价基本稳定的市场环境，而且可以充分发挥市场机制优化配置资源的作用，通过消费的引导，促进国民经济的协调发展。

（3）有利于为企业经营提供一个合理的导向和环境。企业是国民经济的细胞，为社会提供生产资料和消费资料。就消费资料的生产经营而言，自然要以消费者需求为导向，以消费行为为准则。企业的劳动要得到实现，必须具有社会有用性，就是说生产出来的产品必须符合社会需要，对买者有使用价值，能满足他们的需要，而且在数量和结构上要相适应。不合理的消费行为不仅对消费者不利，而且对企业的生产经营也不利。对消费需求加以管理正是为了给企业提供一个既能带来经济效益，又能产生巨大社会消费的生产经营方向，为它创造一个有利的外部环境。

（4）有利于加强社会主义精神文明建设。在现实消费中，有的是挥霍性、浪费性消费，如利用公款大吃大喝、送礼、旅游；有的是迷信性消费，如造坟、建庙等消费活动；有的是超理性、超现实的消费，不顾自身条件、盲目追求、互相攀比；还有的是有害社会及个人的糜烂式消费，如吸毒、赌博、嫖娼等。这些类型的消费腐蚀人们的灵魂，败坏社会风气，助长腐败现象的滋生，因此急需采取有效措施制止其发展。在消费需求管理中，应用法制规范其消费行为，用正确的消费政策指导和引导消费，用舆论监督消费，使消费行为既有利于市场的繁荣和稳定，又有利于净化社会风气，促进社会主义精神文明建设。

二、适度消费规模和消费水平的调控

扩大消费规模，提高消费水平，是人们的共同愿望，但在众多主客观条件的制约下，它不可能完全从人所愿。因此，应该认真研究影响消费规模和水平的因素，明确社会合理、适度消费的标准，并采取相应的消费政策促进适度消费规模和水平的实现。

（一）消费规模、消费水平及其衡量指标

消费规模是指社会全体成员及社会集团在一定时期内（通常为一年）消费的生活资料和服务的总量，它着重从总体上反映一定时期全社会的消费状况。在我国通常以消费总额、总消费、社会消费品购买力以及社会商品销售额等指标来反映消费规模的大小。消费规模的大小决定着消费水平的高低。

消费水平是指一定时期内（通常为一年）社会每个成员平均消费的生活资料和服务的数量，它着重从平均水平方面反映人们的消费状况及其物质和文化生活的满足程度。衡量消费水平的主要指标有按人口平均的各种实物消费量、平均每人服务消费量、平均每人消费额等。衡量生活消费水平，不仅应看消费了什么、消费了多少，还要着眼于消费的效果，即考核各种消费满足人民生存、发展、享受等方面所取得的最终效果。

（二）影响消费规模和消费水平的因素

1．消费者心理状况

消费者心理状况是个较复杂的因素，它受多种因素的影响，直接表现为消费者的购买愿望。购买愿望受供给方面的影响，表现为当市场上出现新的、更好的消费品时，就会刺激居民消费需求的扩大，特别是在相互攀比的心理作用下，其效能尤为明显；反之，则会抑制居民的购买愿望。购买愿望受物价水平变动的影响，物价上涨时，消费者前期收入以及结转的

货币支付能力都会贬值，特别是消费者预期物价走势要持续上涨时，为了避免贬值的损失，消费者会提前购买商品，这时，购买愿望会迅速扩大，消费需求较快地膨胀起来；反之，如果物价持续下降，特别是消费者预期还会继续下跌时，则会出现购买愿望的缩小、消费需求的下降、消费者持币待购、延期购买所需的商品。

2. 生产发展水平及其增长速度

消费需求是收入的函数，而收入取决于生产，所以，随着生产的发展，收入不断增加。因此，生产发展水平及其增长速度是影响消费规模和消费水平的最重要因素。这种影响是通过以下途径实现的。

（1）随着生产发展水平的提高，劳动者的工资、奖金等必然要增长，促使个人消费增加。

（2）职工从工作单位取得的非工资收入也随生产增长而不断增加，社会上急需的各种人才的业余收入还可能大量增加。

（3）随着国民生产总值的增加，在财政支出中各种社会消费也会随之增加。如果生产发展缓慢或萎缩，则消费需求规模和水平也必然增长缓慢或下降。

3. 投资和消费的比例及其内部比例的变动

消费规模和消费水平直接依存于消费总额，因而在国内生产总值既定的情况下，消费规模的大小和消费水平的高低，就取决于投资与消费的分配比例。此外，投资又分为生产性投资和非生产性投资；消费又分为居民个人消费和社会集体消费。这样，消费水平的提高，除直接依存于个人消费增长外，还在一定程度上依赖于社会集体消费和非生产性投资的增加。

4. 利息率

利息率的高低是影响消费需求的另一个重要经济因素，它主要表现在能调节消费者货币收入在消费支出和储蓄之间的分配比例。利息率愈高，人们的储蓄倾向愈大，而现实的购买愿望则减少；反之，则扩大。但是，储蓄倾向并不完全由利息决定。

决定消费者储蓄倾向的因素主要有两方面。

第一，社会环境决定的必要的储蓄水平。例如，为保证购买一些高档消费品、住宅、汽车等所需的储蓄，为子女的教育而进行的储蓄，由于某种历史的、文化的原因而形成的储蓄等。

第二，储蓄的风险情况。当消费者认为未来各因素的变化将对其储蓄发生较大损失的风险时，如利率水平远远低于物价上涨水平，消费者就会减少储蓄而增加购买。

5. 消费品价格和消费服务价格

在市场经济条件下，消费者购买消费品及服务是以货币为中介的。也就是说，要按照消费品及服务的价格支付相应的货币才能换回一定数量的消费品和服务。因此，消费品及服务价格的涨落变化，对消费者的消费需求有着重要的影响。就一般情况而言，当消费品或服务价格上涨时，在其他条件不变的情况下，消费需求量就会下降，反之则会上升。

6. 人口规模及其增长速度

在消费总额既定时，人口的规模和增长速度直接影响消费水平。如果人口自然增长率慢于消费总额增长率，消费水平必将较快地提高；如果人口自然增长率快于消费总额增长率，消费水平必然下降。

（三）适度消费规模和消费水平的决策

1. 合理消费水平的确定

合理消费水平，是指在同现有生产力水平相适应的范围内，能最大限度地满足人民物质文化生活需要的消费水平。这种消费水平使人民享有的生活资料和服务，不仅能补偿劳动力的简单再生产，而且能保证劳动者的生活状况不断改善和劳动者素质的不断提高。确定消费水平，应依据以下原则。

（1）保证人民最低限度的消费水平。为了维持人类的生存和劳动力的再生产，必须保证其获得一定数量的生活资料。社会主义社会确定最低限度消费水平的客观依据，从质的规定性看，劳动者的劳动报酬或收入，必须保证本人和家属生活所需的基本消费资料，并能补偿本人及其家属为掌握一定的科学文化知识和劳动技能而支出的学习训练费用；从量的规定性看，要保证计划期内按当时实有人口（包括原有人口和新增人口）计算的平均消费额不低于前期水平。当然，最低限度的消费水平并非固定不变的，而是随着生产的发展和劳动生产率的增长而逐步提高的。

（2）保证消费水平的不断提高。社会主义生产目的是最充分地满足人民日益增长的物质文化生活需要，因此，消费水平的确定，不能仅限于最低限度的消费水平，而应在各时期经济发展许可的条件下有所提高，适当地满足以下要求：①使劳动者在吃、穿、用、住、行方面的消费资料数量逐步增多，范围逐步扩大，质量和档次逐步提高；②使劳动者有更多的机会学习和掌握科学文化知识和劳动技术，并逐步提高其业务技术水平和熟练程度；③使劳动者逐步有较多的自由支配时间去从事文化娱乐活动和社交活动，增强身心健康；④提供日益丰富的物质和文化条件，促进儿童和青少年的健康成长。当然，上述几方面要求的内容也不是固定不变的，它将随着生产的发展和劳动生产率的提高而日益丰富并不断更新。

（3）消费水平的提高速度应适当慢于社会劳动生产率的提高速度。劳动生产率的提高是人民消费水平提高的基础，因而两者之间必须保持适当的关系。为了保证国家和企业增加必要的资金积累，大力发展科学、教育、文化等事业，保证市场商品供求的平衡和物价的基本稳定，在一般情况下，应使消费水平的提高幅度适当地低于劳动生产率的提高幅度。只有这样，消费水平的提高才有可靠的物质基础，人民才能真正得到实惠。如果脱离劳动生产率提高所提供的实际可能，盲目地搞"高消费"或"超前消费"，其结果不仅会使消费水平难以提高，而且可能造成人民实际生活水平的下降。

根据上述原则，合理的消费水平增长的标准应该是：第一，消费水平的最低增长率应该等于或高于人口净增长率与物价指数增长率之和；第二，消费水平增长率的上限，应与国民收入增长率大体一致，不应持续地高于或低于劳动生产率。

如果用 C 表示消费水平增长率，用 r 表示人口净增长率，用 P 表示消费资料物价指数增长率，用 g 表示劳动生产率增长率，则合理消费水平增长率的匡算可用下式表示：

$$C_{min} \geqslant P + r$$

$$C_{max} < g$$

2. 适度消费规模的确定

由于在一定时期收入既定的情况下，消费规模主要取决于该时期投资和消费的比例以及生产性投资与非生产性投资的比例。因此，确定消费规模应依据以下原则。

（1）在确定投资和消费的比例时，应当遵循"一要吃饭，二要建设"的原则，必须首先在生产发展和劳动生产率提高的基础上，安排好消费；

其次根据国家建设需要和国力可能，安排好投资；然后要在总供给与总需求之间进行平衡，使投资总额与国家建设的需要相适应，使消费总额与人民生活的改善相适应。

（2）在正常情况下，计划期内按人口平均的消费额应随着生产的发展而逐步有所增长，以提高人民的物质文化生活水平。不能用压低消费的办法来增加投资；否则，不仅会降低人民生活水平，而且最终将影响国民经济的发展。

（3）投资的实物形态主要是生产资料，消费的实物形态是生活资料。因此，投资和消费的比例要同生产的物质构成相适应，使生活资料的生产与改善人民生活相适应，使生产资料的生产同投资和扩大再生产的需要相适应。在我国，农业、轻工业主要是生产生活资料的部门，重工业主要是生产生产资料的部门，所以要正确安排好农、轻、重之间的比例关系。

（4）非生产性投资建设的非生产性固定资产是改善人民物质和文化生活水平的物质基础。随着社会主义经济的发展和文化生活水平的提高，t 对非生产性固定资产的需要将日益增长。所以，消费规模的扩大还必须与非生产性投资的适当增长相适应。

（四）消费政策的选择

消费决策的重要内容之一是选择适合中国国情和生产力发展水平的消费政策。现实经济生活中可供选择的消费政策有三种，即超前消费政策、滞后消费政策和适度消费政策。这三种不同的消费政策对于宏观经济运行具有不同的调节效应。

1. 超前消费政策

超前消费政策的特点是：消费的增长速度超过了生产发展速度和劳动生产率的增长速度，职工的货币收入增长速度和消费支出的增长速度超过了消费品的生产增长速度。这种政策会使消费的增长远远超过生产发展所允许的程度。其直接后果是：

（1）会使消费增长过快，造成消费品的购买和市场可供量之间的严重脱节，导致市场供应紧张，抢购商品，物价上涨。这不仅会给人民生活带来困难，而且会引起社会总供求的失衡。

（2）超前消费政策不是靠发展生产来提高消费水平，而是靠压缩投资和牺牲国家长远利益来增加消费。其结果必然使投资率不合理地降低，投资减少，从而使社会生产的增长受到限制，最终使人民消费水平的提高失去根基。

（3）超前消费政策还会影响产业结构的合理化进程。在经济改革初期，由于不正确的政策与舆论导向，使人民群众对通过改革改善生活抱有不切实际的期望，以致急于求富，盲目攀比，追求高消费。群众的强烈消费欲望又反过来迫使政府采取短期行为，耗费巨额外汇进口高档耐用消费品，重复引进家电生产设备。这样既加剧了产业结构与消费结构的矛盾，又给我国产业结构合理化进程带来不利的影响。

2. 滞后消费政策

滞后消费政策的主要特点是片面地、盲目地强调生产和投资，只注重扩大生产资料的生产，不注意发展消费品的生产；不是在生产发展的基础上适当增加消费，而是一味地限制消费，致使消费的增长速度远远落后于生产发展速度。这种消费政策通常是在高积累时期采取的。从我国几十年的实践来看，这种消费政策弊多利少。其原因如下：

（1）严重抑制生产的发展。在社会再生产过程中，生产与消费相互依存、相互促进。没有消费和消费需求的不断增长，就不会有生产的巨大发展。人为地把消费限制在低水平上，实际上也就是人为地把生产限制在低水平上。因此，滞后消费政策必然会引起有效需求严重不足，导致生产发展缓慢甚至停滞不前。

（2）不利于国民经济重大比例关系的协调。从投资和消费的比例关系来看，投资的最终目的是扩大消费规模，提高人民的消费水平，而且消费的规模和结构还制约着投资的规模和结构。显而易见，在生产规模一定的前提下，消费的规模越大，投资的规模就相对越小；消费需求和服务消费等比重越大，投资中的非生产性投资的比重将越大。此外，消费的规模和水平对社会生产两大部类的比例关系以及农、轻、重比例关系也有重要影响。滞后消费政策不仅直接制约了消费的增长，而且最终将导致投资和生产资料生产（或重工业）的盲目增长，造成国民经济重大比例关系的严重失调。

（3）使生产过程失去主导要素的积极作用和内在动力。作为生产过程主导要素的劳动者和作为生产过程内在动力的劳动者的积极性，都离不开消费。物质生活的消费实现劳动者自身的再生产，文化生活的消费则能增进劳动者的智力技能，提高他们的素质。同时，消费使劳动者的个人物质利益得以最终实现，会不断增强劳动者的生产积极性和创造性。因此，滞后消费政策由于限制了消费的合理增长，其结果必然会抑制劳动者生产积极性的发挥和劳动者素质的提高，使生产的发展失去应有的内在动力。

3. 适度消费政策

适度消费政策的特点主要有以下几个。

（1）消费的增长是建立在生产发展和经济效益提高的基础上。

（2）消费的增长速度适当低于生产和劳动生产率的增长速度，但消费的绝对量将随着生产和劳动生产率的增长而增长。

（3）消费的增长是以不损害国民经济发展所必需的投资和财政收入有适当增长为前提的。

（4）职工货币收入的增长幅度适当高于消费品价格总水平的上升幅度，市场消费品可供量适当大于市场消费品购买力，以保证人民实际消费水平逐步提高。因此，适度消费政策有利于正确安排投资和消费、生产和生活等重大国民经济比例关系，有利于正确处理国家、集体和个人当前利益和长远利益等各种经济关系，充分调动各方面的积极性，加快经济建设。

通过对三种消费政策的分析和比较，很显然适度消费政策是符合我国国情的，是有利于加快国民经济发展和逐步提高人民物质文化生活水平的。滞后消费政策和超前消费政策由于存在许多弊端，都是不可取的。

三、合理的消费结构及其实现途径

社会消费总供求平衡存在两种可能：一是总量平衡，结构也平衡；二是总量平衡，但结构不平衡。在前一种情况下，供给能全部实现，需求也得到满足；在后一种情况下，一部分供给被闲置，同时一部分需求不能满足。因此，消费结构关系到消费资料供需能否真正平衡，也关系到消费的质量和层次。

（一）消费结构和消费需求结构的概念

任何经济时期，人们所消费的各种物质产品及劳务都是相互联系的，客观上存在着一定的数量比例关系。

消费结构是指一定时期内各种消费的相互联系和各自在全部消费中的比重，以及通过一定的比例关系所体现的质的状况，这是从消费客体的角度进行考察的。由于各种消费都有实物形态和价值形态，所以消费结构也有实物和价值两种形式。前者表现为各种不同的使用价值在全部消费数量中的比例，后者则是以货币形式表现的人们消费的各种商品和劳务价值的比例。在价格相对不变的情况下，实物形式的消费结构决定价值形式的消费结构。而在价格变动的情况下，两者则表现不一致。

消费需求结构，是指从宏观上考察，在一定时期内对各种消费对象有货币支付能力的现实需求之间的比例，是从消费主体的角度进行考察的[①]。消费需求结构只具有价值形式。这是因为在消费需求得到最终满足之前，这些需求只是货币形式上的一种消费能力，虽然具有转变为使用价值的可能性，但消费需求能不能得以实现，还取决于供给的状况以及供给结构和消费需求结构之间的相互适应情况。

消费结构和消费需求结构虽然有显著的区别，但它们之间也有着密切的联系：一方面，既有的消费结构制约和影响着消费需求结构的形成。因为人们只能在既有的消费结构的基础上形成新的需求，除非收入水平发生剧烈的变动，否则，既有的消费结构总是随着收入的增加逐渐扩大范围，增加新的消费内容，所以，消费需求结构的变动就比较缓慢，一般不会出现跳跃式的发展。另一方面，消费需求的实现程度也制约着消费结构的演进路径。消费结构的演进必须通过形成新的消费需求在市场上实现，然而由于供给结构不适应等原因，消费需求的实现受到阻碍是不可避免的，不能实现的消费需求有可能转向其他消费领域，也有可能转化为储蓄。由此，消费需求结构在实现过程中发生了改变，从而消费结构的演进过程也就改变了。

（二）消费结构合理化的标准

合理的消费结构，应着眼于国家经济发展战略的实现。从客观的现实经济发展条件出发，在保持社会总需求与总供给基本平衡的前提下，明确在一定历史阶段，为满足人们物质和文化的消费需要，各类消费资料及劳务的数量和比例结构是宏观调控的重要任务。合理的消费结构一旦形成就具有相对稳定性，并反映一定时期人们消费需求满足的程度。同时合理的消费结构，又有着历史阶段性的特点，它将随社会生产力、生产关系的发展而呈现出阶段性的变化。

合理的消费结构有着客观的标准，表现在经济、生理、社会等几方面。

1. 合理消费结构的经济标准

（1）有利于实现经济结构的合理化，并与现实的经济能力相适应。消

---

① 王云川. 消费需求的宏观调控[M]. 成都：西南财经大学出版社，2003.

费结构是整个国民经济结构的终点和下一新阶段的起点，其合理化程度对国民经济结构及国民经济的循环有着极强的反作用，并成为考证和制定经济结构合理化的依据。因此，通过消费结构的合理化来促进经济结构的合理化，通过经济结构的合理化来实现消费结构的合理化，是宏观调控所要研究的重要课题。

（2）有利于社会的自然资源和人力资源的综合开发，合理使用，保持生态系统的平衡。合理的消费结构，应有利于充分发挥丰裕资源的优势，合理配置、开发和利用资源，以取得最佳的社会经济效益。如对我国以粮食为主的食品消费，有专家提出应提高食用畜产品和水产品的比重，使之同我国农业资源的特点和生产水平相适应，有利于改善和调整目前我国农业生产的内部构成，促使农业生产保持生态平衡。我国人力资源十分丰富，如何充分发掘出来，人尽其才，物尽其用，广开就业门路，拓宽消费领域，这也是衡量合理消费结构的一条重要标准。

2．合理消费结构的生理标准

（1）有利于人们消费需求不同层次的满足。人们对消费资料的需要，首要的是低层次的生存资料。人们在吃、穿、住、用各个不同方面的生理需要，在不同历史阶段客观上存在着一个合理的水平。消费结构合理的基础，首先是能满足消费者生理上的最基本需要，然后逐步缩小生存资料的比重，提高享受和发展资料在消费结构中的比重，使三者之间保持一个最佳的比例关系。

（2）适应社会人口数量及构成的变化。社会人口的数量及构成是不断变化的，特别是在我国，人口增长引起构成的变化直接影响消费结构，因此消费结构也应相应地发生变化，这是我国特定条件下合理消费结构的重要标志。

3．合理消费结构的社会标准

（1）有利于社会主义物质文明和精神文明的结合。合理消费结构，应根据我国的国情，适合本民族的特点，体现出物质文明和精神文明的高度结合，保证城乡人民的身心健康和道德风尚的提高，振奋人们献身于现代化事业的巨大热情和创造精神，充分反映出中国特色的社会主义生产关系和生活方式的本质特征。

（2）有利于人们的消费质量的不断提高。随着生活水平的提高，人们对消费质量必然会不断提出更高的要求。消费质量不但包括消费资料的质量、品种、性能，而且包括劳务服务的深度、广度。此外，人们对生活环境的美化、清洁、纯净也会提出新的要求。因此，合理的消费结构要适应人们这些不断提高的要求，有利于人们的消费质量的不断提高。

（三）影响消费结构的因素

消费需求结构受许多因素的影响和制约，主要表现在以下几方面。

1. 社会经济体制

社会经济体制决定居民个人消费对市场的依赖程度，市场化程度越高的社会经济体制，个人消费结构对市场的依赖程度就越高，市场供给的变化在很大程度上影响着消费结构的变化。另外，社会经济体制还决定着社会保障水平和公共消费水平，社会保障水平和公共消费水平越高的经济体制，居民（尤其是低收入阶层）提高消费需求的倾向就越高；而较低的社会保障水平和公共消费水平，则会迫使居民降低消费需求。

2. 社会文化背景和消费心理

马克思主义认为，人是社会的动物，人的社会存在决定意识。消费者的心理活动方式可能会因个体差异而极不相同，但消费心理中最重要的价值取向，通常是消费者在一定的社会文化背景下形成的。社会文化背景通过对消费者心理的影响，会影响消费结构的选择。不同年龄、不同职业、不同受教育程度、不同民族、不同宗教信仰、不同主观偏好等差异都会引起不同的消费结构选择。

3. 消费需求结构与居民收入的关系

凯恩斯理论认为，消费随收入的增加而增加，但消费的增长速度慢于收入的增长速度，即随着收入的增加，平均消费倾向会越来越低。也可用居民需求的收入弹性反映因收入变动而引起需求相应变动的强度，如下式所示：

$$居民需求的收入弹性 = \cfrac{\dfrac{报告期需求增量}{基期需求总量}}{\dfrac{报告期收入增量}{基期收入总量}}$$

居民需求的收入弹性大小因商品而异，高档消费品弹性大，生活必需品弹性小，某些低档商品而又非生活必需品的弹性为负值。因此，可根据居民需求的收入弹性指标分析收入提高后居民消费结构的变化。

4. 消费需求结构与生产结构的关系

消费资料与服务的供给状况是消费者得以满足的物质基础，因而供给结构（核心是生产结构）制约着消费结构。然而，生产的目的是消费，特别是在买方市场的条件下，消费需求结构的自身变化或升级必将反作用于生产结构，使生产结构与消费结构一致。

5. 消费需求结构与价格体系及物价变化的关系

居民消费需求结构的变化，不仅受收入水平的影响，也受价格因素的影响。从总体上讲，在其他条件不变时，价格下降则商品需求量增加，价格上升则商品需求量减少，当然价格变动影响需求量增减的幅度会因商品和消费者的不同而相异。此外，用价值度量的商品需求结构会因不同商品价格变动幅度不同而受影响，价格变动大的消费品其价值在消费总支出中所占比例变动更大，因而需求结构变动大。

此外，人口年龄结构、职业结构、文化程度结构以及社会保障制度的建立等，都会影响人们的消费意识、消费方式和消费行为，进而影响消费需求结构。

第二节　投资需求管理

一、投资的概念及分类

（一）投资的概念

投资是投资主体为获取预期收益而投入经济要素以形成资产的经济活动。

广义的投资是指经济主体（国家、企业、个人）以获得未来货币增值或收益为目的，预先垫付（投入）一定量的货币资本（金融投资）与非货币资本（实物资本、人力资本、无形资产等）经营某项事业的经济行为，如开办工厂、开发矿山、开垦农场，以及购买股票、债券、期货等。狭义的投资仅指投资于各种有价证券，进行有价证券的买卖，即证券投资，如购买股票、债券，等等。

可见，经济运行中经济主体内生性投资需求的动力是为了增加其财产，或为了保护现有利益而进行避险。

总体而言，投资总额是经济主体投资的人力、物力和财力资源以货币形式表现出来的全部费用之和。

（二）投资的分类

投资行为从不同的主体和客体、目的、形式和管理过程等角度有不同的分类。

1. 实际投资和金融投资

实际投资是指投资于具有实物形态的资产（有形资产）和无形资产，如投资于生产和建设学校、国防安全、社会福利设施、电视台、信息中心和咨询公司等。实际投资所涉及的是人与物、自然界，这种投资主要是为了满足从事具体生产经营活动的要求，故实际投资也称为生产性投资。金融投资是指投资人将资本投资于各类金融资产的投资行为，如股票、债券、银行存款、外汇，等等。金融投资不涉及人与自然界的关系，只涉及人与人之间的财务交易，而且金融资产也是一种无形的、抽象的资产，它是一种虚拟资本，不具有实物资产形态，故称为非生产性投资。

2. 直接投资和间接投资

直接投资是指投资者直接作用于自然界的行为，即将资本直接用于开办企业（包括收购和兼并现有企业）、购买机器设备、交通运输工具、通信、土地或土地使用权、古董、珠宝玉石等各种有形资产和专利、商标、技术秘诀、咨询服务等无形资产。因为直接投资形成实物资产，也称实物投资。通过直接投资，投资者可以拥有全部或一定数量的企业资产及经营的所有权，全部或部分参与投资的经营管理，对投资的项目具有全部或部分控制力。间接投资是指投资者购买金融资产的投资行为，如购买国债、公司债券、金融债券或公司股票等，其目的是预期获取一定收益。由于间接投资形式主要是购买各种有价证券，因此也被称为证券投资。间接投资的投资者除股票投资外，一般只享受定期获得一定收益的权利，而无权干预投资对象的具体运作及其经营管理决策；间接投资的资本运作比较灵活，可以随时调用或转卖、更换其他资产谋求更大的收益。

直接投资的获益是由于产品和服务供给的增加。间接投资获益表面上源于股息、利息、有价证券价格变动，其实质源于直接投资。因此，直接投资和间接投资的关系表现为间接投资依赖于直接投资，但间接投资制约着直接投资，间接投资的发展推动直接投资的发展。

3. 营利性投资与政策性投资

营利性投资又称经济性投资或商业投资，它是指通过生产经营活动而获取盈利所进行的投资。经济性投资能带来盈利，担负着促进生产发展和社会进步的重要职能，同时也承担着一定的风险。政策性投资又称非营利性投资。政策性投资用于保证社会发展和人民生活需要，它不能为投资者带来经济效益，却能带来社会效益。

对于国家而言，应处理好政策性投资和经济性投资的关系，尽量节约政策性投资的支出，同时加强经济性投资。

4. 国家投资、企业投资和个人投资

国家投资是指中央政府和地方各级政府所进行的投资，通常表现为财政投资。它可由国家直接拨款安排，也可以委托管理投资的专业银行或投资公司用债务资本进行投资，实行有偿使用。国家投资的主体是各级政府，投资对象多为公共事业，如学校、邮电及其他基础设施、公共设施等，因此也被称为政府投资或公共投资。国家投资其实质是国家作为特殊的经济主体，引导社会生产，稳定社会生活，保证经济和社会的正常发展。

企业投资是指企业作为投资主体所进行的投资，包括国有企业、集体企业、个体企业、私营企业、跨国公司及其子公司、金融组织及海外分支机构等各种类型的企业，其投资范围涉及社会生产和生活的各方面。企业投资的实质是企业作为独立的投资主体，在优先实现自己的投资目的和经济利益的前提下，强制性地或自觉地为国家做贡献。企业投资主体分散、行为多元化，因此，政府在支持和鼓励的同时，应对其进行调控和约束，以防止出现不良投资行为。

个人投资主体是自然人，即个人利用手中的资金进行实业投资或购买金融资产以达到获利的目的。个人投资的实质是广大劳动者将自己的节约转化为投资，在个人获利的同时也增加了社会的积累。

5. 短期投资和长期投资

短期投资是指投资期在一年内的各种投资业务，如进行各种流动资产和短期证券投资等。短期投资周转快，流动性好，风险较小，但从长远看，其盈利能力低于长期投资。长期投资是指投资期在一年以上的各种投资业务。长期投资耗资多，回收期长，短期变现能力较差，故风险较大，但其长期的盈利能力较强。

6. 国内投资和国外投资

国内投资是指本国政府、企业、个人在本国境内所进行的投资。国内投资总量代表一个国家的经济发展水平的高低、积累能力的大小和经济实力的强弱。

国外投资是指外国政府、企业、个人以及国际机构在其境外所从事的

投资活动。它包括外国资本以各种形式直接进入我国境内投资和我国筹资者到境外发行债券和股票筹集资本带回本国境内投资两大类型。国外投资的实质就是利用外资、利用国际经济资源,包括先进的技术设备和举债投资于本国经济。

一个国家,特别是发展中国家,一定要处理好国内投资和国外投资的关系,根据本国情况,确定吸收国外投资的规模、内容和方式,在充分依靠本国力量的前提下,最大限度地利用外国资本。

(三)投资的主体与客体

1. 投资主体

投资主体是指具有独立经济行为能力、有投资决策权和自负投资盈亏的各类经济主体。投资主体应具备以下条件:

(1)在经济活动中具有独立的投资决策权。

(2)投资主体应具有独立的融资决策权。资金在投资活动中的作用犹如人体的血液,投资主体必须拥有足够的资金,还应自主选择融资渠道。

(3)能对投资后果负责任,对投资所形成的各类资产拥有所有权和支配权,即投资主体是权、责、利的统一体。

目前,我国投资主体包括以下五大类:

(1)政府(包括中央政府和地方政府)。中央政府主要投资于全国性的公共建设、国防、文教和基础科学研究,地方政府主要投资本地区市政工程、公路和桥梁等基础设施。

(2)企业。它是指以盈利为目的而进行投资的各类工商企业,是最重要的投资主体。

(3)金融机构。金融机构投资主体包括银行、投资中介机构(证券公司、投资公司、经纪人公司、保险公司)、各种基金会组织,等等。

(4)个体投资者。它是指以个人或家庭名义进行的投资。

(5)国外投资主体。它包括各种形式的国外资金的投入。

2. 投资客体

投资客体是指投资的对象,只要能被投资主体接受,并能预期为投资主体带来盈利,或能满足投资者的其他投资目的的都可能成为投资客体。

按照投资对象的性质不同,投资客体可分为实业投资和金融投资、生产性投资和非生产性投资、期货投资和现货投资、营利性投资和控制性投资、短期性投资和长期性投资。不同的投资客体具有完全不同的特性,为了确保投资成功，投资主体必须从资金规模、投资目的、盈利与风险、期限和资产的流动性、利率、汇率、税收等多方面的因素考虑才能选择最恰当的投资客体。

投资主体与客体之间的关系不能简单理解为单向的、线性的。投资主体要达到其投资目的，既要重视市场潜力和长期目标，也应注重对现实投资环境的考察分析。因此，迫切需要在投资主体与客体之间建立平等交流的"平台"。

二、影响投资需求的因素

社会总需求包括投资需求与消费需求。投资需求是社会总需求的重要构成部分。在市场经济中，影响投资规模的因素很多，但基本服从一个条件，即利润最大化。利润最大化决定了单个投资者投资规模的上下限（边界），从而决定了整个社会投资总规模的上下限（边界）。

（一）社会经济发展和人民物质文化生活水平提高

投资是影响社会经济发展的重要因素，投资的增加或减少、投资波动幅度的大小决定了社会经济的波动，促进社会经济的发展是扩大投资需求的原动力。

随着经济的发展和社会的进步，人们更加重视生活质量，不仅对物质生活提出更高的要求，而且要求丰富的文化娱乐、更加优质的生活环境和医疗保健，这些需求决定了对公益设施、社区建设、医疗保健等方面投资需求的增加。

（二）市场需求

本期投资规模扩大必然导致当期乃至以后时期生产能力的迅速扩大，只有当投资所形成的产品与整个社会对其产品的需求相适应时，不断扩大的投资所形成的生产能力才不会被闲置，扩大生产能力才可能是持续的；否则，由于市场容量的限制，迅速扩大的生产能力所生产的产品会出现滞销，这将会严重影响投资效益的提高和利润的增长。可见，在市场经济中，投资规模并不是无限扩大的，市场容量（需求）和利润最大化原则是其重要的决定因素。另外，在企业投资规模缩小的情况下，对特定产品的投资及生产必然不断下降。在需求一定的条件下，供给的下降必将引起产品价格的上升，从而增加企业利润，进一步刺激企业扩大投资规模。这表明，即使某些原因使投资规模下滑，但由于要素价格下降和生产的产品价格上升引起利润上升，同样会刺激投资回升甚至加快增长，这决定了投资规模的"下限"。

（三）投资成本

投资成本是指投资者为达到预期目的在投资过程中付出的代价，主要包括投资资金的成本和生产要素的成本。

1. 投资资金的成本

投资资金的来源是多方面的，如自有资金、银行借款、发行债券、股权融资、租赁、BOT、TOT 等，不同的融资方式其成本不同。在相同的投资客体、同等的投资回报率的条件下，不同的资金成本必然影响其最终收益，而收益的高低决定了投资需求的规模。因此，要建立和完善资本市场，创新金融产品，积极探索新的融资形式，改变单一的融资方式，使投资资金结构合理化，降低投资资金使用成本，达到投资预期收益最大化的目的。

在现实经济生活中，债息率、银行利息率等投资资金成本的变化将会影响投资需求的规模。近年来，我国多次提高银行利息率（特别是提高贷款利息率）以限制投资需求，遏制投资增长过快。

2. 投资项目生产要素的成本

当投资需求规模不断扩大时，投资者对人、财、物等生产要素的需求不断增加，导致这些生产要素价格上升，投资成本也随之增加，从而导致投资者所获利润增长减缓。当其成本增加达到一定程度时，便会出现盈利下滑甚至亏损，这不符合投资者追求利润最大化的原则。所以，投资者会在要素的边际成本与边际收益相等时不再扩大投资规模，由此决定了投资需求的"上限"。相反，当各种原因导致投资规模减少时，一方面要素价格由于需求减小不断下降，从而使投资成本下降，由此会使原来利润率低或亏损的投资项目因开始赚钱或利润上升而上马，使企业增加投资，不断扩大投资规模。

三、投资结构合理化的标准及实现途径

（一）投资结构的内容及其合理化

投资结构是指在一定时间内投资总量中所含各类投资的构成和数量比例关系。从不同角度理解，投资结构主要包括以下内容。

1. 投资的区域结构

投资的区域结构反映投资在不同经济区域、不同省份或地区的分布。投资规模对地区经济有非常重要的影响，受投资资源的限制，投资规模不可能无限扩大。在投资规模一定时，一些地区投资的增加意味着其他地区投资的减少，从而可能使一些地区发展较快，另一些地区发展缓慢，从而拉大地区间发展的差距，我国东西部经济发展的差距形成同样与投资的区域结构有关。

我国经济发展的战略决定了投资的地区结构安排：东部率先发展，中部起呈东启西的作用，东、中、西协调发展。从全局和长远的眼光看，实施西部大开发具有经济和政治上的战略意义。从经济的角度上看，西部相对落后，市场扩展的空间很大，是中国今后几十年内看好的区域经济增长点，因此，"十五"时期以来投资的地区结构发生了变化，总体上，西部地区投资增速高于东、中部地区。

2. 投资主体结构

投资主体结构反映不同投资主体（主要包括国家、企业、个人、金融机构、国外）投资规模的比例。其比例关系受一国经济体制、分配政策、社会经济发展目标和生产力发展水平等诸多因素的影响。以前，我国是单一的政府投资，随着改革开放和我国经济体制、投资体制改革的深化，投资主体多元化逐渐形成。在全社会投资总额中，政府直接投资的份额将随着政府投资职能的转换和民间投资的加速增长而减少，包括个体、私人、外资在内的独资性民间投资份额提高，股份制投资中政府以参、控股方式进行的投资份额也会随着国有经济战略性调整的步伐加快而减少。政府投资的重点是公共产品和服务，是关系到经济安全、资源垄断、国民经济发展起支柱和基础性作用的产业，特别是对国防科技、公立教育、大型基础设施（包括西气东送、南水北调、退耕还林、治江治水、生态保护等）以及农业和农村公共项目和其他公共品生产领域进行独资和控股性投资。近几年我国实施西部大开发战略，西部地区投资的硬环境和软环境得到前所未有的改善，大量外商开始把注意力从东部沿海发达地区转向充满潜力的西部落后地区，外商投资在西部不断增多，投资的规模不断扩大，这一投资结构的改变必将使西部的许多资源优势转化为经济优势，使西部经济迅速发展。

3. 投资的使用结构

投资的使用结构是从投资资金的使用去向这个角度分析，即投资资金在国民经济三次产业、社会生产各行业、固定资产投资与存货增加之间的比例。

从三次产业来看，我国农业长期投入少，处于低水平生产状态。由于受狭义生产概念的影响，轻视服务业的发展，第三产业成为国民经济中突出的薄弱环节，其投资增长比较缓慢。我国近几十年来长时间第二产业投资额比重高、增速快。

从行业看，投资在各行业的分布存在差异。近几年我国高消耗、高投入、高污染的产业投资增长过快，而符合新型工业化道路要求的产业投资增长缓慢。如果我们长期处于国际产业链的低端，高端产品则主要依赖进口，在国际化进程中将处于不利的地位，必将延缓我国现代化进程。近年来，钢铁、水泥、电解铝和房地产业投资增长过快；相反，一些能够带动产业结构优化升级的战略性产业，如大型设备制造业、飞机制造业、船舶制造业、精细化工产业、中医药产业、新型能源产业等投资增长慢。调整投资结构，以信息化带动工业化，以工业化促进信息化，走出一条科技含量高、经济效益好、资源消耗低、环境污染少、人力资源优势得到充分发挥的新型工业化道路，把工业化和转变经济增长方式有机地结合起来。

目前，应加强农业、水利、能源、交通、通信和支柱产业的重点建设投资；加快现有企业和老工业基地改造和调整的步伐；房地产投资重点放在城镇居民一般性住宅建设上。

从第三产业内部看，应该引导外商在教育、体育卫生、金融、旅游、科技等行业的投入，使第三产业得到整体发展。

（二）投资结构合理化的标准

投资结构代表资源配置的格局，投资结构合理化意味着资源的最优分配。资源的最优分配是指资源在不同部门、不同产业间的任何转移都不能进一步提高国民收入的资源配置状态。因此，在完全竞争的市场经济中，衡量资源配置是否最优的标准可套用"帕累托最优性"，可供选择的投资活动中各种投入的边际生产率应当相等。

在不完全竞争中，投资结构合理化受社会经济发展目标和各种政策的影响。从宏观角度看，投资结构应与市场需求相适应，与生产和消费相配套；从微观角度分析，投资结构的合理化是各投资主体产出的最大化。总体而言，合理化的投资结构应符合以下标准。

1. 合理的投资结构应具有开放性

合理的投资结构应该是开放性的。开放性的投资体现在两方面：一方面，消除地方保护，打破行业的垄断和限制，有利于投资在地区间和行业间的合理转移、资源有效利用；另一方面，投资结构的开放性表现在国家之间，即在引进和利用外资方面要体现双赢，使外资在国际合理流动。体现内、外资的合理投资结构既有利于拓宽投融资渠道，长期稳定地吸引外资，又可充分利用外资以发展我国经济。

2. 合理化的投资结构有利于整体效益的持续提高

投资是为了取得最优效益，投资结构的优化是为了实现经济结构合理化，使整个国民经济持续、稳定发展。

（1）应将静态和动态效益结合考虑。静态效益只反映当前的状况，持续的效益必须从未来的、长远的角度考虑，只有动态化的最优投资比例，才能在国民经济运行中取得持续效益。

（2）应将个别项目的微观经济效益与宏观效益和社会效益结合起来考虑。一般情况下，个别项目的微观经济效益与宏观效益和社会效益是一致的，个别项目的经济效益好，有利于整体效益和社会效益的提高。在现实生活中，当几者出现矛盾时，在尽量兼顾三种效益的基础上，以整体效益和社会的协调、和谐发展为主，特别重视生态和环保等相关问题，如资源的合理开发和有效利用、三废的治理等。

3. 合理化的投资结构应保持社会总供给和总需求的平衡

合理化的投资结构应有利于促进社会产品供给和需求平衡，实现社会再生产的良性循环，保证国民经济持续、稳定地发展。社会总供给和总需求的平衡表现为总量和结构两方面。

（1）从投资所需投资品的价值和实物两方面考虑：①在投资规模方面，投资额的增长源于 GDP 的增长，投资规模既依赖于经济增长又促进经济发展，只有投资规模适度才可能有合理化的投资结构。②在投资品的实物结构方面，投资转化为资产的过程就是资产的消耗过程，各部门、各行业投资品的供给和需求应当一致，投资结构与经济资源结构应当一致；否则，投资所形成的社会需求会超过国力供给的能力，投资所需的原材料、燃料、动力等供给不足会出现瓶颈。可见，各个产业部门投资比重的大小，要受各产业部门提供生产资料和相关资源的制约。

（2）从投资后产出的供给产品的实物和价值两方面考虑，投资所形成的供给必须与社会需求相适应；否则，投资所提供的供给得不到实现，既达不到投资获利的微观目的，也达不到社会生产的目的。

4. 合理化的投资结构应有利于促进合理的生产力空间结构的形成

不同地区的投资规模构建生产力的空间布局，因此，我们应根据国家的产业政策和经济发展的整体规划所要求的生产力布局合理安排投资的地区结构。我国经济发展由东到西，东、中、西协调发展的战略使得"十五"时期以来投资的地区结构发生了变化，西部地区投资增速快于东、中部地区，体现了投资结构在促进合理的生产力空间结构布局中的作用。

此外，合理的投资结构应该有利于地区经济的合理分工和区际经济协调发展。各地区有其自身的资源和技术等优势，要充分发挥地区优势，实现投资效益的最优化；同时，要重视区域之间的协作，形成区域经济协作的经济体系，避免地区产业趋同化，将整体经济的统一性与区域经济的特殊性结合，实现大范围内的资源合理利用和优化配置。

5. 合理化的投资结构有利于优化产业结构

各产业、各行业投资结构的合理化过程便是资源的优化配置和合理使用的过程。这一过程要有利于产业结构的调整。从长远看，要符合产业结构的演进趋势，有利于加大高新技术和第三产业发展的力度。

（三）投资结构合理化的实现途径

当前，我国投资结构存在诸多问题，如拓宽投资资金的来源渠道、适度控制投资规模、正确引导投向产业和地区、调整投资结构等已经成为当务之急。

1. 市场引导建立合理的投资结构

深化经济体制改革，培育市场体系，充分发挥市场机制在资源配置中的调节作用。合理投资结构的形成有赖于建立全国统一市场，消除地区封锁和价格垄断，放开市场准入，创造公平竞争的环境。因为在市场经济体制下，投资主体将根据市场需求的变化，从追求自身利益出发，竞相投资于高利润的产业和部门，投资预期收益率的高低是业主投资与否的依据，从而引起社会投资在各产业和部门之间的转移和流动，导致产业结构和生产布局发生相应的改变。因此，合理投资结构的形成不能违背这一经济规律，只有在遵循这一经济规律的基础上引导投资的合理流向，才能形成相对长期稳定的合理投资结构。

从长远看，投资结构的调整方向应坚持大力发展电子信息产业，加快发展大型装备制造业和运输装备制造业，大力发展生物技术和中医药产业，大力发展新材料工业，加快发展能源，特别是风能、太阳能、核能、水能、地热能、生物能、海洋能、氢能、燃料电池、生物液体燃料等可持续使用的新能源产业。

2. 政策引导建立合理的投资结构

建立产业政策、财政政策、金融政策、土地使用政策、投资的法律政策相互配合的宏观调控体系调节投资结构极为重要。

政策引导建立合理的投资结构主要表现在以下几方面。

（1）制定并实施正确的产业政策，引导投资流向。产业政策是通过对资源在各产业间配置过程的干预，弥补和修正市场机制的缺陷与不足，从对资源的合理配置和加速产业结构的高度化中获得经济增长。

（2）产业政策的实施与投资结构的调整必须与相应的财政政策和货币政策配套。通过税收、补贴、利率和汇率、规定贷款方向等政策工具的运用，调节各产业的投资收益率，加大对资金投向的引导力度，让业主做出符合国家产业政策要求的投资决策。

（3）土地是重要的生产要素之一，土地政策直接影响投资结构。我国现行土地征用制度有两大环节：一是政府垄断经营土地一级市场，二是征地按土地的原用途补偿。政府垄断一级市场，对需要的所有用地项目一概实行征用；按原用途补偿，又将农民集体和承包农户完全排斥在土地增值收益的分配之外，并且农户不直接参与补偿的谈判，征地的补偿条件远远低于土地的机会成本。地方政府通过"划拨""协议转让"和"竞价拍卖"三种方式出让土地。一方面，地方政府只需支付较小的成本就能从农民手中获得土地；另一方面，通过出售"划拨权"获得巨大收益、滥用征地权、利用征地权寻租、农民权益受损等现象频频发生。而且这一过程滋生腐败，扰乱土地市场，促成了近几年房地产市场的虚假繁荣，使房地产投资增长过快。可见，土地制度的完善有助于引导投资方向，调整与土地有关项目的投资结构。

（4）市场经济的运行需要法律规范，法律的客观性、公正性、强制性和相对稳定性是调节投资结构趋于合理化的保证。投资者的利益应得到法律的保障，投资行为必须有法可依，执法必严。

3. 发挥政府直接投资和调控的作用，调节投资结构

借鉴发达国家政府在扶持本国战略性产业发展中采取的有效措施，通过

政府的长期供给政策，引导生产要素的配置。一方面，发挥政府在宏观调控中的作用，规范市场主体的投资行为，在土地审批、环境治理、信贷政策、税收政策以及市场准入等方面进行调节和引导，通过这些措施引导投资结构调整，使之符合实现持续、稳定经济增长的需要。另一方面，通过政府直接投资基础设施、教育和政府直接兴办重大科技工程带动战略性产业发展，调节产业结构，使投资结构趋于合理化；通过政府间接投资，如认购企业债券或向某些产业部门的投资提供补贴等，发挥政府的引导作用。

四、投资需求与经济发展之间的关系

经济发展既表现为经济的增长，也表现为经济结构的优化。投资对经济发展的影响主要表现在这两方面。

（一）投资与经济增长

1. 投资的需求效应

投资的需求效应表现为与投资活动相伴的需求的增加，包括直接需求和乘数性需求、现实需求和潜在需求。

"乘数"或称为"倍数"，表明经济运行中经济变量之间的函数关系，用来说明收入变动量和引起该变动量的最初投资量之间的比例关系，即收入变动量是引起该变动量的最初投资量的倍数。当政府新增一笔公共工程的投资时，由于该工程要雇用工人和购买设备与原材料，需要支付工资和货款；而货款最后会变成所需原材料的生产工人的工资。因此，投资会引致消费，消费支出又会变成生产消费品的工人的收入，即消费又会引致新的消费。如此循环往复，一笔投资就会变成数倍于这笔投资的需求，其倍数就是乘数。

英国经济学家凯恩斯（J. M. Keynes）提出了投资乘数原理，用以反映投资对总收入和就业所发生的连锁反应和推动作用。在宏观经济中，投资的增加可以扩大收入和就业范围，投资的减少则会缩小收入和就业范围。投资的增加会对宏观经济引起连锁反应，从而使相当于投资增量一定倍数的国民收入得以产生，即由于投资的增加，使收入成倍增加。这种收入增量对投资增量的倍数就是投资乘数（investment multiplier）。

投资乘数与边际消费倾向密切相关。因为在增加的收入中，用于消费的比例越大，投资所引起的连锁反应就越强烈，从而使新增加的收入越多。

凯恩斯从最简单的收入分配关系式出发：

$$Y=C+I$$

每年的收入（Y）分解为消费（C）和投资（I），假定储蓄全部转化为投资，消费 C 占收入 Y 的比重为 b，b 为边际消费倾向，即：

$$C=bY$$

将该公式代入到第一个公式，即得：

$$Y=bY+I$$

将公式等号两边同时除以 Y，得到 $Y = \dfrac{1}{1-b} I$

如果对上式求增量，则可得下式（假定边际消费倾向不变）：

$$\Delta Y = \dfrac{1}{1-b} \Delta I$$

$$k = \dfrac{1}{1-b}$$

k 为投资乘数。投资乘数揭示，当投资总量增加时，所得收入之增量将 k 倍于投资增量，即当投资总量增加 ΔI 时，国民收入增量 ΔY 将 k 倍于投资增量。

凯恩斯认为，投资乘数的意义不仅仅是投资的增加直接或间接引起国民收入的成倍增加，而且对就业也有同样的意义，即与投资乘数相适应，由于投资的增加，使收入成倍增加，从而引起就业的成倍增加。

当投资某项目时，由于建设项目要支付工资雇佣工人、支付货款购买设备与原材料，从而直接引起消费资料和生产资料需求的增加。实际上，更深层次和更大范围影响供需平衡的是投资的乘数性需求，即投资第一次需求对应的供给是为了形成产品而对其他生产要素形成的第二次需求、第三次需求，以此类推可形成多层次需求。例如，某项目投资需要购买建材，而建材生产又需要矿石，矿石生产又需要消耗能源，能源生产又需要煤……投资需求引起连锁性需求反应。

在投资周期内由投资引起的直接需求和乘数性需求都属于现实性需求；潜在的需求是由投资结束后形成的生产能力引起的，如投资后建成的工厂要进行生产、交通设施要运转便对原材料、能源等有所需求，其工人对消费品也产生需求。可见，投资不仅本身导致需求的增加，而且扩大了日后整个社会的需求规模和市场容量，从而促进经济增长，推动经济的发展。

2. 投资的供给效应

投资的供给效应表现为两方面：一方面，投资可以增加现实的供给，即投资结束后供给便增加，现实中表现为投资结束后提供的实物产品和各种服务产品；另一方面，投资能够提高原有项目产品的技术含量，改变其性能，提高其生产能力，从而增加潜在的供给。这种形式的供给必须使投资后形成的供给品（固定资产等）与原材料、中间产品、能源、劳动力等生产要素结合，经过生产过程，才能使生产能力形成产品、运输、住宿等现实的社会供给。可见，投资是经济增长的原动力，投资与经济增长呈正相关，特别是对于经济发展水平较低的国家，要实现经济的长期稳定和持续增长，投资的作用极为重要。

（二）投资对经济结构的影响

投资是经济发展的决定因素。经济发展表现为经济总量的增长和经济结构的优化，而经济结构的优化是制约经济长期稳定发展的重要因素。经济结构是否优化不仅取决于自然资源禀赋，也取决于投资规模（总量）和投资结构。投资影响经济结构，现有的经济结构制约投资规模（总量）和投资结构。

社会经济结构就是生产关系，或各种生产关系的总和构成社会经济结构。生产关系是人们在生产过程中形成的、与一定的生产力相适应的、不以人的意志为转移的经济关系。从社会再生产的过程来看，这种关系由生产、分配、交换、消费构成；从制度因素方面来看，所有制结构制约四个环节；从经济因素方面来看，投资影响四个环节。

1. 投资影响生产结构

生产结构具体表现为各产业内部不同生产部门和不同产业之间的比例。投资对生产结构的改变或优化主要从两方面着手：一方面，投资影响经济存量——对现有项目实行关、停、并、转，调整其存量离不开投资行为，投资的倾斜影响现成生产结构改变的方向；另一方面，合理安排投资增量将形成新的生产结构，决定未来产业结构是否合理。

投资对经济存量和增量的影响，实际上是优化生产要素的配置过程，最终达到提高社会生产力的目的。但这一过程不能随心所欲，必须考虑以下因素。

（1）现成的不合理的生产结构制约了投资方向。例如，农业生产结构的优化要求由自给自足型向集中生产区域内某些具有优势的产品生产和项目转移，提高农业的专业化水平，培育主导产业；为了提高农业的经济效益，保持和改善生态平衡，发挥农业内部的生物与自然界环境物质能量的转换作用，使生产要素的组合、配置优化，充分利用自然资源和经济资源，这些都向投资提出了要求。

（2）产业结构的现状制约投资规模和投资结构。这是因为现有原材料、燃料和动力等投资所需要的生产要素的总量和构成是投资得以实现的前提。可见，投资既改变现有产业结构，又依赖于现成的产业基础。

（3）产业结构的高度化演进轨迹指明投资的方向，即投资的方向要符合产业结构的发展趋势，产业结构的升级依赖于投资。

2. 投资影响分配结构

投资结构与收入分配结构相辅相成，互相影响。投资结构和收入分配结构主要表现为国家、集体、个人不同经济主体之间的比例。投资体制改革后，投资主体具有投资决策权，谁投资谁受益，必须遵循权、责、利的原则。随着经济体制改革的实施，投资结构也发生变化，集体和个人投资的比重增大（收入分配必然向之倾斜）。分配结构受多种因素影响，如分配政策、税收政策、所有制结构等，但投资政策的倾斜、投资结构的不同和投资效率的高低是影响分配结构的重要因素。反之，分配结构不同，在利益诱导下，投资方向将会发生变化，同样影响投资结构。

3. 投资影响消费结构

生产的目的是消费，消费引导生产，从而引导投资。消费结构的变化、消费的升级、消费者消费倾向的改变均会影响投资方向，决定着投资规模。投资使这一切得以实现，投资影响消费结构。

固定资产投资增长速度过快，势必超出资源和环境的承受能力，重要原材料和煤、电、油、运全面紧张，使经济运行绷得过紧，加大物价上涨的压力，带动重工业增长速度过快。这些因素反过来又会拉动相关领域的投资，进一步推动整个投资规模的扩张。这种投资与重工业之间的内部循环与社会消费脱节，使投资与消费失衡，必然改变消费结构。应保持合理的投资规模，使消费得到合理增长，正确引导消费，形成适合我国国情的消费结构和消费方式。

4. 投资影响经济发展的地区结构

从空间上分析，投资对地区经济的发展和生产力的空间布局极为重要，投资政策的空间倾斜使各地区生产力有不同程度的提升，从而构造生产力的空间布局。受投资资源的限制，投资规模不可能无限扩大。在投资规模一定时，某地区投资的增加意味着其他地区投资的减少，使一些地方发展较快，另一些地区发展缓慢，从而拉大地区间发展的差距，形成不同的生产力布局。近几年在西部开发中，西部地区投资增速高于东、中部地区。西部地区投资的增加将促使西部经济的发展，东、中、西部的差距会逐步缩小。

在实际操作中，投资政策的空间倾斜应与一个国家经济发展的长远目标一致，应与该国的整体发展协调；同时，生产力的空间布局与各地区的自然资源、技术和经济发展水平等有关，不能超越当地的条件和可能得到的外援；此外，要因地制宜，择优发展，顺应地区的自然和经济条件，在投资中充分发挥其优势资源，将发展地区经济与区际经济协作相结合。

（三）我国投资规模的失控分析

我国经济的大起大落与固定资产投资规模的变化密切相关。

1．投资规模过大对我国社会经济发展的影响

（1）影响经济结构的调整和优化。投资和消费必须保持一定的比例关系，如 2004 年前后，投资的增速远快于消费的增速，使二者之间的比例关系失衡。

（2）加大通货膨胀压力。投资规模过大使投资品价格高位运行，成为推动物价上涨的重要因素。

（3）加剧煤、电、油、运等方面供求关系紧张的矛盾，使已经绷得很紧的煤、电、油、运供求形势更加严峻。

（4）增大经济运行的潜在风险。固定资产投资规模偏大、增速过快与货币信贷投放偏多相互推动、互为因果，如果任其发展，一旦市场需求变化，势必导致企业生产经营困难，银行呆账、坏账增加，金融风险加大，下岗和失业人员增多，影响经济运行和社会稳定。

2．控制投资规模的难点

（1）在建项目的拉动。在建项目数量多、规模大，特别是投资周期长的在建项目需要根据项目进程持续追加投资，这对未来一段时期投资的增长具有显著的拉动作用。

（2）不可避免的新增项目构成了投资需求增长的基础。由于"煤、电、油、运"成为经济发展的瓶颈，未来几年国家用于这些方面的投资仍会保

持较高增长。此外，西气东输、南水北调、高速铁路、大型水电和核电站建设、石油战略储备基地建设等关系国计民生的重大工程的开工建设，也为未来几年的投资增长提供了现实条件。

（3）工业化和城市化的发展。我国目前正处在工业化和城市化加速发展的阶段，而重、化工业的快速发展，既构成我国工业化进程的重要特征，也成为推动工业化进程的重要力量，在未来一段时间内，重、化工业仍将是拉动我国经济增长的主要动力。城市化和工业化是紧密联系的，城市化进程的加快，尤其为重、化工业发展创造了有利条件，因为重、化工业发展离不开城市化发展所提供的集聚效益和规模经济。据统计，目前全国工业产出的 50%、国内生产总值的 70%、国家税收的 80% 都集中在城市。城市作为一定地域范围内的政治、经济、科技和文化中心，在社会经济发展中起着重要作用。城市具有显著的辐射作用，其发展能够带动周边地区的经济发展。美、英、法等发达国家城市化水平从 25% 提高到 70%，几乎用了一个世纪的时间。而我国 1993 年城市化水平仅仅 28%，2003 年达到了40.5%。城市化水平的提升，相应要求加快供水、供电、供气等城市基础设施建设和房地产、交通运输、电力等行业的发展，而这必然导致对钢材、水泥、汽车、能源等的需求增加，从而在客观上将推动重、化工业的发展，促进投资需求的扩大。

（4）因重大事件或国家的地区经济发展战略将获得很大的投资机遇和动力。比如，奥运会、世博会、亚运会等重大事件为北京、上海、广州等全国经济中心城市提供了良好的投资机遇，将影响这些"城市增长极"今后几年的投资规模。西部开发、东北振兴、中部崛起的地区经济发展战略，也为西安、成都、重庆、沈阳、哈尔滨、郑州和武汉等地区中心城市带来了新的投资机遇。

（5）从投资增长的动力机制看，民营经济已在某些方面取代政府经济成为拉动投资增长的重要力量。在民营经济发展较快的地区，这种现象更为突出，一些民营资本已进入重、化工业，为重、化工业的发展带来了新的活力。

民营资本在未来中国经济中具有投资增长潜力，将对投资需求增长起到十分重要的作用。在宏观调控中，我们既要有效控制民营经济非理性的投资增长，也要注意引导、保护民间投资的积极性。

3. 导致我国固定资产投资增速过快和规模偏大的原因

（1）一些地方相互攀比，把增加投资作为推动经济快速增长的主要手段。

（2）部分行业盲目投资、低水平重复建设的势头尚未得到有效遏制。

（3）某些地方政府为了急于出"政绩"而盲目上项目、铺摊子，脱离实际，搞一些华而不实、劳民伤财的"形象工程""政绩工程"，为投资高速增长推波助澜。

4. 控制投资规模应注意的问题

（1）将工作重点转到提高经济增长的质量和效益上来。

（2）强化信贷审核和监管。适当控制货币信贷规模，优化信贷结构。

（3）加强用地管理，清理开发区，整顿规范土地市场，抑制房地产投资过快增长。

（4）控制部分行业盲目投资、低水平重复建设行为。

（5）对固定资产投资调控应避免一刀切，尤其要避免经济的大起大落，适当延长调控周期，并根据经济运行变化适时调整和完善调控方法。

第三节　短缺经济下的供求管理

经济总量平衡所指的是经济总需求和总供给在数量和结构上的平衡，那么显然经济的失衡只能是两种情况，要么是经济总需求超出了经济总供给所能承受的限度，要么是经济总需求满足不了经济总供给的要求。我们将从这两方面来介绍对经济的供求管理，本节将介绍短缺经济下的供求管理。

一、短缺经济的含义、表现与成因

（一）短缺经济的提出

20 世纪下半叶，全球传统计划经济体制下的社会主义国家普遍出现的商品短缺现象引起了不少经济学家的思考，1980 年匈牙利经济学家科尔内的《短缺经济学》堪称其中最璀璨的思想结晶。科尔内运用与西方经济学家不同的非瓦尔拉斯均衡思想，以显示社会主义经济中普遍和长期存在的短缺现象为主线，重点考虑传统计划经济体制下的企业行为，并以此来分析现实存在的社会主义经济体制。在此之前，还没有人提出过社会主义制度会使得总供给小于总需求。科尔内认为，社会主义重视供给管理，资本主义重视需求管理，重视供给管理常常会导致忽略市场需求，重视需求管理则把供给管理交给了企业，因此，供给管理抓来抓去，老是供给不足，而需求管理一抓，供给管理就会随之适应，供求平衡反而较为容易实现。

同时，科尔内认为，在社会主义国家进行市场经济改革时，分析改革以前的经济体制也是很重要的："它值得，而且必不可少。如果对究竟需要改变的是什么没有深刻的理解，那就不可能坚定不移地使经济转向保证计划和市场更好结合的体制。"

（二）短缺经济的成因

对于短缺经济的成因，在我国经济改革发展的过程中，政府官员和学者们一直在寻找着。比较有影响力的观点有以下两种：一种看法认为，短缺的原因在于需求膨胀，以至于供不应求；另一种看法则认为，短缺源于供给不足。

总供给与总需求的大小关系，是与价格水平直接相关的。正如单个商品价格高时，供给就会多些，而需求则少；单个商品价格低时，供给就会少些，而需求则多。我国经济中总供给与总需求的关系问题有其自身的特殊性，因为改革开放以来，我国大部分时间处于转轨时期，总需求与总供给的关系更多地取决于不同的价格形成机制。在固定的价格条件下，商品的供给得不到刺激，会形成购物的排队和等待甚至定量分配现象，形成强制储蓄。很多经济学家认为，要解决经济短缺问题，必须提高劳动生产率，给予企业更多的自主决策的自由；同时，要加强价格作为供求信号的作用，使之更好地调节供给和需求。反映到我国的经济体制改革中，就是国企改革和价格形成机制改革。

二、科尔内的短缺经济理论

科尔内的短缺经济理论集中于社会主义经济制度，且以需求过度型短缺为对象。在科尔内看来，"短缺"是一组大量现象的总称，例如消费品短缺或住房短缺、劳动力短缺、材料短缺、零件短缺或电力短缺等。同时，科尔内认为，供给不足时的强制安排也是一种短缺，例如排队或者定额分配等。经济学家使用了许多名称来说明这种现象，如短缺经济、卖方市场、抑制型通货膨胀，以及经济的过热。短缺以各种各样的方式影响着人们的生活，短缺能够打乱消费者的购物计划并经常引起消费品供给的困难。翻阅世界经济发展的历史，我们可以看到，经济的短缺现象不仅只出现在社会主义社会，在资本主义社会也时有发生。但是，正如前述，科尔内的研究仅限于社会主义经济。

科尔内认为，传统社会主义经济体制是一种吸纳经济，短缺就是由吸纳机制造成的，而社会主义经济成为吸纳模型则是由其自身的微观基础决定的。因此，科尔内从微观经济的基础来解释短缺问题。社会主义企业部门中几乎不可满足的需求产生于它所固有的扩张冲动和数量冲动。扩张冲动引起了企业无法满足的投资饥渴，而数量冲动则造成了它没有止境的囤积倾向。科尔内认为，企业近乎狂热的投资热情产生于传统社会主义经济体制中国家与企业之间的"父爱主义"关系。这种强烈的"父爱主义"使企业预算约束软化，不能起到有效的行为约束的作用，即预算约束不再是企业的选择制约。

（一）预算软约束

在现实的经济体制中，预算往往并不是完全硬的。在社会主义经济中，企业的预算软约束是指符合下列五个条件中的一个或者多个。

（1）大多数企业不是价格的接受者而是制定者。对于绝大多数企业而言，价格不是外生的。尤其是对于产出品价格，企业对价格的制定有很大的影响力。

（2）税收制度是软的。税收规则的制定受到企业的影响，企业可以得到减征和免征的优惠，同时，赋税的征收并不严格。

（3）国家对企业的无偿拨款。企业不需要去承担偿付这些拨款的义务。

（4）信贷制度是软的。即使企业不能完全保证它有能力从销售收入中按期偿还贷款，也还是能够得到贷款。信贷不再是严格的预付，它的发放不再与预期的生产和销售密切相连。同时，允许企业不严格履行自己承担的偿还和支付义务。

（5）软条件的外部资金投资。这主要存在于私营企业，所有者们用自己的资金向企业投资，目的仅只是帮助企业摆脱财务困境。

企业的预算软约束使企业的生存并不仅仅取决于它能否用销售收入补偿其购买投入品的成本。即使投入品成本总是超过销售收入，它也可以用税收减免、国家补贴、软贷款等来弥补。生产收入和产品成本并不是生死攸关的问题。企业的预算软约束还使企业的技术进步和增长，不再仅仅受制于它从内部资金积累中为投资而筹措到的资金。由于上述两个原因，企业在任何情况下都用不着去适应价格，它的生存和增长不取决于价格。即使它对价格感到不满意也还是可以生存乃至于扩展。这主要是因为企业与国家共同分担责任：如果情况不好，企业可以把后果分担到买主、贷款者，主要还是国家身上。所有这些，导致了企业对投入品的需求几乎是不可满足的。它既不取决于投入品的购买价格，也不取决于企业当期收入和预期收入。科尔内认为，正是企业这种几乎不可满足的需求，造成了社会主义经济的短缺经济性质。

（二）"父爱主义"的程度

科尔内认为，在国家与微观组织的关系中的"父爱主义"的程度，是一种体制重要的本质特征。

在传统社会主义计划经济体制下，货币与价格因素对企业的影响极为有限，在生产投入要素的分配上，国家与企业之间是一种实物"给予—接受"的关系。在这种情况下，中央部门按配给方式在企业之间进行投入品的实物分配，货币在这里不起实质的中介作用。根据这种关系中企业的不同表现，科尔内进一步把它分为以下两种形式。

（1）企业完全被动接受政府的给予。这是程度最大也是最为极端的"父爱主义"，中央部门在计划决策时完全不考虑或者说不认真考虑企业的愿望，一切指标的颁行都是命令式的，企业必须无条件执行。在计划经济体制下，这种程度的"父爱主义"在不同历史阶段、在不同社会主义国家出现的频率都有所不同。

（2）企业有主动表达愿望的权利。这是一种程度稍低但也是传统社会主义经济中最为典型的"父爱主义"，即中央部门在进行计划决策时，考虑企业的能力和要求。在我国传统计划经济体制下，这种现象在具体经济管理操作中确实不少，这是最常见的一种"父爱主义"形式。企业不断地同主管部门讨价还价。

中央有关部门希望企业投入更少而产出更多，而企业要求投入更多而产出更少。此时，中央部门和企业之间就会发生矛盾。而由于"父爱主义"的存在，在中央部门与企业的讨价还价中，最后往往是中央部门屈服于企业的要求。中央部门对企业的一再让步就会导致企业的预算软约束和投资饥渴，而这两个症结就造成了经济生活中的普遍短缺现象。

科尔内总结道：企业的决策者和较高级的经济管理部门经常受到扩张冲动的影响，产生了几乎无法满足的投资饥渴。由于短缺，企业广泛存在囤积倾向，这是企业部门的需求总是无法满足的主要原因之一。没有出于财政或利润方面的考虑来有效地约束企业过分夸张的需要，就形成了一个恶性循环：过度需求造成短缺，短缺反过来又刺激企业的需求。原因与结果相互激荡、相互转化，使得短缺成为社会主义经济的常态。

三、短缺经济下的供给管理

科尔内对于短缺经济的研究集中于社会主义传统经济体制，且以过度需求为研究对象，将短缺经济的主要矛盾归于过度需求。科尔内之后的新短缺经济学则是从矛盾的另一方面去考虑这个问题。新短缺经济学认为，短缺经济在本质上是一种投资生产力不足型经济。企业的预算软约束在更大的程度上是通过弱化企业经营机制来造成供给不足型短缺，而不是造成需求过度型短缺。

（一）管理思想

新短缺经济学的管理思想与科尔内短缺经济学的管理思想在侧重点上是不同的。在新短缺经济学的支持者看来，非体制性的需求过度型短缺可以通过良好的宏观调控来控制，而供给不足型短缺则只有通过经济体制改革来改变。

克服需求过度型短缺，要求有效的宏观需求控制，以实现总供给和总需求的大体平衡。即便是坚决主张在社会主义经济中引进市场经济体制以克服微观不经济的奥塔·锡克，也认为社会主义经济可以通过宏观调控计划实现宏观平衡。

而供给不足型短缺则与需求过度型短缺有很大的不同：第一，供给不足型短缺比需求过度型短缺更具有长期性；第二，需求过度型短缺是一种相对性短缺，而供给不足型短缺在某种程度上是一种绝对性短缺；第三，需求过度型短缺是一种非体制性短缺，而供给不足型短缺则是一种体制性短缺。

一般而言，供给不足型短缺是由以下三方面原因产生的：

第一，供给绝对量不足产生短缺。由于社会所能提供的商品和劳务绝对量低于社会货币购买力，在供给和有支付能力的需求之间发生了尖锐的矛盾，于是就形成了短缺。在我国20世纪50年代到70年代，群众生存所必需的营养物质都无法得到保证，很显然，这便是一种供给绝对量不足所产生的短缺。

第二，供给绝对量失衡造成短缺。在一定时期，社会总需求是由互相之间有一定比例和关系的各种需求分量构成的。各种需求分量之间的比例和关系，形成社会需求结构。如果供给结构不能与这种需求结构相适应，就会有一部分需求分量不能得到实现，与之相应的供给分量则成为呆滞的库存和积压，从而使有效供给不足。因此，总供给和总需求的平衡，不仅仅指供给总量和需求总量的一致，而且指供给结构和需求结构的适应，它是总量均衡与结构适应的统一。

第三，供给的质量障碍造成短缺。预算软约束造成了微观企业对生产力投资的低下，在这种情况下，企业所生产的产品的质量是难以得到保证的，而大部分企业过于追求产品的数量和规模，所有这些导致了产品的整体质量难以得到保证，从而减少了商品的有效供给，进而造成短缺。

在实际经济生活中，体制性短缺与非体制性短缺互相交织，供给不足型短缺与需求过度型短缺相互助长，这时，需求过度型短缺对供给不足型短缺雪上加霜，往往对整个国民经济产生灾难性后果。因此，控制需求和刺激供给是实际宏观经济管理中不可偏废的两方面。

（二）在传统计划经济体制中，企业对国家的过渡依附，是造成短缺经济的主要原因

1. 企业的依附性造成了预算约束的软化

这一观点是科尔内的重要发现。企业的依附性不只意味着独立地位的丧失，还意味着它的生存和发展完全依赖国家的保护与扶持。国家常常用减税、财政拨款、优惠信贷、承担亏损或允许涨价等办法帮助企业摆脱困境，这使企业的行为准则建立在期望从依附地位中得到利益的基础上。科尔内认为，这种预算约束软化，导致了对劳动力几乎不可满足的需求和囤积劳动力的倾向以及几乎不可满足的投资饥渴等，由此造成了短缺的发生。而新短缺经济学则认为，科尔内所指出的现象是存在的，但并不是造成短缺的第一位原因。预算软约束对短缺形成的影响，最本质的表现在于它引起有效供给不足，从而导致社会主义经济的持续短缺。

2. 企业的预算约束软化通过两方面的传导造成有效供给不足

首先它导致了传统经济体制中企业经营机制的残缺与萎缩。软预算约束或者直接造成企业经营机制的扭曲，例如它使企业输出机制转化为单纯数量型的输出机制，使企业通行机制转化为吸纳性的通行机制，使企业约束机制转化为单纯外在性的而没有内在的自我约束的机制，或者以某种方式加强了企业经营机制的功能性障碍，例如它通过削弱和扼杀企业的主动性和进取精神，使传统体制下本来就运行无力的企业激励机

制和自我优化机制更加疲软。这样，预算约束软化就直接或间接地引起了企业经营机制的全面扭曲、变形、残缺或萎缩，这不能不使企业的有效供给能力大大降低，因为企业提供有效供给的能力是其经营机制正常运作的结果。

其次预算约束软化导致短缺的发生还由于它使企业行为取向脱离投资生产力的轨道。由于存在着预算软约束，企业的一切经济行为并不以节约资源、提高效益为准则，这就必然极大地降低企业投资生产力的水平，从而造成有效供给不足。总之，企业的预算软约束，通过扭曲企业内部经营机制而使企业行为脱离投资生产力的轨道，成为导致传统社会主义经济短缺性质的重要媒介。

由此可见，普遍短缺是深深地植根于传统计划经济体制下企业的依附性之中的。只要存在着企业依附性这一经济条件，社会主义经济中的普遍短缺就是不可避免的，要消除短缺，首先要消除造成短缺的社会经济条件。这就意味着：承认企业作为独立自主的商品生产者的地位，还它以应有的独立性和自主权。

（三）新短缺经济学对于中国传统经济体制下的需求过度型短缺的认识

在新短缺经济学者看来，短缺的主要原因不是企业行为，而是国家行为。它主要与经济工作中的"左"倾错误相联系而不是与某种经济体制相联系。它的主要表现是不顾国民经济实际承受能力，乱铺摊子，盲目扩大基本建设规模，从而造成生产资料和消费资料市场的短缺。它更多的是一种宏观经济现象。而在党的十一届三中全会以后，这种"左"的错误已被克服，而固定资产投资膨胀却仍然存在，而且计划外投资的宏观控制相当困难，这种情况主要是由转轨时期的双重体制的摩擦与冲突造成的。也就是说，旧的体制已被打破，而新的体制尚未建立和完善，由此产生了一系列矛盾和困难。集中考察我国传统经济体制下比较纯粹的形态，可以明显看出需求过度型短缺是非体制性的，只有供给不足型短缺才是体制性短缺。这便是新短缺经济学的一个重要结论。供给不足型短缺只有通过体制改革才能得到解决。

四、短缺经济下的需求管理

科尔内对传统计划经济下的短缺经济的研究是以需求过度为对象的。既然过度的需求超过了正常的社会供给，显然，对于短缺经济下的国民经济管理就应该从经济的总需求上去调节。主要说来有以下几方面。

（一）物资配给

在传统计划经济体制下，决策中心直接控制着各个生产部门，制订物资配给计划并规定交换的范围。实际上，在决策中心形成正式的决策之前，企业可以通过各种各样的方式向有关管理机构提出自己的要求。这样，决策当局和企业就形成了一种需求—配给的纵向关系，这种关系有助于将有限的物资资源在各个企业之间进行合理分配，有助于社会总体生产计划的完成。

（二）价格干预

在传统社会主义经济国家中，价格政策最重要的目标之一就是价格的稳定。如果国家没有或者不可能完全达到这个目标，那么它至少要通过努力制定价格提高的上限来有力地抵制价格的螺旋式上升，并使价格保持在计划水平之内。由于企业是价格的制定者而非接受者，在短缺经济条件下，企业的价格决定作用在没有价格管制的情况下，很可能会导致由于需求拉动和成本推动双重效应之下的价格上升。通常，短缺程度越高，买者越是能够容忍企业的这种行为。而价格水平的上涨并不能使短缺程度得到减轻，因为需求处于无法满足的状态。这样，管理当局就必须通过价格工具进行干预，中央价格政策的工具主要有以下几种。

（1）最有效也是最明显的方法是规定管理价格。在经济发展水平低时，比较容易通过规定管理价格来保证价格的稳定，因为大部分产品的价格很容易管理。经济越发达，产品差别越大，价格越难管理。

（2）在成本推动趋势很强的时候，中央有关部门可能会采取通过国家再分配来改善企业财务状况的方法来阻止价格上升。他们可能补贴整个企业，或者补贴某种特定产品。

（3）经常性地对企业进行全面的核查，看看规章制度是否得到执行，如果违反会受到惩罚，那么企业的提价努力会受到抑制。

可见，在社会主义经济中，主管部门不是用财政政策和货币政策，而是用价格和工资政策来抵抗企业内部产生的价格上涨倾向。

（三）就业政策

在计划经济体制下，我国的劳动力就业政策主要有以下特点：

（1）统一的劳动力招收和调配制度。国家对所有劳动力进行统一分配，用人单位实际上无权对这些人做出调配。

（2）统一的工资制度。这种工资制度取消了同一地区企业单位之间的工资差别，只承认工资的地区差别。这样的分配有助于社会消费品的公平分配，但是不利于促进生产力的发展，不利于刺激劳动者的积极性。

（3）统一的社会福利制度。企事业单位实行统一的社会保障制度，水平大致相当。这样有利于保证社会的稳定和居民消费水平的提高。

（4）二元制的城乡结构。将城乡划分为完全隔绝的二元结构，完全堵死了农村劳动力向城镇的大量转移。

（四）工资政策

在社会主义经济条件下，工资政策实际上是强制性的。企业的工资基金被严格的条款规定下来，并且对每个企业都有很强的约束力。虽然限制企业总开支的预算约束是软的，但是工资的预算约束却是硬的，它有效地约束着企业的自由。在工资政策中，工资开支和非工资开支被严格地分离。

第四节　过剩经济下的供求管理

过剩经济是相对于短缺经济的另一种不平衡形态。无论是资本主义的经济学家还是社会主义的经济学家都对这一现象十分关注。这是由于经济处于供大于求的状态常常会导致经济的衰退、大量生产资料的闲置，以及更为可怕的大量的失业以及社会的动荡。目前我国的社会主义市场经济改革已初步完成，所以本书从市场经济的角度去分析这个问题。

一、过剩经济的概念与特点

（一）过剩经济的概念

过剩经济一般是指供给规模严重超过需求规模的经济失衡状态。当发生这种情况时，市场价格已经难以对供求关系做出及时有效的调整，因此，生产者难以以预期的价格销售商品，只有低价抛售。故而生产者的利润率被普遍压低到银行利率之下，资本已经不能寻找到更加有利的投资领域。资本家为了保持自己在某行业内的地位，只有继续扩大生产，希望以规模经济击垮对手。

在改革开放之前，我国经济的常态是短缺经济，但是，随着改革开放的深入，经济的短缺已有了很大的缓解，在有些领域甚至出现了过剩。长期的、绝对的短缺已让位于一定时段短缺与过剩的并存，或不同时段上的短缺与过剩的交替。20 世纪 80 年代中期就已出现部分农产品过剩的情况。进入 90 年代之后，短缺经济特征越来越模糊，经济的多年高速增长已使供给能力大大提高，过剩现象则越来越频繁地出现。90 年代中期之后，对国民经济发展而言，需求与供给已同时成为中国经济发展的两大推动力，单纯靠增加供给保障生活的阶段已结束了。目前，我国国民经济的情况更多的是有效需求不足和有效供给不足同时存在，短缺和过剩同时存在。

（二）过剩经济的特点

进入 21 世纪后，我国的经济过剩明显存在以下特点。

1. 产能过剩

自亚洲金融危机以来，我国经济在投资引领下实现了年平均 9%以上的高速增长。自 1999 年以来，在国内生产总值增量中，由投资形成的国内生产总值要明显高于消费。当前，我国工业产能过剩的突出特点有三个。

（1）它正在由某一方面的过剩向全面过剩演变。

（2）有一部分行业已经明显过剩，即"即期过剩"，而另一部分行业正在积累过剩，是一种可预见的潜在过剩。

（3）虽然我国有些行业产能过剩是在市场作用下出现的，但不少行业是在各级政府鼎力支持下形成的。

目前，我国工业产能过剩既出现在重工业领域，也出现在轻工业领域。这些行业的产能过剩直接导致了其行业产品价格下跌，效益大幅滑落，甚至在钢铁、水泥、汽车等行业出现了利润负增长，造成产销率下降，成本上升，企业亏损增加。最后导致企业无法满负荷运转，大量资源闲置，使前期大量投资难以得到预期的回报。

2. 居民储蓄率偏高，消费率偏低问题

改革开放以来，我国社会消费增长速度并不低，但与此同时，在国内产能快速增长的同时，市场消费增长远远落后于储蓄增长，由此导致越来越多的资金剩余。在城乡居民储蓄迅速增加过程中，存款的大部分都来自城镇居民，他们的储蓄占城乡居民总储蓄的比重一直高达 85%左右。当前，我国经济发展面临的矛盾主要有两个，一是农村居民边际消费倾向远高于城市居民，但他们收入低，对商品的购买能力不高；二是城镇居民收入远

高于农民，但他们边际消费倾向低，对商品的购买意愿下降，而储蓄意愿上升，由此导致银行存款越来越多。

在宏观经济政策安排没有较大调整的情况下，我国经济发展速度越快，产能增长就越快，产能过剩程度就越高，外汇储备规模也越大；同时，经济发展速度越快，城镇居民收入水平就越高，边际储蓄倾向就越强，这样银行的储蓄存款也就越多。在外汇储备和人民币储蓄越来越多的情况下，经济运行中必然会产生越来越强的投资冲动，这种冲动势必会造成新一轮的产能过剩和储蓄过剩。对于一个只能以内需为主的国家，储蓄率过高，消费率过低，将成为再生产循环的严重障碍。

二、经济过剩的原因及影响

（一）经济过剩理论

古典政治经济学家认为，经济无须政府干预就可以和谐有序运行，萨伊更是在其著作《政治经济学概论》中提出了供给总能自动创造需求这一理论，史称萨伊定律。根据萨伊定律，在自由市场经济中是不会出现供给过剩甚至需求过旺的，这些情况完全可以由生产自身解决。

在古典政治经济学家之后，西斯蒙蒂提出了与之完全不同的看法。西斯蒙蒂从萨伊定律出发，提出并不是供给创造需求，而是需求使供给成为可能，认为生产应该适应于社会收入。进一步，西斯蒙蒂认为，市场经济必然导致社会各个群体收入的不均，即两极分化，一方面是收入不足造成的消费不足，另一方面是生产的无限扩大。他从理论上论证了自由市场经济需求不足的必然性。

20 世纪初世界经济大萧条之后，凯恩斯针对当时世界上普遍存在的供给过剩，提出了有效需求不足的观点。他认为经济总需求由消费需求和投资需求构成，如果消费需求和投资需求不足，就会造成需求不足，进而引发非自愿失业。

（二）经济过剩的原因

就我国而言，长久以来，我国都是处于短缺经济的痛苦之中，过剩经济在大家的印象中还不是特别明显。然而，自 20 世纪 90 年代以来，随着社会主义市场经济的逐步建立，人民生活水平的不断提高，加之国外环境的难以预测，需求对中国经济发展的约束越来越大，在经济生活中也逐步出现了一些生产过剩的状况。总的来说，有以下几方面的原因。

1. 直接原因

城乡二元化的经济结构。我国出现的过剩经济是由于长期滞后的城市化所造成的城乡人口社会财富分布失衡所致，或者说，是由于占人口多数的农业自给性生产与占人口少数的城市发达的商品性生产之间的矛盾所致。在工业化进程中，只有不足 4 亿人进入现代消费市场，接近 9 亿人的农民仍处于"半自给半市场的状态，以城乡为代表的工农业两大部门交换不对称"。按照发展经济学揭示的原理，只有当各消费品生产部门互相为对方创造和提供市场才可以增加社会总的就业和购买力，进而才能克服购买力低而造成的市场狭小状况。城乡两种经济形态上的不协调必然导致整个社会消费品市场的不足。

（1）不合理的产品结构。随着居民生活水平的不断提高，我国居民消费结构的层次也必然会向多样化发展，如果商品和劳务的供需结构不合理，就会发生供需结构错位的现象。目前，我国经济发展中，商品和劳务供给结构的调整赶不上需求结构的变化。一方面，一些不被市场所接受的产品大量积压，造成大量资源闲置；另一方面，一些符合消费者需求的商品却出现短缺。对城镇居民而言，由于收入差距的拉大，城镇居民的消费水平也产生了分化，而消费品的供给却没有跟上这种节拍。另外，我国的第三产业发展还比较落后，在国民经济中的比例比较低，产业的层次也比较低，无法适应居民日益增长的物质文化需要。

（2）收入预期和消费预期。随着国有经济结构改革和政府机构改革力度的加大，加之国际上主要资本主义国家经济处于低谷，国内大量人员下岗和失业的问题在短期内难以得到很好的解决，而城镇下岗人员的增加也将进一步减少农民工在城市的就业机会，这种状况必然会造成居民对未来收入预期的下降。与此同时，由于国家在住房、医疗、教育和社会保障等各方面的改革进一步深化，居民对未来消费的预期上升，风险意识增加。上述两个因素导致了居民的消费欲望下降，而储蓄意愿上升，从而导致消费的减少和经济供求的失衡。

2. 深层次的原因——经济过热的后遗症

从经济周期来看，经济的运行是处在冷热的不断交替之中，宏观调控的任务是求得经济总量的基本平衡，也就是冷热的平稳过渡。对待过剩经济（经济过冷）这样一个复杂的经济问题，必须从辩证的观点去看待和解决。实质上，经济的过冷和过热是有很大联系的，往往过剩经济都是由前一期的短缺经济发展而来。

就市场经济的一般原理来说，一方面，企业追求利润的内在动力和市场激烈竞争的外在压力会使其不顾一切地扩大投资与生产，但是另一方面，企业又会千方百计地压低工资成本，从而使消费需求相对不足。因此，一般来说在市场经济下，市场的扩张赶不上投资与生产的扩张，随后将出现生产能力的阶段性过剩，从现象上看就是企业机构的盲目投资和重复建设。这几乎成为我国经济生活中无法解决的难题，同时也造成了企业效益低下、产品同质化、产品库存增加和地区间产业结构趋同，直接加剧了我国经济过剩。当大多数行业或者部分主要行业出现这种现象以后，那么企业的行为就会造成整体经济的问题。

从制度结构上看，目前我国正处于制度转轨的初步成功阶段，计划经济的体制已被打破，很多遗留问题还尚未解决，市场经济的制度虽初步建立但尚未完善。这就使我国现在无论是国企还是私企在经营和管理上都存在很大的隐患。而这些问题在本质上都是政企关系和产权问题。

第一，目前我国企业优胜劣汰机制还没有很好地建立起来，市场退出机制不完善，产权不明晰。作为市场交易主体，企业必须是有明确出资者的经济实体。但是，目前我国的国有企业仍然进行着无本经营，国有资产的保值增值目标无法真正落实，加之国家对企业的预算约束软化，最终导致企业出现盲目投资的行为。因盲目投资而出现严重亏损和资不抵债的那些企业，由于没有完善的退出机制的约束，从而造成过多的亏损企业仍然滞留在已经出现过剩的产业领域并进一步加剧了经济的过剩。

第二，由于我国的市场经济还不是很成熟，在这种环境中的民营企业的行为也很值得关注。在中国近几年的一些行业经济过热中，暴露出了民营企业发展中的一些问题，尤其是民营企业的预算软约束问题。主要表现在：土地软约束、贷款软约束、税收软约束、环保软约束、劳动用工软约束。一些民营企业能以远低于正常市场成本或社会成本的代价，大量获得和占用土地、资金、劳动力等重要资源，大规模地进行低成本的投资扩张。这些企业对盈利机会极其敏感，而风险意识较差。当这些企业在预算软约束下抱着乐观的预期而同时进入某些行业，就会形成投资过热，而当对这些产品的需求不足以吸纳全部的供给时，就会在这些行业中迅速地造成全国性的产能过剩。

（三）过剩经济的影响

社会总供给大于社会总需求的失衡，必然会给国民经济的运行带来一系列的不良影响。在世界范围内，尤其是对发达资本主义国家而言，主要生产行业如钢铁、汽车、化工、纺织几乎都出现了生产过剩，生产过剩的直接结果是全球化的经济低迷和通货紧缩。我国也受到了一些影响。

1. 对物价的影响

经济总供给大于总需求，导致产品价格降低，一旦出现整体经济物价水平的下降，便出现了通货紧缩。经济学家普遍认为，通货紧缩是一种比通货膨胀更加有害的经济现象，而且通货紧缩具有自我维持的特征。在这种局面下，企业为了维持生存会降低生产，大幅裁员，导致居民收入下降，购买力降低，宏观经济随之恶化。

2. 对企业发展的影响

由于社会总需求长期不足，产品卖不掉，生产必然下降，致使企业亏损增加，导致产品滞销，生产滑坡。由于生产滑坡，生产量下降，企业必然会出现资源闲置，并使企业无法实现规模效益，生产成本必然提高，经济效益下降。由此还会导致社会资源闲置和浪费，致使宏观经济效益低下。

3. 对人民生活水平的影响

经济总供给大于经济总需求的失衡加大了企业投资经营风险，降低了企业利润率，生产滑坡，必然使得企业裁员，造成社会失业和半失业人员增多，同时，在业人员工资水平也会下降，最终导致人民生活水平下降。

三、过剩经济的供求管理

通过对过剩经济成因的分析，可以发现对于过剩经济的供求管理不能简单地"头痛医头，脚痛医脚"，而是应该用辩证的思维去进行管理，从供给和需求两方面去想办法。

（一）供给管理

我国目前实行的供给管理主要是经济产业结构的调整，通过战略性的调整来减少低水平的重复建设，淘汰浪费资源和污染环境的落后生产方式，加快采用高新技术的新型产业的发展。

总的来看，我国的过剩经济有结构性、区域性的特点。一方面，我国经济出现的供大于求现象是由过去高速增长中一部分生产能力过剩而形成的；另一方面，在一些居民基本的需求得到了满足的情况下，那些高层次的消费产品供给还远远不够，在由低向高的消费升级中，供给结构的变化目前还无法适应需求结构的变化，并没有达到全部经济的供大于求的状况。同时，适合于在城镇使用的一般性消费品虽然出现了饱和现象，但适合于在农村使用的一般性消费品还由于农民收入的限制以及供给方面、服务方面的诸多原因尚没有被满足。

由此我们得到的政策启示是：要想实现供求的平衡，就必须依靠技术进步和知识创新，推进产业结构、产品结构的调整和升级。同时，在居民收入水平不断上升但尚未达到一个更高、更富裕水平的阶段，大力发展第三产业是既可推进经济增长，又可解决社会就业问题的重要途径。

（二）需求管理

凯恩斯主义的根本观点是从经济的需求面来解决问题。在凯恩斯看来，对于市场有效需求不足的非均衡状态，必须进行反向调节才能消除失业和生产过剩。凯恩斯经济理论的主要结论是经济中不存在生产和就业向完全就业方向发展的强大的自动机制，为了使经济能保持平衡，只有进行政府干预，通过政府行为来增加经济总需求。20 世纪 30 年代凯恩斯主义的成功使其在西方经济学中逐步占据了主流地位。到了 70 年代，西方发达经济国家普遍出现了滞胀，并被普遍认为是国家干预的结果，故而凯恩斯主义又趋于沉寂。90 年代世界范围内普遍出现金融危机后，世界经济一片低迷，凯恩斯主义又被人们想起，国家对经济的干预也渐渐增多。

就我国而言，从国民经济管理的实践来看，过剩经济管理实际上采取的即是这种需求管理的方法，总的来说以刺激需求为主，同时针对供求关系中存在的结构性问题进行必要的供给管理。从理论上看，我国的管理者也认为过剩经济下经济不平衡的主要矛盾在于经济的需求面。从战略上讲，我国的政策是以扩大内需为主。就手段上看，主要有以下几种。

1.调整政府政策

改革开放以来，伴随着中国经济的迅速发展，人民群众所拥有的财富较以前已有了很大的增加，但是由于种种原因，尤其是消费观念的影响，居民的消费率远远低于其他国家，储蓄率却一直很高。高的储蓄率虽然支持了我国经济长期的迅速发展，但是没有最终消费率的支持，快速的经济发展也无法持久。亚洲金融危机以来，我国扩大内需的方针中重要的一环就是扩大居民消费。在这个问题上，党中央、国务院通过很多方面的措施对居民的消费进行了引导，目前来看，在改变城镇居民的消费率上效果显著，但是我国的农村居民消费却一直很低，有待于政府的进一步工作。

2. 采取扩张性的货币政策或者财政政策

在采取扩张性财政政策时，需要注意以下几点：一是在投资方向上，要以基础设施建设和企业技术改造为重点，与结构调整紧密结合；二是要有利于激活国有企业，推动国有企业的改革，使国有企业甩掉包袱；三是要有利于激活社会投资，尤其是民营企业的投资，防止出现财政政策的挤出效应；四是要有利于增加居民消费，促进社会保障体系建立，改变居民由于住房、医疗、养老、教育等方面的改革所引起的对未来支出不断扩大的预期。在发挥货币政策的作用方面，我国政府一般不提倡实行积极的或扩张的货币政策，主要是适度增加货币供给，加大金融对经济增长的支持力度，但要在促进经济发展中实现金融安全。

第三章　区域经济空间结构开发

区域经济的空间活动是有一定组织结构的，无论区域之间的差异多么巨大，区域要素多么复杂，这些经济要素都遵从空间作用规律，各经济要素在空间构成中呈现一个有序的结构。

第一节　区位与区域空间结构

人类的任何经济活动都在一定的空间位置与范围中进行，研究经济活动不仅涉及生产什么、如何生产和为谁生产，而且还应确定在哪里生产。后一个问题，实质上是解决如何选择最佳的经济活动空间。德国经济学家施乐认为：正如如果每件事情同时发生，就不会有发展一样。如果每件事情存在于同一地方，就不会有特殊性。只有空间才使特殊成为可能，然后在时间中展开。[①]因此，对区域经济活动的分析，首先应该建立在对区域与空间的认知基础之上。

一、区位与区位理论

（一）区位、区位类型与经济区位

1. 区位

"区位"一词源于德语的"standort"，英文译为"location"，日文译成"立地"，中文则译作"区位"。关于区位的含义有多种解释和理解：第一，区位是事物存在的位置或某主体所占据的场所，具体可标识为二者的空间坐标。第二，区位是确定某主体活动场所的行为。从这层意义上讲，区位具有动词的性质，与"空间布局"类似。第三，区位是某主体或事物占据场所的状态，相当于"空间分布"。不管怎样解释，区位一词有场所或空间的含义，但又不同于通常所说的场所或空间。它是指被某种主体或事物占据的场所或空间。区位既有"位"也有"区"，还有被设计的内涵。总之，区位是指人类活动的空间位置。

人类的活动与区位不可分割，如工业、农业、商业等产业活动都离不

---

① 奥古斯特•施乐. 经济空间秩序——经济财货与地理间的关系[M]. 北京：商务印书馆，1995.

开区位。这些经济或社会活动实体都占据着一定的空间，而且具有排他性。它们占据的空间并非是自然存在的，而是人类活动的空间选择结果的一种表现。因此，区位实际上特指企业、产业、设施等在空间经济格局中的位置，有时特指它们的盈利位置或者说是最优经营位置等。

区位有优劣之分，其优劣主要看区位的条件。区位条件是区位所拥有的各种资源要素状况。从一般意义上理解，区位条件的内涵包括以下几方面。

（1）不同区位不能同样地满足人类从事某项活动的要求，即不同的场所有着不同的区位条件。

（2）人类对自身活动场所的选择在很大程度上取决于区位条件的好坏。

（3）区位条件是相对于主体而言的，区位主体不同，区位条件随之不同。区位主体主要是指在某特定区域进行经济与社会活动的主体，如企业经营活动、公共团体或机关活动及其个人活动等的行为者。

（4）区位条件随时间而变化。就某一区位主体而言，对其局部区位的要求随时间而变化，因而要求的区位条件也随之变化。

（5）区域条件有主次之分。对区位主体的区位选择影响大的条件是主要区位条件，相对影响比较小的为次要区位条件。就工业区位而言，劳动力、资本、原料、能源、运输、市场等为主要区位条件，而用水、研究开发、经营、税制、自然条件等则为次要区位条件。

2. 区位类型

人类各种活动都是在特定空间上进行的。这些活动在空间上的多样化表现形态就构成了不同的区位类型。一般来说，根据空间活动内容，区位可以分为工业区位、农业区位、商业区位、旅游区位、居住区位等；还可根据空间活动方式，将区位分为农村区位和城市区位。

各种区位类型是在一定的行为驱动下形成的。比如有的是追求经济利益最大化，有的是追求社会效益最佳，而有的则是寻求自我满足等行为的合理性。总之，人类的空间行为是有规律的，是自觉或不自觉地按照一定的法则来进行的。例如，产业区位形成的动机一般是追求利润最大化；住宅区位形成的动机主要是追求效用最佳；而都市设施区位通常是追求福利最佳化。

3. 经济区位

经济区位是指某一经济主体为其经济社会活动所选择、占据的场所或空间。对于经济主体而言，各不同区位具有不同的经济利益。因此，经济区位往往被描述为距离某（几）个特惠地点的不同位置所反映的市场、供求、交通等方面的差异。如距离中心城市的远近、与自然资源供给源的距离、各空间位置上的市场供求状况等所形成的经济发展条件的差异。

（二）区位选择

区位选择是指由于区位因素的影响使企业的空间位置选择产生一定倾向性的行为。由于外部规模经济的存在，一定数量的企业聚集，对一个区域的经济发展会产生决定性的影响。所以，区位和区位因素是区域经济的微观基础。

1. 区位因素的构成

区位因素的构成是十分复杂的。传统的区位因素包括作为生产要素的土地、劳动力和资本，还包括自然资源、中间产品和技术。由于这些生产要素的不完全流动性的影响，空间上完全一样的区域几乎是不存在的，区域经济的产生是区位因素多种组合的结果。

在市场经济条件下，市场的作用表现出强大的势头，其作用的范围和强度都超过传统的区位因素，使区域经济的市场经济特性表现得十分明显。在一定的市场范围内寻找生产成本最低的企业区位，是产业布局的基本规律，而何处的生产成本最低又决定于当时当地的基础设施建设的状况。

2. 区位因素的优劣

衡量区位条件优劣的主要依据是该地的交通状况。如果沿海沿江区域本身就是交通枢纽地区，航运与陆路运输方式形成良好的结合，就可以为这些地区的经济繁荣提供关键的发展条件。这种良好的区位条件，有利于区域贸易和区内、区际合作，有利于实现资源的有效配置，实现生产效益的最大化，从而拉动区域经济的发展，促进区域发展水平的提高。

有效利用良好的区位条件，有利于产业和人口的聚集，从而也会加快区域发展的进程。区域化的过程，是生产要素或资源向优势区位运动和集中的过程，选择具有优越区位条件的地方建设和发展区域，是从区域发展的起始时候就打好了可持续发展的基础，是创造区域发展的先天条件，而优越的先天条件比后天的改造要好很多。

（三）区位决策

1. 区位分析

区位决策是区位主体（亦即决策主体）对经济社会活动区位选择的决定行为。区位因素影响着区位决策的整个过程，区位决策的依据或区位因素如何左右区位决策呢？区位决策正确与否主要取决于区位决策后能否带来经济利益、效用、个人（或社会）满足及社会价值等。而这一切又都取决于区位因素的影响，即如何降低费用（成本）、扩大销售、增加利润以及保持最大的稳定性或得到最大的满足度等。能够满足或符合上述条件的区位选择就可称为最佳区位。但是，这种经济行为决策具有滞后性，一旦形成一般很难再进行更改。因此，首先必须进行预测或进行多方案的优选。而选择和预测区位的理论根据就是区位原理，进行实地调查的项目或内容就是地理条件，将这些条件进行综合经济评价。评估、测定其对区位决策后果可能带来的效果，就属于区位因素研究的一部分内容。这部分内容也可称为区位因素的经济分析。此外，区位决策还取决于经营者的嗜好、国家的政策法规和公共福利等因素的作用，而这部分内容可称为非经济因素分析。总之，区位条件是通过区位因素作用于区位决策，区位决策正确与否取决于区位因素分析、评估、预测的准确程度。

2. 区位决策的阶段

区位决策是一个复杂的经济行为和社会行为过程，它与企业（组织）的历史、类型、现状、资金、竞争者、经济环境和经营者的能力等有关。一般而言，区位决策过程有以下三个阶段。

（1）市场分析阶段。主要研究和决定企业的市场容量，包括产品的可能销售范围和服务的半径及销售量等。同时，分析同类企业的区位分布状况、经营水平、产品的种类及所占有的市场容量等。这属于市场调查的内容，但也是区位决策的重要依据。只有对可能占有的市场的详细把握，才能确定企业的投资区位、规模和发展方向。

（2）地域选择阶段。从市场的角度来看，地域选择就是对所选择的企业来说，能否适应市场环境、是否具有较强的竞争力的地域空间；从区位论的角度而言，就是指能否带来最大利益或最大满意度的区位空间。

（3）地点决定阶段。它是区位在地域空间内的具体落实，即区位的最终选择。其选择的标准就是区位理论的基本原则，如利润最大化、费用最小化或心理最满足等。

上述三个阶段是指一般的区位决策过程。当然，区位主体不同，其决策过程也不同；而且，各个阶段区位因素的重要程度也不相同。例如，在第一阶段可能以收入因素为主，在第二阶段可能以收入和运费为基准，而在第三阶段也许所有的因素都可能成为研究的内容。

（四）区位理论

由于区位是人类行为活动的空间，因而人类的社会经济活动与区位是密不可分的，如工业、农业、商业和其他产业活动都离不开区位，并都占据着一定的实体空间，而且具有排他性。这种对空间的占据并非是自然界天生存在的，而是人类社会经济活动空间选择的结果。因此，可以将与人类相关的经济和社会活动，如企业经营活动、公共团体活动和个人活动等，称为区位主体，它是指区位中占有其场所的事物，而将研究这些活动的场所及场所选择过程的理论，称为区位理论，其主要探索人类活动的一般空间法则。

根据其产生与发展的先后及内容上的差异，区位理论可以分为传统区位理论和现代区位理论。传统区位理论主要是运用新古典经济学的抽象方法，分析影响微观区位或厂址选择的各种因素，其研究对象一般是以追求成本最小或利润最大化为目标，处于完全竞争市场机制下的抽象的、理想化的单个厂商及其聚集地——城市。它经历了古典区位理论和近代区位理论两个阶段。古典区位理论主要包括杜能（J. H. von Thunen）创立的农业区位论和韦伯（Afgred Weber）的工业区位论。杜能的农业区位论认为距离城市远近的地租差异，即区位地租或经济地租，是决定农业土地利用方式以及生产专业化方向的关键因素，提出了以城市为中心呈同心圆状分布的农业地带理论，即著名的"杜能圈"；而韦伯的工业区位论认为运费、劳动力费用以及聚集或分散因素是决定工业区位的关键因素，它是当今研究工业布局的理论基础。近代区位理论影响较大的则是克里斯泰勒（W. Christaller）的中心地理论和廖什（A. Losch）的市场区位理论。克里斯泰勒的中心地理论以古典区位理论的静态局部均衡理论为基础，进而探讨静态一般均衡理论，首创了以城市聚集中心进行市场面与网络分析的理论，为以后动态一般均衡理论奠定了基础。同时它还突破了传统区位论的羁绊，使区位论研究由农业、工业等生产领域扩展到商业、服务业等消费领域，由局部小区域的或个别企业的微观分析，扩展到大区域范围内的、多个企业或区域的宏观综合分析，成为一种宏观的、静态的、以市场为中心的商业和服务业区位理论。廖什的市场区位理论基于垄断竞争情况下，着眼于确定均衡价格和销售量，由此来确定市场地域均衡时的面积和形状，即蜂窝状的正六边形"面"状市场。

现代区位理论改变了传统的观察问题和分析问题的角度和方式，吸取凯恩斯经济理论、地理学和经济地理学及其"计量革命"所产生的新思想，对国家或区域范围的经济条件和自然条件，经济规划和经济政策，区域的自然资源、人口、教育、技术水平、消费水平、资本形成的条件，失业和货币金融的差异等进行了宏观、动态和综合的分析研究，形成了成本一市场学派、行为学派、社会学派、历史学派、计量学派等流派。

虽然说区位理论对现代区域发展理论研究具有重大贡献，但由于其研究的对象毕竟只是工业企业、农业、城市、市场等单一的社会经济客体，所概括的只是这些单项事物的空间运动和空间定位规律。这就使得区位理论在具有进步性和科学性的同时，又天生具有某些方面的局限性，因而限制了理论向纵深发展。特别是在第二次世界大战后，经济全球化和一体化的趋势日渐明显，影响国家和区域社会经济发展的各种因素之间相互作用的形式和后果更为复杂，这就客观上要求区域经济理论要有新的突破和进展，以摆脱区位理论的局限性，并结合新的现实进行探索和研究，这就产生了区域空间结构理论。

二、区域空间结构的基本内涵

"结构"一词，原指建筑物的内部设置，常用于土木工程方面，其指向对象是实体，引用到社会科学中指被研究对象所具有的系统性、持续性及可辨认的现象。空间结构中的"空间"并不等于物理学中的"绝对空间"和几何学中静止的"纯空间"，而是指经济现象和经济变量在一定地理范围中以分布的位置、形态、规模以及相互作用为特征的存在形式和客观实体，它反映的是以地理空间为载体的经济事物的区位关系和空间组织形态。因此，从其实质上看，区域空间结构就是一种空间的秩序，它有广义和狭义之分。

从广义上讲，区域空间结构即为地域结构，它是区域内各种组成要素的空间关系的总称，具体包括区域中各种自然要素、经济要素和社会要素在地域上的分布及其组合状态。区域中的水、土、气、生物、矿物等自然要素的地域分布与组合，构成了区域自然空间结构。工、农、商以及人口和城镇等经济、社会要素的地域分布与组合，则构成了区域社会经济空间结构。区域社会经济空间结构和区域自然空间结构在地域上的复合，则组成了完整的区域空间结构。

从狭义上讲，区域空间结构主要是指区域经济空间结构，它作为区域经济结构的一个重要方面，是指各种经济活动在区域内的分布状态、组合形式、形成机制和演进规律。一方面，各种经济活动的生产需要把分散在地理空间上的相关要素组织起来，形成特定的区域经济活动过程；另一方面，各种经济活动之间需要相互联系、相互配合，然而它们的区位指向又不尽相同。于是，就需要考虑如何克服地理空间的约束而相互连接起来，形成一个大的经济系统。在区域经济发展中，始终都要考虑如何实现要素的空间优化配置和经济活动在空间上的合理组合，由此来克服空间距离对区域经济活动的约束。可见，狭义的区域空间结构表明了区域经济客体在空间中的相互作用及相互关系，以及反映这种关系的客体与现象的空间集聚状况和集聚程度，是从空间分布、空间组织角度考察区域发展状态和区域社会经济有机体的罗盘。我们主要是讨论区域经济方面的内容，因此如未特别注明，这里所说的空间结构均为狭义的，即区域经济空间结构。

三、区域空间结构的构成要素与组合模式

空间结构的理论旨在研究诸要素的空间组合、关联和演变规律，一般来说，构成空间结构的要素主要包括节点、线、网络和域面四种。

（一）节点及节点体系

1. 节点与节点体系

在一定区域范围内，由经济活动内聚力而产生的极化作用，使经济活动向区域的经济中心集中，这样的中心被称为点或节点。节点一般表现为由人口集中分布而形成的居民点和城镇。由于节点的聚集规模、主要职能和空间分布形态各有差异，因此，一定区域范围内的节点存在着规模上的差异，不同节点之间在数量和规模上组成的相互关系就构成了节点的规模等级体系。

在一定的区域范围内，各节点以特定的区域职能服务于周围的地区。因此，节点的职能体系是由各个节点在社会经济地域活动中的各自分工而组成。节点的空间分布体系是由一定区域范围内各节点在空间形态上的组合形式、相互分布位置的状况来决定的。节点的空间分布体系是其职能类型结构和规模等级结构在区域空间组合中的结果和表现形式。

2. 节点空间结构的特征

节点是空间结构的最基本构成要素。它有以下特征：

（1）节点有明确的位置。每一个经济活动的中心，我们都可以找到其自然地理位置和经济地理位置，可以在地图上用坐标明确地表示出它的所在。

（2）节点有大小和形状。由于相互作用的大小和着力点不同，在不同地域形成的节点，可能有大有小，并呈现出不同的形状。例如，平原地带的城市经济中心，可能呈现出同心圆的形状，而山地或丘陵地带的城市经济中心，大多是沿着河流呈带状分布。

（3）节点具有不断聚集的作用。在一个节点形成之时，由于其极化作用的存在，城市经济中心本身会不断成长，节点的规模也就随之变大。节点的聚集作用实际上就是增长极的作用。

（4）节点内部存在明确的功能分区。节点表现为城市经济中心，如果我们将节点放大来看，就表现为一个城市的内部空间结构，存在着工业区、居民区、商业区和办公区等的功能划分，这种节点内部的功能分区，决定于这个节点本身的地位和作用，是节点经济要素聚集的反映。

（5）节点有数量和质量的概念。在一个区域内，节点的数量是可数的；同时，我们还可以确定一组指标体系来衡量节点的质量，如国民生产总值、工业总产值，等等。在区域经济规划中，节点的数量和质量对区域的发展影响很大。

（二）线

区域经济中的线路主要包括交通线路、通信系统、供排水系统等，其中以交通线路为主。交通线路包括铁路、公路及普通道路、内河航线、海运航线。作为交通线路，必须具有一定的长度、方向和起点及终点，并由此规定它在空间中所处的位置，同时根据线路的自然、技术装备状况以及经济运量，各种交通线路往往被划分为若干质量等级。

衡量区域交通线路发达程度的指标主要有线路总长度和线路密度。线路密度可以有几种计算方法，一是区域各类交通运输线路的总长与区域总面积之比；二是各类交通线路的总长与区域总人口的比值。综合这两种方法，可以计算出区域交通线路综合密度，即

$$D = \frac{L}{\sqrt{S \times P}}$$

式中：D 为交通线路综合密度；L 为交通线路总长度；S 为区域总面积；P 为区域总人口。

对于区域空间而言，线是将分布在空间中的点联系在一起的重要通道。如交通线路将主要城市串在一起，市场流通渠道则发挥着组织区域产品流动的作用。

（三）网络

区域空间结构中的网络是由相关节点和线路相互连接而成的，节点是网络的核心，线路是构成节点之间、节点与域面、域面与域面之间功能联

系的通道。根据连接程度和功能的不同可分成单一的网络和综合的网络。前者如交通网、通信网等，后者则是不同等级和性质的点和线组成的多功能网络。区域经济发展中的各种人流、技术流、资金流、信息流、商品流等都是通过相应网络进行传递的。在这些网络中，交通运输网络的影响最大，作用最明显。

结合各地的空间结构，网络系统大致有下列诸种分布形式：

1．放射状网络

由于节点为一个重要的交通枢纽，多条交通线路由这里伸向各地；有的又形成放射状与环状相结合的形式，更加强了节点的作用。位于放射状中心，必将形成大城市或特大城市，城市的规模和作用与放射状线路的密度呈正相关。如我国的武汉等地区。

2．扇状网络

主要指位于港口地区的网络系统。港口为主要枢纽，由此向内地分布交通线路，网络密度与港口规模呈正相关。如以上海为中心的长江三角洲等地区。

3．轴带网络

指以铁路、公路、水路等主轴带为基干而形成的网络系统，在主轴带上形成若干城市，进而形成城市带和经济区，如长江沿岸和京广铁路沿线等地区。

4．过境网络

区域内的交通线路呈"十"字形、"井"字形等，交通线路过境意义明显，在节点形成城镇，如湖北地区等。

5．环状与"一"字线网络

由于受自然条件的影响，在沙漠地区有的形成环状线路，在边远地区和边境地区有的只形成"一"字形主要线路，其他的线路均为级别较低的线路，如我国的边疆地区。

（四）域面

域面是指以区域内某些经济活动在空间地理所表现出的面状分布状态，是区域空间结构及其他要素的基础，同时又是节点和网络及其作用与影响在地表上的扩展。域面与区域本身存在着区别，虽然两者的空间范围大体一致，但结构大不相同：域面不包括节点和网络，而区域包括节点和网络。在实际中，一般把区域中城镇和交通网络之外的广大外围地区称为域面，包括工矿区和广大农村地区。

域面作为各项空间经济活动的"场所"，其空间范围及内部要素的密集程度随着它们与节点、网络的相互作用和影响的状态而变化。一般来说，域面的发展水平越高、经济规模越大，其节点就越多、网络就越密、空间结构就相对合理、空间结构功能就越完善。

（五）区域空间结构构成要素的组合模式

在一定的区域空间，由点、线、网络以及域面之间的不同组合形成多样化的空间结构模式。在工业化时代（见表3-1），经济活动的空间布局主要以矿产及能源、资本、土地、劳动力等资源的开发与利用为基础，遵循成本最小原则进行。这些不同的空间组合得以形成的黏合力使产品流、资金流、人流、信息流等围绕着几个主要的经济增长中心，铁路、公路的货物运输占主导，资金流动的国际性不强。因此，在港口、铁路、公路枢纽周围出现了大量工业增长中心、工业化城市，形成了具有一定吸引范围的经济区域或工业走廊。城市发展往往沿着主要的交通联系方向蔓延式发展，从而在一些工业发达的地域形成了具有一定规模的城市。

表3-1　区域空间结构构成要素的组合模式

要素及其组合方式	空间子系统	空间组合类型
点—点	节点系统	村镇系统、集镇系统、城镇系统
点—线	经济枢纽系统	交通枢纽、工业枢纽
点—面	城镇—区域系统	城镇集聚区、城镇经济区
线—线	网络设施系统	交通通信系统、电力网络、给排水网络
线—面	产业区域系统	作物带、工矿带、工业走廊
面—面	宏观经济地区系统	基本经济区、经济地带
点—线—面	空间经济（城乡）一体化系统	等级规模体系

20世纪90年代以来的信息及通信技术的发展促使了基于信息和知识发展模式的产生，在原有的空间构成要素赋予了新的含义的基础上，产生了与工业化时代不同的新的空间组合模式（见表3-2）。

表3-2　信息时代区域空间结构构成要素的组合模式

要素及其组合方式	空间子系统	空间组合类型
点—点	信息节点系统	全球城市体系、区域网络城市
点—线	信息枢纽系统	信息港、信息中枢、创新中心

续表

要素及其组合方式	空间子系统	空间组合类型
点—面	城市—区域系统	大都市区、扩展型大都市区
线—线	网络设施系统	信息网络、创新网络、高速交通网络
线—面	产业区域系统	信息产业带、高科技走廊、智能走廊
面—面	宏观地域系统	功能区域（功能互补性区域组合）
点—线—面	空间经济、社会统一体。	智能区域

从这些新的组合中可以看出，信息流对空间重组过程起着非常重要的作用，信息产业、知识资源、创新为区域发展做出了重要的贡献，信息网络对空间结构的塑造作用在一定程度上改造了原有的由交通区委所决定的空间格局。

四、区域空间结构的基本特性

（一）整体性

任何经济区域的空间结构都是由节点、线、网络和域面四者组合而成的，它们相互联系、相互作用，形成一个统一的整体。综观区域空间的发展过程，可以看出这四个基本构成要素始终都是紧密结合在一起的。

（二）系统性

任何空间结构都不是孤立存在的，而是在与其他空间结构相互联系与互为制约中存在和发展的。全世界的空间结构是一个复杂的大系统，各个区域的空间结构则是这个大系统中的子系统，各个区域的空间结构之间，通过复杂的网络系统将它们联系起来。

（三）层次性

区域空间结构的层次性主要表现在两个方面。一方面是从某一区域在更高区域系统中所处的地位来看它的层次性，这种层次性主要由区域核心的层次性表现出来，即层次高的区域核心支配较大面积的区域，它通过对低层次区域核心的支配来控制其域面；另一方面，就区域自身的发展水平、所处的发展阶段而言，各个区域的空间结构又有高、中、低之分，每个区域的空间结构与其生产力水平相对应。就一个具体区域而言，其空间结构的发展水平总是一个由低级向高级演化的过程。因此，层次性的实质表明了空间结构所具有的产生、发展和演化特征。[①]

---

① 陈才. 区域经济地理学[M]. 北京：科学出版社.

（四）区域性

空间是物质存在的一种客观形式，由于空间的存在，使得地理事物得以存在；由于空间的具体化，产生了地方或地区，乃至区域。区域和空间联系在一起形成了区域—空间统一体。区域以空间得以存在，空间因区域而有意义。传统的主流经济学由于忽视了空间的区域性特征而单纯地研究经济事物导致了其理论在现实经济操作上的苍白，经济规律发生作用离不开一定区域的空间特性。同样，离开一定具体的地域范围而抽象地研究空间特征也无法对现实经济发挥指导作用。地域范围有大有小，因而在研究空间结构问题时，必须将研究范围相对固定在一定具体的地域空间内，深入分析影响空间结构形成的因素及其内在联系，以及在区域范围内空间结构变化的规律和特征。正如萨缪尔森所言，空间问题不容忽视，它是一个"引人入胜"的领域；克鲁格曼则指出，区域问题是经济学的"最后前沿"，其含义之深刻不难理解。

第二节　区域经济空间的开发模式

一、增长极开发模式

增长极开发模式是增长极理论在地区开发布局实践中的应用。增长极理论自被佩鲁提出以来，经过许多学者的努力得到了完善。

（一）增长极理论的基本内涵

经济增长极理论是 20 世纪 40 年代末 50 年代初西方经济学家关于一国经济平衡增长抑或不平衡增长大论战的产物。增长极理论最初由法国经济学家佩鲁提出，许多区域经济学者将这种理论引入地理空间，用它来解释和预测区域经济的结构与布局。后来法国经济学家布代维尔将增长极理论引入区域经济理论中，之后美国经济学家弗里德曼、瑞典经济学家缪尔达尔、美国经济学家赫希曼分别在不同程度上进一步丰富和发展了这一理论，使区域增长极理论的发展成为区域开发工作中的流行观点。

把握增长极理论的内涵与政策主张，关键是要搞清楚什么是增长极、增长极的形成需要具备什么条件、增长极是如何形成的三个问题。[①]

---

① 任军，马咏梅. 增长极视角下的我国中、西部增长极战略布局[J]. 税务与经济，2008（4）.

1. 经济增长极的概念

经济增长极就是一定区域的推进性产业。佩鲁认为，现实世界中经济要素的作用完全是在一种非均衡的条件下发生的。增长并不是同时在任何地方出现，它以不同强度首先出现在增长点或增长极上。增长极通过吸引力和扩散力作用不断扩大自身规模，对所在部门和地区产生支配性影响，从而不仅使所在部门和地区获得优先增长，而且能够带动其他部门和地区的迅速发展。

2. 经济增长极的形成的条件

佩鲁认为，增长极的形成应具备以下三个条件：一是在该地区有足够创新能力的企业和企业家群体。具有创新能力的企业在一些区域的集聚和优先发展，恰似"磁场极"的多功能的经济集聚中心，意即增长极。而具有创新精神的企业家则是创新型企业的主体，可以带动企业进行技术创新和制度创新。他们不仅能使有创新能力的企业不断发展，而且能带动一批追随和模仿创新企业的新企业不断涌现，即增长企业。二是要有一定的规模经济效应。增长极所在区域不仅要集中一批创新型企业和产业部门，而且要有效吸引资本、技术和人才等生产要素集聚。这一集聚现象产生的经济中心，如同一个"磁场极"，对周围产生强大的吸引和辐射作用，并带动周围的经济增长。三是要有适宜的经济增长环境，这既包括能源、交通、通信？社会服务等基础设施环境，也包括政治、经济、法律、文化、社会风气、习俗等非物质因素方面的环境。

3. 经济增长极的形成

首先是自发的经济增长极。佩鲁认为"经济空间"存在若干中心、力场或极，并产生类似"磁极"作用的各种离心力和向心力，从而产生相互联合的一定范围的"场"，且总是处于非平衡状况的极化过程之中。极化的结果则是一些推进型企业或创新型企业在一定区域的集聚和优先发展，从而形成恰似"磁场极"的经济中心。它不仅促进自身发展，而且以其吸引和扩散效应带动其他部门与地区发展。

其次是由计划建立的诱导的经济增长极。在佩鲁之后的一些学者看到了由市场自发形成的经济增长极总是倾向于扩大而不是缩小区域经济差距。缪尔达尔和赫希曼都认为，任由市场机制的自发作用"回波效应"（极化效应）总是大于"扩散效应"（涓滴效应）。因而，为防止区域差距过于悬殊，不应消极等待"扩散效应"，而应由政府采取积极的干预政策，刺激落后地区的发展。此后，劳埃德·罗德温提出"集中的非中心化"区域发展理论，旨在强化"扩散效应"，遏制"回波效应"，并主张在边缘落后地区建立新的增长极或增长中心，使发达地区老增长极和落后地区新增长极协调发展。

（二）增长极对周围地区的作用机理

增长极是由主导产业和有创新能力的企业在某些地区或大城市集聚发展而形成的经济活动中心，这些中心具有生产中心、贸易中心、金融中心、信息中心、交通运输中心、服务中心、决策中心（如政府所在地）等多种功能，恰似一个"磁场极"，能够产生吸引和辐射作用，促进自身并推动其他产业和地区的经济增长。增长极对周围地区的作用机理主要表现为 4 个方面：支配效应、乘数效应、极化效应、扩散效应。

1. 支配效应

增长极上的产业具有技术、经济方面的先进性，能够通过与周围地区的要素流动关系和商品供求关系对周围地区的经济活动产生支配作用。周围地区的经济活动随着增长极的变化发生相应的变动。

2. 乘数效应

受循环积累因果机制的影响，通过投入产出意义上的产业关联和地区关联，增长极对周围地区经济发展的示范、组织和带动作用会不断地得到强化和放大，影响范围和程度也随之增大。

3. 极化效应

由于增长极主导产业的发展，具有相对利益，产生吸引力和向心力，使周围区域的劳动力、资金、技术等要素转移到核心地区，剥夺了周围区域的发展机会，使核心地区与周围区域的经济发展差距扩大。这就是极化效应。缪尔达尔称之为"回流效应"。这一过程是通过资本、货物和服务等的流动得以实现的。

4. 扩散效应

扩散效应表现为经济要素从核心地区向外围扩散、延展，从而带动整个区域经济的发展。

从增长极的上述三个方面的作用可以发现：一方面，区域中的各种产业将以增长极为核心建立区域产业结构；另一方面，增长极的形成，必然改变区域的原始空间平衡状态，使区域空间出现不平衡。增长极的成长将进一步加剧区域的空间不平衡，导致区域内地区间的经济发展差异。新的增长极的形成则会改变区域原来的空间结构和产业结构，使之更为复杂。不同规模等级的增长极相互连接，共同构成区域经济的增长中心体系和空间结构的主体框架。不难看出，增长极的形成、发展、衰落和消失，都将引起区域的产业结构和空间结构发生相应的变化，从而对区域经济增长产生重大的影响。

（三）增长极理论的应用

增长极对地区经济增长产生的作用是巨大的，主要表现在两个方面。

第一，区位经济。区位经济是由于从事某项经济活动的若干企业或联系紧密的某几项经济活动集中于同一区位而产生的。例如，某一专业化生产的多个生产部门集中在某一区域，可以共同培养与利用当地熟练劳动力，加强企业之间的技术交流和共同承担新产品开发的投资，形成较大的原材料等外购物资的市场需求和所生产产品的市场供给，从而使经济活动活跃，形成良性循环。区位经济的实质是通过地理位置的靠近而获得综合经济效益。

第二，规模经济。规模经济是由于经济活动范围的扩大而获得内部费用的节约。如可以提高分工程度、降低管理成本、减少分摊广告费和非生产性支出的份额，使边际成本降低，从而获得劳动生产率的提高。第三，外部经济。外部经济效果是增长极形成的重要原因，也是其重要结果。经济活动在某一区域内的集聚往往使一些厂商可以不花成本或少花成本就能获得某些产品和劳务，从而获得整体收益的增加。

增长极理论提出后，被许多国家用来解决不同的区域发展和规划问题。20世纪70年代以后，增长极理论曾广泛应用于不发达经济和不发达地域经济发展，成为指导经济发展的重要工具，许多国家试图运用这一理论消除落后地区的贫困，促进各地区经济协调发展。在一些发达国家和不发达地区也曾收到一定的效果，其中取得较大成功的国家有巴西和马来西亚。

就巴西而言，它在东南部地区经济发展时期，采取种种激励手段来刺激亚马孙河流域等落后地区的经济增长。如把首都从繁荣的里约热内卢迁往落后的巴西利亚，修建贯穿亚马孙河流域的公路体系，鼓励向落后地区移民，同时，重视落后地区的自我发展能力，开辟新工业区，利用优惠政策吸引外来投资，开辟内地自由贸易区等。在政府政策的扶持下，位于亚马孙河中游的"玛瑙斯自由港"成为巴西最大，也是全世界最大的经济特区。它被作为推动巴西中西部经济发展的增长极和辐射中心，有效地带动了周边地区经济的发展。

马来西亚的经济发展政策就是以增长极理论为基础，采取的政策符合自身国情，既充分发挥增长极的扩散效应，又力求克服其不利的回波效应，既考虑到地区优先发展战略，又兼顾了落后地区的发展，从而较好地解决了地区发展差距和地区收入差距问题。

（四）增长极理论的经济政策主张及其评价

1．增长极理论的经济政策

极化理论的经济政策主要有以下几个方面的内容。

（1）因为市场机制的作用不是导致均衡，而是导致发展差距的强化，所以按照增长极理论代表人物的观点，主张通过国家经济政策实现区域经济发展的均衡，至少是不能使区域之间（或国家间）发展的差距过大。

（2）外部性、垄断和公共产品的存在使新古典理论追求的帕累托最优状态的目标无法实现，所以增长极理论主张政府可以干预市场机制运行过程。缪尔达尔建议发展中国家至少在一定时期内制定经济发展规划。通过这些规划稳固积极的循环累积过程，摆脱不发展状态。

（3）按照增长极理论的观点。区域经济政策的目标是强调平衡区域之间收入分配的差别，而把效率问题放在次要地位。

从上面三个内容来看，区域经济发展必须阻止极化力量，努力克服和消除发展差距。一方面要强化均衡效应，削弱吸收效应；另一方面要阻断消极的循环累积过程。为此可以采取诸如促进资本向落后区域转移、直接向落后区域投资或者限制这些区域资本流出等措施；通过有选择的贸易壁垒防止自由贸易带来的消极影响。由于增长极理论和新古典理论在市场作用和经济政策任务方观点上的不同，他们的经济政策是根本不同的，其中，相当一部分是相互对立的。

2．增长极理论的优势

增长极理论提出以来，被许多国家用来解决不同的区域发展和规划问题，这是因为它具有其他区域经济理论所无法比拟的优点，主要体现在以下三个方面。

（1）增长极理论对社会发展过程的描述更加真实。新古典经济学者信奉均衡说，认为空间经济要素配置可以达到帕累托最优，即使短期内出现偏离，长期内也会回到均衡位置。佩鲁则主张非对称的支配关系，认为经济一旦偏离初始均衡，就会继续沿着这个方向运动，除非有外在的反方向力量推动才会回到均衡位置。这一点非常符合区域地区发展差异存在的现实状况。

（2）第二，增长极概念非常重视创新和推进型企业的重要作用，鼓励技术革新，符合社会进步的动态趋势。

（3）第三，增长极的概念形式简单明了，易于了解，对政策制定者很有吸引力。同时，增长极理论提出了一些便于操作的有效政策，使政策制定者容易接受。例如，佩鲁认为，现代市场充满垄断和不完善，无法自行实现对推进型企业的理性选择和环境管理，因此，提出政府应对某些推进型企业进行补贴和规划。

3. 增长极理论的不足之处

很多国家的实践表明，增长极理论指导的区域发展政策没有引发增长极腹地的快速增长，反而扩大了它们与发达地区间的差距，尤其是城乡差距，所以 20 世纪 70 年代以来增长极理论的有效性受到怀疑，究其原因，增长极理论的主要缺陷有：

（1）增长极理论是一种"自上而下"的区域发展政策，它单纯依靠外力（外来资本以及本地自然资源禀赋等），可能造成脆弱的国民经济。在全球化与本地化趋势并存的世界经济中，寻求依靠内力发展地方经济的道路，以知识和技术为本的区域发展战略越来越受到很多国家政府的重视。

（2）增长极的极化作用。增长极主导产业和推动性工业的发展，具有相对利益，产生吸引力和向心力，使周围地区的劳动力、资金、技术等要素转移到核心地区，剥夺了周围区域的发展机会，使核心地区与周围地区的经济发展差距扩大，这是增长极对周围区域产生的负效果。

（3）扩散阶段前的极化阶段时间过于漫长。扩散作用是极化作用的反向过程，两者作用力的大小是不等的。缪尔达尔认为，市场力的作用通常是倾向扩大而不是缩小地区间的差异，在增长极作用过程中，如果不加强国家干预，回波效应总是大于扩散效应。但赫希曼认为，增长的累积性不会无限地进行下去，从长期看，地理上的扩散效应将足以缩小区域之间的差距。1979 年，布赛尔在其论文《增长极：它们死了吗》中，提出扩散效应和回波效应随时间推移而变化的观点。无论哪种观点，增长极的扩散效应不可否认，扩散阶段前的极化阶段是漫长的也毋庸置疑。然而，要度过这个漫长时间，落后地区的人民要继续忍受贫困，政治不安定因素也可能增加。讲求政绩的政府官员在短期内看不到政策的显著效果，也一定程度上阻碍了增长极政策的实施。

（4）推动性产业的性质决定增长极不能带来很多就业机会。推动性产业是同主导产业紧密配合的新兴产业，具有很强的技术创新能力，属于迅速增长的企业类型，而且具有较大的规模。推动性产业的性质决定了增长极一般以现代工业为目标，技术装备和管理方法较为先进，因此培育增长极并不可能解决很多的就业问题，反而容易形成"飞地"型的增长极。

（5）新区开发给投资带来一定难度。从投资商角度看，增长极一般以城镇为依托，又常不在已有建成区，这些地方交通一般不便，生活服务设施相对较差，投资者往往不愿意为这种新区投资，而基础设施的建设需要政府的投入，如果政府不采取积极的态度，增长极政策的实施将遇到很大困难。

（五）基于增长极理论的区域开发与规划

增长极理论强调极点开发，强调集中开发、集中投资、重点建设、集聚发展、政府干预、注重扩散等，使它具有广泛的应用性。增长极理论强调经济结构的优化，着重发展启动型工业，也强调经济地域空间结构的优化，以发展中心带动整个区域。增长极理论对于区域开发和区域规划有重要的指导意义。

我国今后在发展区域经济中应用增长极理论时需要特别注意以下几点：

（1）不能把增长极与城镇等同起来。

（2）增长极类型与规模的选择。要根据当地的资源、对外经济联系条件和社会经济基础以及市场的变动趋势，选择启动型工业，创立产业联系和地区联系体系，确定适合本区域发展的主导部门；落后地区要求的是真正在现有体系中顺利发挥增长极作用的企业。

（3）选择适宜的地点培植增长极。增长极应布置在原有城镇的附近或边缘，在不发达的较低层次的发展轴线上。

（4）充分发挥增长极的功能。大力培育启动型工业，发展满足区域发展多种社会职能的服务设施。

（5）从城镇体系发展的要求出发，建立包含国家一省一地区一县等层次的增长极体系。

（6）对增长极要集中投资。完善增长中心各项基础设施的建设，建立相应的经济体制，创造有利于增长极发育成长的软环境，产生较高的投资效果。

然而，实施增长极策略，有可能造成地区经济发展水平差距的扩大，增大地区之间发展机会的不平等。增长极一般以现代工业为目标，技术装备和管理方法较为先进。培育增长极并不能解决很多的就业问题。增长极只有在适当的周围环境的配合下才能形成。增长极一般以城镇为依托，又常不在已有的建成区，投资者往往不愿在这种新区投资，给增长极策略的实施带来困难。

二、点—轴开发模式

点轴开发模式是在增长极模式的基础上发展起来的。在区域发展的初期，虽然出现了增长极，但是也还存在其他的点，这些点也是经济活动相对集中的地方。增长极在发展过程中，将会对周围的点产生多穗影响：其一，增长极需要从周围的点就近获得发展所需的资源、要素，客观上就释放了这些点所蕴藏的经济增长潜力，使它们在向增长极提供资源和要素的同时增加了经济收益；其二，增长极在开发周围市场时也给周围的点输送了发展所需的生产资料和相应的生产技术，带去了新的信息、新的观念，这样，就提高了它们的发展能力，刺激了它们的发展欲望，同时，也给了它们发展的机会；其三，伴随着经济联系的增强，增长极与周围点的社会联系也会密切起来，就会带动和促进这些点的发展。

在增长极与周围点的交往中，必然产生越来越多的物资、人员、资金、技术和信息等的运输要求。通过交通线、动力供应线、通信线等连接起来，形成轴线。这些轴线首先主要是为工业点服务的，更加有利于增长极和相关点的发展，但轴线一经形成，自然改善沿线地区的区位条件，对人口、产业也具有吸引力，吸引人口与产业等生产要素向轴线两侧集聚，刺激沿线地区的经济发展。于是，沿线地区就形成新的点，逐渐发展成区域的经济活动密集区，成为区域发展所依托的轴线。

轴线形成后，位于轴线上的点将因发展条件的改善而使发展加速。这时，会出现如下情况：增长极和轴线上点的规模不断增大，轴线的规模也随之扩大，它们又会向外进行经济和社会扩散，在新的地区与新的点之间再现上述点轴形成的过程。这样，就在区域中形成不同等级的点和轴线。它们相互连接构成分布有序的点轴空间结构。

在一国范围内，经济布局如何展开，从某种意义上说，就是正确地确定点轴的开发顺序。首先重点开发条件最好、潜力最大的一级轴线，然后逐步开发二级、三级轴线。在地区工业有所发展而发展程度不高、地区经济布局框架还未形成的情况下，可运用点轴开发模式来构造地区总体布局的框架。点轴开发是一种地带开发，它对地区经济发展和布局展开的推动作用要大于单纯的增长极开发。

三、网络开发模式

（一）网络开发模式的基本内涵

点—轴开发是空间一体化过程中前期的必然要求，而网络开发是空间一体化过程后期区域开发的必然选择，是区域经济发展走向成熟阶段的标志。

空间—体化中的网络已不完全是交通网络，而是指在点与轴的辐射范围（有时也称腹地或"域面"）内由产品与劳务贸易网、资金、技术、信息、劳动力等生产要素的流动网及交通与通信等基础设施等所组成的综合网。

网络开发理论的基本含义是：依据空间—体化的一般规律，在增长极和发展轴影响范围不断扩大和区域点，轴体系完善后，开发重点应放在点—轴与其腹地之间综合网的建设上，以在较大区域内形成商品、资金、技术、信息、劳动力等生产要素的流动网络及交通、通信网。区域产业布局根据区内城镇体系和交通通信网络系统逐次展开，把网络的中心城市和主要城市作为高层次的区域增长极，把网络中的主轴线作为一级轴线，布局和发展区域中高层次的产业。

应该要明确主要节点之间，即主要城市之间的分工协作关系，充分发挥各城市的优势，建立具有特色的产业结构；提高区域各节点之间，各域面之间，特别是节点与域面之间生产要素交流的广度和深度，加强生产要素交流的广度和密度，促进地区经济—体化，特别是城乡—体化；同时，通过网络的外延，可将发展机会传播到更多的地区，加强与区外其他区域经济网络的联系，在更大的空间范围内，将更多的生产要素进行合理配置，使空间结构与产业结构更趋合理，促进经济全面发展。

（二）网络开发模式的运行机理及适用条件

1. 运行机理

交通网络、通信网络以及信息网络等是网络开发模式中的核心部分，它们构成网络开发模式的关键因素。有学者认为网络开发理论实质上是将经济开发由发展轴线向发展域面的延伸。它旨在进一步延长、拓宽增长极和发展轴，强化"点""轴"在经济发展中的辐射功能。通过网络发展，逐步实现区域经济的均衡协调发展。

当一个区域的经济活动都集中在一个狭小的地域范围内，并且当这种集中的规模达到一定程度以后，必定会产生一种集中的规模不经济，如土地价格的上涨、房地产价格的上涨等。所以区域发展到达一定阶段后，必须要进行网络开发。

这种网络的开发有两个方面的任务。

（1）对老区进行整治，进行再开发。中心环节就是对它的产业结构、空间结构进行调整，大力发展高新技术产业，要发展现代都市产业，不能发展一般性的、有一定技术含量的加工制造业，这些产业要向其他地区转移。

（2）要对新区进行开发，应选择一些重点的开发路线、重点地区进行开发，这样更能构成一个区域开发的网络，经济发展才能达到均衡。

有学者认为网络开发理论是在一个区域的经济发展到一定阶段以后，这个地区形成了增长极（即各类中心城镇）和增长轴（即交通沿线），增长极和增长轴的影响范围不断扩大，在较大的区域内已经形成了商品、资金、技术、信息、劳动力等生产要素的流动网及交通、通信网。在此基础上，网络开发理论强调加强增长极与整个区域之间生产要素交流的广度和密度，促进地区经济一体化，特别是城乡一体化。同时，通过网络的外延，加强与区域外其他区域经济网络的联系，在更大的空间范围内，将更多的生产要素进行合理配置，促进区域经济的全面发展。

2. 适用条件

就目前而言，学者普遍认为网络开发模式属于较高层级的开发模式，一般要在区域经济发展到一定阶段并具备相应的条件以后才能适用该开发模式。魏后凯认为，网络开发模式的运用有其具体的前提条件：第一，要经过前两个阶段的开发，即要经过增长极开发和点—轴开发两个阶段以后才能运用网络开发；第二，一个地区的经济实力已经达到一定阶段，综合经济实力较强，有较好的经济基础；第三，这个地区应该进入工、世化的中后期阶段。

（三）信息时代的网络开发模式

1. 新空间极化过程

随着由资源经济向信息经济和知识经济的转变，核心与边缘区之间原有的社会经济联系都发生了很大的变化，从而带来核心与边缘区的空间重构。传统模式下核心与边缘区的空间关系（图3-1）和信息发展模式下的核心与边缘关系的互动模式（图3-2）存在很大差异。

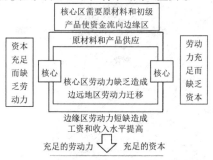

图3-1 渐进或平衡过程中的核心边缘关系

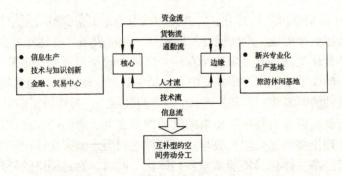

图3-2　信息发展模式下核心与边缘的互动关系

在传统工业化发展模式下，边缘为核心提供原材料和劳动力，而核心的工业产品不断流向边缘。核心与边缘之间渐进的平衡关系依靠原材料、成品、工资及劳动力来维持。

在国际化和信息化的影响下，分布式的通信网络结构有利于信息的多方占有，核心不再高度垄断信息，信息的严重不对称得到缓解或改善；传统的要素通过等级扩散的形式进行空间流动时需耗损较大能量，而网络化的要素流动在信息技术的支撑下将损耗降低到最小，便于要素的自由流动。同时，基于信息节点的组织结构有利于核心与边缘的协调与关系重构；网络化的互动能最大限度地调动企业、政府与研究机构及个人的参与性。因此，这时极化的基础和形式及其所带来的效应都将发生变化。

2. 多层次极化模型

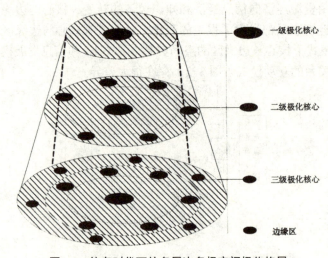

图3-3　信息时代下的多层次多极空间极化格局

在信息经济条件下，信息节点开始出现并成长成为区域空间新的增长极，进而，信息首都出现，高级城市功能不断集中，这样就创造了新的基于信息的城市等级结构。边缘区因技术不足而进一步边缘化，次级核心因边缘区一些功能的空间不断集中而不断出现，而边缘区也因此出现空间分化。最终，在特定的社会经济背景下，整个区域形成一个与外界环境相适应的、多层次的、开放的空间极化格局（图3-3）。不同等级的空间极化核心是该层面要素流动与社会经济发展的枢纽。边缘区因其某些专业化职能方面的优势与核心区形成互补、协作的发展格局。

3．从金字塔形的等级结构走向多中心网络结构

在信息经济时代，随着区域间不同等级城市横向联系的增强和新增长中心的出现及节点性质和功能变化所导致的功能联系的日趋复杂，空间结构将会出现多中心、扁平化和网络化的趋势（图3-4）。

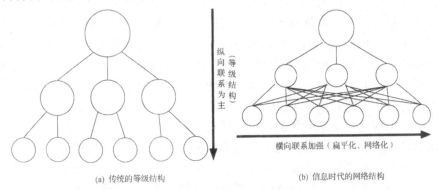

图3-4 区域空间的等级结构与网络结构的比较

4．网络结构的构成

随着信息化进程的加速，区域中的城市、居民、公司、社会和文化教育机构，甚至市政设施、政治决策等正在进入一个网络关系中。从理论上讲，网络组织是一个由活性节点组成的网络联结构成的有机组织系统。它不仅仅是信息网络、交通网络、产业网络、组织网络等，而且是由以上网络所承载的各项社会经济活动的网络化。

可以将网络分为物质及技术网络和组织支撑网络（图3-5）。前者是由各种各样的技术设施构成的网络结构的重要骨架，协同作用在其中是最重要的。后者则是非物质的组织支撑网络，也就是整个网络结构得以运转的社会组织保证。这些网络基本上是无形的，但往往以契约、文件或口头协

议等形式存在于一个社会制度、组织和人际关系的框架之中。

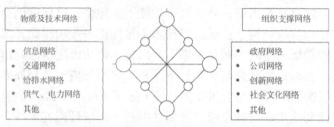

图3-5　网络化空间结构的构成

根据对网络组成的划分，网络化空间结构的存在有赖于以下的网络基础：①高效运转与高度整合的行政组织网络；②企业组织网络；③完善的产业链条；④充满活力的创新网络；⑤健全的市场网络（如资本、劳动力和技术市场，生产资料及商品流通市场等）；⑥复杂的社会关系网络；⑦统一规划、协调运转的基础设施网络（交通、邮政、电信、能源等）；⑧城镇网络。每一部分都非常重要，它们共同保证了整个区域空间系统的高效网络化运行。值得强调的仍然是信息网络，它的实时联系与互动，不仅有效组织了相邻城市之间的空间网络关系，而且将网络节点和整个网络纳入到了更高层次乃至全球系统中，从而使网络组织的密度、复杂性、连通性等方面都处于不断的变化与发展中，网络弹性也得到不断地强化。

综上所述，信息时代的区域发展及其空间结构越发表现为一个不断网络化的过程。网络开发的理论注重于推进城乡一体化，加快整个区域经济全面发展，有利于缩小地区间的发展差距。该理论应用的时机应选在经济发展到一定阶段后，区域之间发展差距已经不大，区域经济实力已允许较全面地开发新区的时候。中国发达地区，如长江三角洲和珠江三角洲等地，区域高速交通网络以及信息通信网络的发展，区域城市网络化的过程正在不断加速。而长江三角洲区域发展正日益呈现出一个多层嵌套、多中心的复合空间结构发展模式。

（四）区域网络开发模式的实践意义

网络开发理论的最大特点在于它有利于缩小地区间发展差距，促进区域整体均衡发展。增长极开发、点—轴开发都是以强调重点发展为特征，在一定时期内和一定条件下会扩大地区发展差距，而网络开发是以均衡分散为特征，将增长极、增长轴的扩散向外推移。该理论一方面要求对已有的传统产业进行改造、更新、扩散、转移；另一方面又要求全面开发新区，以达到经济布局的平衡。新区开发一般也是采取点—轴开发模式，而不是分散投资，全面铺开。这种新旧点—轴的不断渐进扩散和经纬交织，逐渐在空间上形成一个经济网络体系。网络开发模式一般适用于经济较发达地区或经济中心地区，在不发达地区不宜应用。网络开发理论注重于推进城乡一体化，加快整个区域经济全面发展。因此，该理论应在经济发展到一定阶段、区域之间发展差距已经不大、区域经济实力已允许较全面地开发新区的时候应用为宜。网络开发理论在发达地区应用取得了较好的效果，在我国珠江三角洲、长江三角洲地区，经济发展已达到了较高水平，网络开发已成为当地发展模式的主要选择。这一地区是我国城镇化水平最高，城乡差别最小的地区。选取网络开发模式的主要动因有两个：一是中心城市的生产成本日益加大，在利润最大化规律的作用下，生产要素向相对便宜的落后地区扩散和发展更加有利可图。二是当地政府的主动参与。政府加大了对不发达地区的基础设施投入，引导资金流向未开发第五，推进了城乡经济一体化发展。

第三节　促进区域经济协调发展

协调区域经济发展是保持整个国民经济持续、稳定、协调发展的不可或缺的手段，是各级政府管理与调控经济发展的长期任务。任何经济活动都会落实到一定的空间，经济发展的协调不仅需要部门之间、总供给与总需求之间的协调，而且需要区域之间的协调。

一、区域协调发展战略的提出及其依据

区域协调发展是科学发展观的重要内容之一。中国未来的区域战略将按照东部、西部、东北与中部四大战略区域展开，重点在于继续保持东部地区的快速发展，解决西部地区的落后问题、东北地区老工业基地的老化和萧条问题，并促进中部地区的崛起，形成区域经济合作的新格局。

区域经济协调发展战略的形成并不是偶然的，有其坚实的理论与现实依据。

从理论的角度来看，区域经济协调发展战略是区域经济规律的必然要求。区域经济发展生命周期规律、区域经济空间格局演变规律与区域经济合作规律都能够解释为什么要协调区域发展。

从区域经济发展生命周期规律来看，区域也像生命有机体一样，会经历一个由年青到成熟，再到老年这样一个生命周期阶段；当一个国家的发达区域开始接近中等发达水平时，发达区域会开始由成熟期进入老年期，

此时全国可能会出现多种区域病并发的局面。区域病是区域问题的通俗说法，一般包括落后病（即社会经济发展水平长期落后于其他区域）、萧条病（即经济曾经达到相当高的水平但由于结构调整不及时而导致主要产业衰退、失业率居高不下、经济增长速度低下）、膨胀病（即人口与经济活动高度密集以至于出现了严重的拥挤）以及地区矛盾与冲突加剧。在这些区域病有可能并发时，中央与地方政府为了保持一个国家或地区的竞争力，必须运用合理的区域规划与区域政策来治疗区域病，并协调不同区域间的关系。

从区域经济空间格局演变规律来看，以大都市为核心的区域经济一体化，是区域经济空间格局演变的一般规律。根据弗里德曼的研究，区域经济一体化过程可分为四个阶段，即独立的地方中心阶段、单一强中心阶段、强中心与少数次中心并存阶段，以及功能相互依存的城市体系（全面一体化）阶段。一般而言，当一个区域发展到第三个阶段后，只有积极推动相关地区的合作并化解地区之间的利益矛盾与冲突，才能尽快实现区域经济一体化。目前，中国的许多大都市地区处于第二或第三个阶段，通过有目的的合作，可促进并加速向全面一体化阶段演变的过程。

从区域经济合作发展规律来看，区域经济合作必须由政府主导型向企业主导型转变。中国的区域合作由 20 世纪 80 年代初兴起到 90 年代初步入低潮，到进入 21 世纪后再度引人注目，是区域经济合作规律的反映。始于 20 世纪 80 年代的区域合作是由政府推动的。然而，在 20 世纪 90 年代中期以来，政府主导型区域合作出现了明显的低潮。一些过去发展水平较高的区域，如京津冀都市圈，在 20 世纪 90 年代以来发展滞后，这主要是由于政府主导型区域经济合作没有及时随着形势的变化而向企业主导型区域合作转变。加强区域内各地区的合作，表明区域经济合作规律已经开始发生作用，要求各级政府积极推动企业主导型区域经济合作。

从现实的角度来看，区域经济协调发展战略是中国国民经济与区域经济发展到一定阶段的必然要求。中国进入了全面建设小康社会阶段后，各种区域问题的出现有一定的必然性，重视区域经济协调发展，不仅是解决各种区域问题的需要，而且也是增强整个中国竞争力的需要。

20 世纪 90 年代以来，中国各地区的社会经济发展环境发生了根本性变化，再加之东部城市地区逐渐接近中等发达水平，区域问题开始复杂化，出现了多种区域问题并存的局面，主要的问题有：区域差距扩大，西部地区的落后问题在短期内难以解决；东北地区等老工业基地的老化问题突出；东部一些城市地区的膨胀问题开始显现；中部六省的相对地位下滑；地区之间的利益矛盾与冲突没有得到缓和，第三轮区域经济冲突已经出现。

地方政府热衷于发展区域经济，是由于各个地区单打独干已经不可能适应全球化和一体化的趋势。各级政府重视区域经济的具体原因有三个方面。

（1）在 20 世纪八九十年代，中国各地区间发生了两轮激烈的地区经济冲突，进入 21 世纪后第三轮冲突出现，各地区都深受其害，这是各级地方政府寻求新的区域合作方式的重要原因之一。

（2）在日益开放的环境下，一个地区的发展受其他地区的影响越来越大，而且对其他地区的影响也越来越大，在这种背景下，不考虑大范围区域影响的地区就会成为井底之蛙，故步自封。

（3）一个地区虽然有一定的优势，但总是存在一些劣势。现代社会经济发展需要多种资源，包括原材料、便利的交通、高素质的技术劳动力、研究与开发机构等，单个地区一般不具有所有这些条件，特别是一些落后病或萧条病严重的地区。如果在区域层次上合作，就有可能实现相关地方之间的优势互补。因此，在发展经济时，各个地方必须寻求政策、规划与发展等方面的合作。

无论是西部大开发，还是东北地区等老工业基地的振兴，都不是事关个别类型区域的事情，而会影响全国的整体发展。中央政府之所以会提出"统筹区域发展"的要求，并重视长江三角洲与京津冀都市圈这类发展水平较高的区域的规划，原因就在于：首先，统筹区域发展，是鉴于中国已经发展到了多种区域病可能并发的阶段。只有通盘考虑西部的落后病、东北的萧条病与东部部分城市出现的膨胀病，才能防止中国追赶发达国家的步伐因受区域病困扰而放缓。其次，重视东部都市区域的规划，也是统筹区域发展的一个具体要求。由于中国的经济重心位于东部地区，中央政府支持西部大开发和东北地区调整与改造的政策资源，主要来源于东部地区。现阶段仍然需要推动东部核心区域的发展，以便为统筹解决各种区域问题提供强有力的支持。

二、区域经济协调发展的必要性

（一）区域经济协调发展是我国经济发展的必然要求

从发展经济学的观点看，协调区域间的关系，促进各区域共同发展，是关系到整个国民经济能否实现持续、稳定、健康发展的根本性问题。只有保持各区域发展的差距相对较小、区域关系和谐的局面，才是一个国家或一个区域国民经济健康发展的表现。就中国而言，专家认为："中国中西部地区发达之日，就是中国现代化实现之时"是十分有道理的。具体来看，区域经济协调发展对我国经济发展的必要性表现在以下几个方面。

1. 区域经济协调发展是要破解地区差距扩大的难题

地区发展差距主要是指地区间社会经济综合实力水平的差距，包含了地区间经济、社会以及影响经济和社会发展的各方面要素的差距。地区发展差距已成为实现全面建成小康社会宏伟目标和构建和谐社会过程中必须认真研究解决的重大问题。因比较对象的不同，地区差距可以划分为不同的层次，这里主要以经济指标为主。在经济发展过程中，由于市场的自发作用，优质要素会不断流向发达区域，导致区域间的经济发展水平差距不断拉大，区域间的两极分化加剧，"阳光地带"和"冰冻地带"尖锐对立。当前，我国的地区差距呈以下几点特征。

（1）投资增长推动下的工业化进程导致地区经济结构差距继续存在。

第一，各地区工业化程度继续提高，东部依然保持着最快的工业化速度。

第二，在各地区需求结构中，投资所占比重大幅上升，相应地消费所占比重大幅下降。东、中、西部三大地带投资所占均大幅上升，其中中部上升最多，相应地消费所占比重均大幅下降；净出口所占比重基本稳定，东部和中部略有下降。

（2）地区经济发展差距尤其是地带间差距仍在扩大。

第一，东部经济继续保持了最快的增长速度，西部增长速度有所加快，造成东部在全国经济中的相对地位继续上升。

第二，西部人均 GDP 增长速度最快，与东部的相对差距略有缩小，但绝对额在三大地带中仍然最低，东部与中、西部的人均 GDP 相对差距基本稳定。

（3）城乡收入差距是地区间人民生活水平差距的主要组成部分。

各地区城乡差距不断扩大，西部城乡差距最大并一直高于全国平均水平，中部城乡差距扩大最快，但仍低于全国平均水平。

中国无论从何种层面衡量，区域差距和区域发展的失衡都是不容乐观的现实。继 20 世纪 80 年代沿海发展战略、90 年代末西部大开发战略之后，全面贯彻统筹区域经济社会协调发展的战略布局，坚定不移地实施西部大开发战略，振兴东北地区等老工业基地，继续鼓励东部地区加快发展，有条件的地方率先实现现代化，实行东西互动，带动中部发展已成为我们的基本国策。目前西部提速，东北攻坚，东部保持，东西互动，拉动中部，是我国正在形成的区域发展新格局，而区域经济协调发展，建立促进区域经济协调发展的机制，对于促进我国经济社会全面、持续、稳定和健康发展的意义则是不言而喻的。

2．区域协调发展是解决中国经济发展过程中现实矛盾的有效方法

中国经济高速发展了 30 多年，其中前 20 年主要是粗放发展，以 1998 年进入通货紧缩为标志开始走上集约化道路。从粗放式进入集约型经济，土地、资本、劳动力、科技等生产要素的配置效率得到迅速提高。无论是国企还是民企、外企，在激烈的竞争逼迫下，努力压低成本，按照比较优势原则集约配置资源，跨地区兼并企业或将生产外包。这些企业以理性的行为，不断地推进区域经济一体化。而且在区域竞争的情况下，成熟的企业开始在不同地区进行选择，它们倾向于在政府公共职能发挥出色的区域进行投资，进而对不同行政区域之间政府的合作提出更大的挑战。随着国有资本从竞争性领域的退出，迅速崛起的民间资本和累计 5 000 多亿美元的国外直接投资正在成为加速促进区域经济一体化的主力军。对于仍然存在的区域壁垒，必须通过有效统筹区域发展，充分发挥市场机制的作用，让"看不见的手"迸发出越来越大的力量，直至最终完全扫除区域间"看不见的墙"，使各种经济发展过程中的矛盾得以化解，让商品和生产要素流动畅通无阻。

3．区域经济协调发展是宏观经济持续健康发展的要求

在企业没有完全成为我国发展市场经济的主体、中央政府宏观调控不完善和力度不够的情况下，地方政府作为区域经济的主体，为了维护本区域利益，防止在区域经济差异扩大过程中本区域利益受损，势必又会出现新的地方保护主义行为和短期行为，导致区域之间的经济矛盾与冲突。

发达地区发展到一定程度后通常出现以下两方面的要求。

（1）进一步开拓市场的要求。发达地区经济高速发展，供给大幅度增加后，必须有需求的增加相互配合，即必须通过开拓市场、扩大销售量才不至于造成产品积压，从而保障正常的生产循环。

（2）转移产业的要求。由于本地要素（劳动力、原材料、能源、土地等）的成本上升，导致企业经济效益下降，并出现生产和生活拥挤、环境质量下降、交通紧张等问题，不仅影响正常生产，而且对本地人口的正常生活造成不利影响。

解决这两个需求的有效方式是将一部分产业转移出去。否则，经济就没有持续增长的后劲，势必出现衰退的局面。而欠发达省区与相对发达省市之间的经济差异过大，就会重演西方资本主义国家中核心区与边缘区发展不协调的历史。实施区域协调发展是增强发展后劲，继续保持经济高速增长的必然选择。

（二）区域经济协调发展是实现共同富裕的要求

从我国的社会主义制度来看，消灭贫困、实现共同富裕是社会主义制度的本质要求。共同富裕的制度规定既确定了我国实施区域协调发展的目标，也确定了实施区域协调发展的目的。

区域经济发展不平衡，必然导致各地区居民收入的不平衡，贫富差距拉大。这种收入的差距并不是由于人们的能力及劳动付出的不同所造成的，而是由经济外部环境造成的，尤其容易引起群众的心理不平衡。在市场经济的持续发展中，贫富的对立会进一步引起收入分配更严重的不平衡，很容易造成各种社会矛盾，如民族矛盾、各阶层矛盾和利益集团矛盾的激化乃至政治动荡。这将导致国民经济运行的外部条件严重恶化。尽管在区域经济发展过程中，不可能使所有区域同时富裕起来，有一个先富与后富的时间序列问题，但是，也不能因此就认为在一些区域先富的同时，而把另一些区域置于贫困、落后状态而不顾，或让其"自生自灭"式的长期缓慢发展。若区域经济发展严重失衡，势必减弱这些区域对我国社会主义制度的向心力，引发社会动荡，这对我国社会主义建设的发展和国家政权的巩固是极为有害的。因此，只能通过合理的调节保持区域经济协调发展，尽可能地促进各地区人民群众共同富裕，才能保持团结一致、共同奋斗的良好政治局面和分工协作、区域互补的经济格局，保证国民经济持续快速健康发展。

（三）区域经济协调发展是全面建成小康社会的要求

1. 区域经济协调发展是人与自然和谐发展的需要

中西部地区地处内陆，气候相对干燥，尤其是西部地区，生态环境较为脆弱，由于过度地开垦、放牧和砍伐导致土地的荒漠化、沙漠化、水土流失严重。这一方面是由于人们的环境保护意识不够，另一方面由于中西部地区的经济发展长期相对滞后。地区经济增长主要是依靠消耗资源来实现，在资源的开发利用过程中缺乏对环境的保护，这就必然导致环境的恶化。促进区域经济的协调发展提高中西部地区经济增长的科技含量，减少资源的消耗，能够促进人与自然的和谐发展。

2. 区域经济协调是社会主义文化建设的需要

物质文明是精神文明的物质基础。要促进中西部地区的文化建设，就必须促进中西部地区的经济建设，促进区域经济协调发展。长期以来，中西部地区经济相对落后，与之相应地就是人们的思想观念封闭、保守，改革创新意识缺乏。这反过来又制约地区经济的发展，科技、教育发展缓慢，形成恶性循环。因此，促进区域经济的协调发展，也能促进全面建成小康社会的文化建设。

3. 区域经济协调发展是全面建成小康社会的重要目标

区域经济协调发展是全面建成小康社会的重要目标之一。改革开放以来，我国东中西部地区的经济差距呈现出不断扩大的趋势。各地区的小康社会的实现程度也存在着差别。在全面建成小康社会的过程中，我们非常有必要促进区域经济的协调发展。

当然这种发展不是完全平衡式的发展，而是一个动态平衡的发展过程。东部地区经过改革开放30多年的发展，经济相对发达，在全面建成小康社会的过程中，要建设宽裕的小康社会，甚至部分省市要率先实现现代化。而中西部地区小康实现程度相对较低，在全面建成小康社会的进程中要结合地区优势，迎头赶上，只有做到了地区经济的协调发展，我们的小康社会才是全面的小康社会，没有中西部地区的全面小康，就没有全国的全面小康。

三、中国区域经济协调发展机制的构建

促进区域协调发展，必须建立一个符合社会主义市场经济发展需要，能够实现共赢的新型协调发展机制。这种新型机制，包含利益分享机制和利益补偿机制，既要充分发挥市场机制在资源配置中的基础性作用，又要有效发挥政府规划和政策的积极引导和调控作用，并使各区域主体（居民、企业、企业集团、地方政府）积极参与区域分工与合作，并且都能互利互惠。健全区域经济协调发展机制要通过完善以下机制来实现（如图3-6所示）。

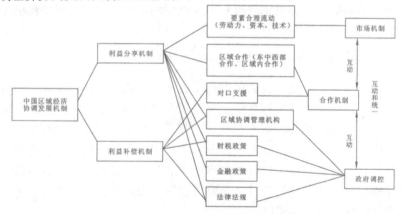

图3-6 中国区域经济协调发展机制

（一）市场机制

区域发展不均衡是自然的、历史的、经济的和政治的各种因素综合作用的结果。我国由于市场经济体制还不完善，突出表现在要素价格还没有充分反映其稀缺程度，特别是发达地区由于有财力对土地费用等要素价格进行补贴，在一定程度上阻碍了资金在区域间的自由流动。经济学理论证明，充分的要素资源流动，会通过一只"无形的手"，调节要素价格，最终形成区域间的均衡配置机制。崇尚自由竞争的北美国家，一般不制定主动的区域援助政策，主要的担心是它会造成市场的扭曲和依赖性；而促进落后地区发展，认为最重要的就是鼓励人口和资本流动、开展区域合作和教育培训。因此，在社会主义市场经济条件下，推进区域协调发展，首先必须打破地区封锁，加快建立全国统一市场，实现生产要素在区域间自由流动和产业转移，不能再靠行政命令调拨资源、靠计划安排项目来实现。

（二）合作机制

合作机制是在区域之间，由政府搭台、企业唱戏的机制。我国中西部地区具有资源优势，东部地区具有资金、技术和人才优势，通过发展横向联合，互通有无，互相支持，使东部地区的资金、技术和人才优势与中西部地区的资源优势结合起来，促进东部地区那些主要依靠中西部资源的产业向中西部地区转移，既可以避免资源大跨度大规模调动，降低全社会运输成本和交易成本，提高整体经济效率，也可以带动中西部地区的经济发展。建立制度化的区域合作机制，开展多层次、多形式、多领域的区域合作。加强统筹协调，在基础设施和公共服务建设方面加强协作，避免重复建设和资源浪费。充分发挥政府和中介机构的作用，建立区域合作的服务体系，鼓励区域合作方式创新。

（三）政府干预（宏观调控）

中央政府经济管理的重点是根据优势互补、整体协调的原则，对各个区域经济进行规划、指导和管理，根据不同区域的资源状况、发展潜力、地区优势实施有区别的区域发展政策，并保证区域发展政策的稳定性和连续性。在区域经济管理体制上，要调整中央与地方的管理职能，协调中央和地方的利益关系，逐步完善中央和地方的分级管理体系。中央政府还应通过完善促进区域经济协调发展的财税政策、金融政策、法律法规等，引导国内外投资者到中西部投资。

从市场机制和宏观调控的关系来看，双方是正向互动的关系。市场机制和宏观调控机制，从市场经济诞生的第一天起就始终是相伴相随的。割裂二者，无论哪种机制都无法单独有效地维护一种生产率最高、资源配置最优、市场主体行为约束最好的秩序。割裂二者，就相当于割断了东部发达地区资金技术的要素优势与中西部地区的资源优势的联系与互利，阻碍了区域经济发展的内生合作机制的形成和发达地区对落后地区的扩散效应或涓滴效应。

市场机制是一种"自然秩序"，宏观调控是一种"人为秩序"。无论是市场机制还是宏观调控都存在自身无法克服的缺陷，市场机制的缺陷需要宏观调控来弥补，除此之外任何扩大宏观调控作用范围和政府权力的倾向都应该防止；宏观调控的缺陷需要市场机制来纠正，政府失灵必然要求扩大市场机制作用范围。市场机制和宏观调控功能互补使二者不可分离。

而区域合作的发展程度与市场化水平和政府宏观调控方向密切相关。政府通过政策制定、完善服务体系，在市场机制的作用下，促进东部地区的资金、技术和中西部的资源开发相结合，开展互惠互利的区域合作。可见，区域合作必然伴随着劳动力、资金和技术等要素在区域间的流动，要素在区域间的流动规模和速度也决定着区域合作的广度和深度。政府的财税、金融、产业政策影响着各合作主体间的利益分配，直接关系到区域合作能否达成。而区域合作的实践又为政府宏观调控政策的出台提供了重要依据。

第四章　区域产业结构优化

区域经济发展中最能体现其本质差异的是区域产业结构。区域产业结构是区域经济活动中各产业之间及其内部的构成和比例关系。它是区域经济发展水平的内在标志。研究区域产业结构就是为了实现区域资源在各产业间的优化配置，促进区域产业结构合理化，从而获得最大经济效益。

第一节　区域产业结构概述

一、区域产业结构的内涵

（一）产业结构的含义

产业结构这个概念始于 20 世纪 40 年代，是指具有不同经济功能的各产业部门的构成及各产业部门之间的联系和比例关系。各产业部门的构成及相互之间的联系、比例关系不尽相同，对经济增长的贡献大小也不同。因此，把包括产业的构成、各产业之间的相互关系在内的结构特征概括为产业结构。

产业结构是在社会经济发展过程中形成的，是以某种标志将经济体系划分成若干个产业。产业之间的经济技术联系主要反映产业间相互依赖、相互制约的关系。产业间的数量比例关系，反映了各类经济资源在各产业间的配置情况，如资金、劳动力、技术等生产要素在不同产业之间的集聚，也反映了不同的产业对国民经济总产出的贡献度，如一定时期内的总产值、总产量和劳务、利税额在各产业间的分布等。

决定和影响一个国家或区域产业结构的因素有很多，主要可以划分为以下几类：

（1）资源供给结构。一国或特定区域自然资源的禀赋状况等在很大程度上决定着其产业结构，尤其是工业化中期之前的经济发展阶段，资源禀赋对产业结构的影响很大。另外，劳动力的数量与质量结构及资本供给状况对产业结构也有很重要的影响。

（2）科学技术结构与水平。技术进步弱化了经济发展对自然资源的依赖，但技术结构与技术水平影响着产业结构和产业演化的方向。

（3）需求结构与市场容量。它包括中间需求与最终需求的比例、社会消费水平和结构、消费和投资的比例、投资水平与结构等。市场容量决定着产业的规模与发展水平。

（4）国际经济关系。经济全球化和区域一体化的推进，无论是国家还是区域都能在全球范围内整合资源，开展国际分工与合作，这既有利于比较优势资源的利用，也有利于产业分工与产业发展。

（二）区域产业结构的含义

如果从地域空间结构角度来看产业结构演进，大体上有三个层次：地区产业结构，它主要研究行政区划范围的产业结构；区域产业结构，它属于地域上相邻、经济上相似、交通上相连的两个或两个以上地区产业结构的群体；国家产业结构，它是全国范围的产业结构大系统。本章将从两个层次上研究中国区域产业结构问题，一个是行政区域，如各省市产业结构；另一个是经济区域，如三大区域产业结构、七大经济区产业结构或三大经济圈产业结构等。

所谓区域产业结构，是指区域内各产业的组成状态和发展水平以及产业间的生产联系和数量比例关系。从静态来看，它是特定地区产业结构体的集合；从动态来看，它是由市场机制推动的一种地域经济过程，其范围具有相对性和不确定性。这种范围调整的实质是资源配置在不断扩大的地域空间范围内的流动和重组。

（三）区域产业结构的特征

1. 区域产业特征的识别

基于产业功能的划分，可以用"先导""主导"或"支柱"等来表示产业所处的不同状态。"先导"强调的是潜在的、未来的作用。先导产业是指那些在较长时间内其发展不会出现方向性偏离的产业。"支柱"强调的是经济规模，那些规模很大，但同期增长速度小于经济增长率的产业是支柱产业。而"主导"突出的是对经济增长的作用，对 GDP 增长推动作用大的产业才可能成为主，导产业。因此，在区域产业结构研究中，必须首先识别和判断不同产业的发展潜质和特征，以便从中选择主导产业。

2. 区域产业结构的特征

区域产业结构一般不能自成体系，而是各有重点，这就决定了区域产业结构具有以下特征：①区域产业结构中往往不具备国民经济的所有部门；②区域产业结构中一般都存在若干个在全国具有专业化分工优势的产业部门，各个区域产业结构系统之间存在明显差异；③各地区产业结构体的运动在区域产业结构体系内，不应该受到行政隶属关系的制约，区域内运行可能发生自组织行为；④区域产业结构系统之间相互补充、彼此开放；⑤区域产业结构的演进，既影响着国家产业结构的水平和方向，又受到国家产业结构政策调整的影响。

区域产业结构与全国产业结构的关系是：区域产业结构的演进影响着国家产业结构的水平和方向，区域产业结构调整则是在国家产业结构政策调整的框架下进行的。

二、区域产业结构的分类法

区域产业结构的分类法大体上可概括为一般分类法和功能分类法两大类。

(一) 区域产业结构的一般分类法

1. 基于社会生产活动历史发展顺序的三次产业分类法

三次产业分类法最早是由新西兰经济学家费希尔（Fisher）提出的，他在 1935 年所著的《安全与进步的冲突》一书中系统地提出了三次产业的分类方法及其分类依据，即所谓的第一产业、第二产业、第三产业。之后，英国经济学家科林·克拉克（C. G. Clark）在继承费希尔研究成果的基础上，采用三次产业分类法对三次产业结构的变化与经济发展的关系进行了大量的实证分析，总结出三次产业结构的变化规律及其对经济发展的作用。目前这种分类方法在研究产业结构理论中得到了广泛认同和应用。

三次产业分类法是把全部经济活动按照社会分工形式及经济活动的内在联系，划分为第一次产业、第二次产业和第三次产业。根据这一标准，第一次产业是指广义农业，包括种植业、畜牧业、渔业、狩猎业和林业；第二次产业是指广义工业，包括制造业、采掘业和矿业、建筑业，以及煤气、电力、供水等；第三次产业是指广义服务业，包括运输业、仓储业、批发零售业、金融业、保险业、房地产业、科学、教育、新闻、广播、公共行政和国防，以及社会服务、娱乐、个人生活服务、通信和信息产业等。

2. 基于生产要素密集程度的产业分类法

根据经济活动各部门对生产要素（资本、劳动力、技术、自然与人文资源等）的依赖程度，将经济活动各部门划分为资源密集型产业、资本密集型产业、劳动密集型产业和技术密集型产业。资源密集型产业通常指在生产过程中需要占用或消耗大量自然资源的生产部门，如农业、采矿业等。

资本密集型产业指生产技术装备程度较高、每个劳动力或单位产品所需或占用投资较多的生产部门，如钢铁工业、化学工业等。劳动密集型产业指生产技术装备程度较低，需大量使用劳动力进行生产活动的生产部门，如传统的纺织、服装、食品等轻工业部门。技术密集型产业（又称知识密集型产业）指需要运用复杂、先进、现代化的科学技术才能进行生产的生产部门。如高新技术产业。基于生产要素密集程度的产业分类法对研究区域生产要素优势以及规划区域产业结构具有重要意义，有助于各区域根据自身具体情况选择适宜发展的产业。

3. 基于社会部门性质的标准产业分类法

联合国工业组织 1971 年制定并审议了《全部经济活动的国际标准产业分类索引》，旨在统一世界各国产业分类，推荐各国政府在进行国际统计数据比较时使用。它的颁布实施为各国提供了用于各种经济活动分类比较的基本框架，成为国际统计数据对比和交流的工具。该分类标准的 1989 年第三版将产业类型细分为门类（section）、大类（division）、中类（group）和小类（class）四大层次。中国自 20 世纪 80 年代以来先后制定、公布了 3 个有关国民经济产业分类的标准，即 1985 年关于三次产业的划分（GB4754 —1984）、1994 年的《国民经济行业分类与代码》（GB／T4754—1994）、2002 年的《国民经济行业分类》（GB／T4754—2002）。2002 年的新标准立足中国国情，充分考虑了与国际标准的兼容、接轨，参照国际通行的经济活动同质性原则将整个国民经济活动细分为"类别"（即第一、第二、第三产业）、"门类"（国民经济大的部门）、"大类"（国民经济中的产业组成）、"中类"（各产业内部中行业的划分）、"小类"（涉及行业中的具体产品或工艺的划分）五大层次。其中，行业门类 20 个；行业大类 95 个；行业中类 396 个；行业小类 913 个。国民经济行业"类别""门类"和"大类"的具体分类内容如表 4-1 所示。

表4-1　中国国民经济行业分类标准

类别	门类（代码、名称）	大类（代码、名称）
第一产业	A 农、林、牧、渔业	01 农业；02 林业；03 畜牧业；04 渔业；05 农、林、牧、渔服务业
	B 采矿业	06 煤炭开采和洗选业；07 石油和天然气开采业；08 黑色金属矿采选业；09 有色金属矿采选业；10 非金属矿采选业；11 其他采矿业

续表

类别	门类（代码、名称）	大类（代码、名称）
第二产业	C 制造业	13 农副食品加工业；14 食品制造业；15 饮料制造业；16 烟草制品业；17 纺织业；18 纺织服装、鞋、帽制造业；19 皮革、毛皮、羽毛（绒）及其制品业；20 木材加工及木、竹、藤、棕、草制品业；21 家具制造业；22 造纸及纸制品业；23 印刷业和记录媒介的复制；24 文教体育用品制造业；25 石油加工、炼焦及核燃料加工业；26 化学原料及化学制品制造业；27 医药制造业；28 化学纤维制造业；29 橡胶制品业；30 塑料制品业；31 非金属矿物制品业；32 黑色金属冶炼及压延加工业；33 有色金属冶炼及压延加工业；34 金属制品业；35 通用设备制造业；36 专用设备制造业；37 交通运输设备制造业；39 电气机械及器材制造业；40 通信设备、计算机及其他电子设备制造业；41 仪器仪表及文化、办公用机械制造业；42 工艺品及其他制造业；43 废弃资源和废旧材料回收加工业
	D 电力、燃气及水的生产和供应业	44 电力、热力的生产和供应业；45 燃气生产和供应业；46 水的生产和供应业
	E 建筑业	47 房屋和土木工程建筑业；48 建筑安装业；49 建筑装饰业；50 其他建筑业
第三产业	F 交通运输、仓储和邮政业	51 铁路运输业；52 道路运输业；53 城市公共交通业；54 水上运输业；55 航空运输业；56 管道运输业；57 装卸搬运和其他运输服务业；58 仓储业；59 邮政业
	G 信息传输、计算机服务和软件业	60 电信和其他信息传输服务业；61 计算机服务业；62 软件业
	H 批发和零售业	63 批发业；65 零售业
	I 住宿和餐饮业	66 住宿业；67 餐饮业
	J 金融业	68 银行业；69 证券业；70 保险业；71 其他金融活动
	K 房地产业	72 房地产业
	I 租赁和商务服务业	73 租赁业；74 商务服务业
	M 科学研究、技术服务和地质勘查业	75 研究与试验开发；76 专业技术服务业；77 科技交流和推广服务业；78 地质勘查业
	N 水利、环境和公共设施管理业	79 水利管理业；80 环境管理业；81 公共设施管理业
	O 居民服务和其他服务业	82 居民服务业；83 其他服务业
	P 教育	84 教育
	Q 卫生、社会保障和社会福利业	85 卫生；86 社会保障业；87 社会福利业
	R 文化、体育和娱乐业	88 新闻出版业；89 广播、电视、电影和音像业；90 文化艺术业；91 体育；92 娱乐业
	S 公共管理和社会组织	93 中国共产党机关；94 国家机构；95 人民政协和民主党派；96 群众团体、社会团体和宗教组织；97 基层群众自治组织
	T 国际组织	

此外，还有其他多种产业分类法。如轻、重工业分类法；轻、重、化工业分类法；传统产业和高新技术产业分类法；夕阳产业和朝阳产业分类法等。

区域经济是一国国民经济巨系统中的子系统。区域产业结构分析研究所采用的产业分类法均是一般性国民经济产业分类法在区域产业分类中的具体运用。

（二）区域产业结构的功能分类法

产业功能分类，即从产业链的角度出发，着重考察各产业间的关联程度和方式，以社会再生产过程中产业的相对地位、作用和功能为标志，将产业划分为潜导产业、主导产业、关联产业（配合和围绕主导产业发展的产业）、基础产业等。

1. 潜导产业

潜导产业是指当前规模小、对区域经济增长影响有限，但代表未来产业发展的方向的产业，是科技含量高、发展潜力大、成长空间广阔的产业。这类产业有可能成为未来的主导产业。

2. 主导产业

主导产业是支撑区域经济发展，并决定在地域分工体系中的地位和作用的部门，是整个区域经济发展的支柱和核心，决定着区域经济的发展方向、速度和规模。主导产业部门一般具有以下三个特征：第一，主导产业部门增长速度快、规模大，对区域经济发展起到支撑作用；第二，主导产业部门的回顾效应和旁侧效应渗透到整个经济系统；第三，主导产业部门能够诱发产生新一代的主导产业。

3. 关联产业

关联产业是围绕主导产业发展起来的配套产业部门，一般分为四个部分：后向关联产业，为主导产业提供产前服务的产业；前向关联产业，为主导产业提供产后服务的产业；侧向关联产业，为主导产业提供产中服务的产业；下向关联产业，也称为区域自给产业，主要为区域提供消费用品等服务。

4. 基础产业

基础产业是为社会生产、生活、服务等提供保证条件的产业部门。根据其主要服务对象，大体可以分为生产性基础产业、生活性基础产业和社会性基础产业。

由于产业功能分类法能较好地体现区域劳动地域分工的要求，能体现区域内各产业的地位、功能和作用，以及相互间联系的密切程度，它是区域产业经济分析中常用的一种区域产业分类法，是进行区域产业结构配置、规划的一种理想工具。

三、区域产业结构演进的规律

所谓产业结构的演进，就是产业部门结构的重心随经济发展阶段顺次变化或升级的过程。产业结构演进理论旨在解释产业结构变动的方向、内容和途径。运用产值或国民收入、就业人数等指标分析这些变化，可以看出产业结构演进有一些规律可循。

(一) 产业结构演变的一般趋势

1. 产业结构的演变与工业化发展阶段相关

产业结构的演化一般而言有四个阶段，即前工业化时期、工业化中期、工业化后期和后工业化时期。在前工业化时期，第一产业产值在国民经济中的比重逐渐缩小，其地位不断下降；第二产业有较大发展，工业重心从轻工业主导型逐渐转向基础工业主导型，第二产业占主导地位；第三产业也有一定发展，但在国民经济中的比重还比较小。在工业化中期，工业重心由基础工业向高加工度工业转变，第二产业仍居第一位，第三产业逐渐上升。在工业化后期，第二产业的比重在三次产业中的地位占有支配地位，甚至占有绝对支配地位。在后工业化阶段，产业知识化成为主要特征。产业结构的发展就是沿着这样的一个发展进程由低级向高级走向高度化的。

2. 主导产业的转换过程具有顺序性

产业结构的演进有以农业为主导、轻纺工业为主导、原料工业和燃料动力工业等基础工业为重心的重化工业为主导、低度加工组装型的工业为主导、高度加工组装型工业为主导、第三产业为主导、信息产业为主导等几个阶段。

3. 三大产业具有依次替代的性质

一般而言，产业结构的演进是沿着以第一产业为主导到第二产业为主导，再到第三产业为主导的方向发展的。

4. 产业结构演进的阶段区间具有可塑性

产业结构由低级向高级发展的各阶段是难以逾越的，但各阶段的发展过程可以缩短。从演进角度看，后一阶段产业的发展是以前一阶段产业充分发展为基础的。只有第一产业的劳动生产率得到充分的发展，第二产业的轻纺工业才能得到应有的发展，第二产业的发展是建立在第一产业劳动生产率大大提高的基础上，其中高度加工组装型工业的发展又是建立在原料工业和燃料动力工业等基础工业的发展基础上。同样，只有第二产业的快速发展，第三产业的发展才具有成熟的条件和坚实的基础。

（二）区域产业结构演进的时序规律

1. 配第—克拉克定律

对产业结构演变及其动因做出最早研究的当推英国经济学家威廉·配第（William Petty）。早在 17 世纪，他在其著名的《政治算术》一书中描述了不同产业之间的收入差异，并将这种差异与劳动力就业结构联系起来。他说："工业的收益比农业多得多，而商业的收益又比工业多得多。"[①]这种产业之间的收益差异会推动劳动力由低收入产业向高收入产业流动。这就是所谓的配第定律。

配第的这一发现一直没被重视，直到 20 世纪 50 年代，英国经济学家科林·克拉克（Colin Clark）在其出版的《经济进步的条件》一书中研究经济发展与产业结构变化之间的关系时提出了三次产业分类，并通过对 40 多个国家的截面和时序统计进行分析，得出结论：随着人均国民收入水平的提高，劳动力首先由第一产业向第二产业转移；当人均国民收入水平进一步提高后，劳动力便由第二产业向第三产业转移。这就是著名的克拉克定律。

由于克拉克定律是建立在配第定律基础之上的，或者说是对配第观点的印证。因此，经济学说史上将配第的观点和克拉克的观点综合称为"配第—克拉克定律"。"配第—克拉克定律"不仅从一个国家或地区经济发展时间序列分析中得到印证，而且可以从处于不同发展水平的国家或地区在同一时点上的横断面比较中得到类似结论。即人均国民收入水平越高的国家或地区，农业劳动力在全部劳动力中的比重相对越小，而第二、第三产业的劳动力所占比重相对就越大；反之，人均国民收入水平越低的国家或地区，农业劳动力所占比重相对越大，而第二、第三产业劳动力所占比重相对就越小。

2. 库茨涅兹法则

克拉克主要总结了劳动力在产业间分布变化的规律，并进一步总结其变化的主要动因是不同产业收入的差异。而研究产业结构演进规律，不仅

---

① 威廉·配第. 政治算数[M]. 北京：商务印书馆.

需要知道各产业吸收劳动力的状况，更重要的是要揭示三次产业结构演变与国民经济发展的关系，以及在国民经济发展中，三次产业各自的贡献及其变化规律。

美国著名经济学家库茨涅兹对这个问题进行了深入的研究。库茨涅兹在他的著作《各国的经济增长》一书中，从国民收入和劳动力这两个方面，对伴随经济发展而出现的产业结构演变规律作了分析研究，得出结论：

第一，随着国民经济的发展，区域内第一产业实现的国民收入在整个国民收入中的比重与第一产业劳动力在全部劳动力中的比重一样，处于不断下降之中。

第二，在工业化阶段，第二产业创造国民收入的比重及占用劳动力比重都会提高，其中前者上升的速度会快于后者。在工业化后期特别是后工业化时期，第二产业的国民收入比重和劳动力比重会不同程度地下降。

第三，第三产业创造国民收入的比重及占用劳动力比重会持续地处于上升状态，其中在工业化中、前期阶段，其劳动力比重的上升速度会快于国民收入的比重。这样，在整个工业化时期，产业结构的转换就表现为第一产业创造财富和吸收就业的份额逐渐转移到第二产业和第三产业，其中，在工业化中前期，第二产业逐渐成为财富的主要创造者，而第三产业则是吸收劳动力的主要场所；到工业化后期以后，第二产业创造财富的比重也开始下降，第三产业则成为经济发展的主体，既是财富的主要创造者，也是吸收劳动力的主要场所。

因此，在工业化过程中，三次产业的发展是相辅相成的。如果第二产业总量增长很快，而第三产业发展滞后，那么必然表现为第二产业在 GDP 总额中的比重得到很快增加，但是劳动力转移过程受阻，大量的劳动力滞留于低效率的第一产业，城市化水平难以提高。在中国和很多发展中国家都存在类似的矛盾。

3. 罗斯托的主导产业扩散效应理论和经济成长阶段论

美国经济史学家罗斯托采用部门总量分析方法，总结了发达国家经济成长的经验，提出了发展中国家工业化道路的基本模式。他认为，无论在任何时期，甚至在一个已经成熟并继续成长的经济体系中，经济增长之所以能够保持，是因为为数不多的主导部门迅速扩大的结果，而这种扩大又产生了对产业部门的重要作用，即产生了主导产业的扩散效应，包括回顾效应、前瞻效应和旁侧效应。

罗斯托根据科学技术和生产力发展水平，将经济成长的过程划分为六个阶段，即传统社会阶段、"起飞"准备阶段、"起飞"阶段、成熟阶段、高额群众消费阶段、追求生活质量阶段。在这六个阶段中，每个阶段的演进都是以主导产业部门的更替为特征。他认为，无论在哪一个阶段，甚至在一个已经成熟并继续成长的经济中，前进冲击力之所以能够保持，是由于为数有限的主导部门迅速扩大的结果，而且这些部门的扩大，又产生了具有重要意义的对其他产业部门的作用，即产生了主导产业的扩散作用，包括回顾效应、前瞻效应和旁侧效应。

4. 钱纳里标准结构

库兹涅茨的研究是以发达国家为对象的，而对于典型的二元经济的发展中国家或地区是否适用呢？20 世纪 60 年代以来，一些经济学家对经济增长与结构演变进行了更加深入而广泛的研究。其中，美国经济学家霍利斯·钱纳里（Hollis Chenery）的"标准结构"最具影响。

钱纳里利用 101 个国家 1950—1970 年的统计资料进行归纳分析，构造出一个著名的"世界发展模型"，由发展模型求出一个经济发展的"标准结构"，即经济发展不同阶段所具有的经济结构的标准数值。他认为，在经济发展的不同阶段，有着不同的经济结构与之相对应。如当人均国民收入达到 400 美元时，农业的产值份额为 22.8%，工业的产值份额为 27.6%，服务业的产值份额为 41.1%，基础设施的产值份额为 8.5%；农业的就业份额为 43.8%，工业的就业份额为 23.5%，服务业的就业份额为 32.7%。随着经济的不断发展，产业结构呈现出有规律的变化，如当人均国民收入由 400 美元飞跃到 1 000 美元时，农业的就业份额降至 25.2%，工业的就业份额升为 32.5%，服务业的就业份额升至 42.3%。这为分析和评价不同国家或地区在经济发展过程中产业结构组合是否"正常"提供了参照规范，同时也为不同国家或地区根据经济发展目标制定产业结构转换政策提供了理论依据。

5. 霍夫曼工业化经验法则

德国经济学家霍夫曼对工业化问题进行了许多富有开创性的研究，提出了被称为"霍夫曼工业化经验法则"的理论。霍夫曼认为，工业化过程中各工业部门的成长率并不相同，因而形成了工业部门间的特定的结构变化，而且具有一般倾向。这个不同的成长率是由于以下因素的相互作用引起的：生产要素（自然资源、资本、劳动力）的相对数量、国内市场与国际市场的资源配置、技术进步、劳动者的技术熟练程度、消费者的兴趣爱好等。

根据霍夫曼系数，即消费资料工业净产值与资本资料工业净产值的比例，把工业化分为四个阶段。

第一阶段：消费资料工业在制造业中占统治地位，霍夫曼系数为（5±1）左右。

第二阶段：资本资料工业的增长速度高于消费资料工业，但消费资料工业在制造业总产值中所占的比重仍大于资本资料工业比重，霍夫曼系数为（2.5±0.5）左右。

第三阶段：消费资料工业所占比重与资本资料工业比重大致相同，霍夫曼系数约为（1±0.5）。

第四阶段：资本资料工业占主导地位，霍夫曼系数降到 1 以下，这一阶段被认为实现了工业化。

在实际应用中，霍夫曼系数往往用轻工业品净产值与重工业品净产值的比例来表示。霍夫曼的工业阶段论阐述的主要是工业化过程中重化工业阶段的演变情形。它表明在工业化早期，工业结构以轻工业化为主，加工程度较低。随着工业化的发展，加工程度高的重化工业和机械加工业必定优先发展，从而在总产出中的比重增加，即霍夫曼比例越小，重工业化程度越高，工业化水平也就越高。

6. 赤松要的"雁行理论"

日本经济学家赤松要于 1960 提出了著名的"雁行理论"，这一理论揭示了发展中国家参与国际分工实现产业结构高度化的途径，认为发展中国家的产业发展应遵循"进口—国内生产—出口"模式，使其产业相继更替发展。

第一只"雁"是进口浪潮。由于发展中国家的产业结构脆弱、国民经济体系不完善，而市场又是对外开放的，外国产品大量进入后进国家的市场。

第二只"雁"是进口所引发的国内生产浪潮。国外新产品进入后，国内市场开始逐步扩大，发展中国家可以充分利用模仿、引进和利用进口产品的生产工艺与技术"并使之与本国的廉价劳动力和优势自然资源相结合，不断增加该产品的国内生产。

第三只"雁"是国内生产促进出口浪潮。后进国家生产达到一定规模后，由于本国的劳动力和自然资源优势，加之技术转化率和转化速度的提高，具备了更大的成本优势，在国际市场上具有较大的竞争优势，开始大量出口商品并占领国际市场。

（三）三次产业结构演变的动因

三次产业结构的演变是客观的，是由各产业产品需求的收入弹性以及各产业技术进步和技术结构特征等因素所决定的。

1. 需求的收入弹性禅意是产业结构演变的基本动因

某产业的收入弹性系数=该产业产品需求的增加率／人均国民收入的增加率

一般来说，如果某产业产品的收入弹性系数小于1，则意味着人们在增加的收入中，用于购买该产业产品的比重在下降。随着经济的发展和收入的增加，该产业产品的市场处于相对萎缩状态，那么该产业在经济发展总量中的比重也会下降。反之，如果某产业产品的收入弹性系数大于1，则说明人们将新增加收入的较大比例用于购买该产业的产品，随着人们收入的增加，该产业具有不断扩大的市场潜力和发展空间，其在国民经济总量中的比重会逐步增加。产业收入弹性越高，在国民经济发展中的比重的提高速度也越快。

一般认为，当人们进入温饱型社会以后，第二产业及第三产业的收入弹性开始大幅度上升。德国著名社会统计学家恩格尔曾经研究了以食物支出为代表的农产品需求与人们收入水平之间的关系，并得出随着人们收入水平的不断提高，食物支出在消费品总支出中的比重不断下降的结论。

人们将食物支出在消费品总支出的比重称为恩格尔系数，恩格尔系数＝食物支出／消费品总支出。

用恩格尔系数可以判断生活水平的高低。联合国颁布的恩格尔系数分级为：最富裕：20%以下；富裕：20%～40%；小康：40%～50%；温饱：50%～59%；绝对贫困：59%以上。

2. 各产业技术进步及技术结构特征是决定产业结构演变的第二因素

技术进步是经济发展的基本动力。三次产业由于各自特性的不同，在生产过程中对技术进步的感应也完全不同，主要表现为技术进步在促使各产业降低成本、实现规模经营、提高劳动效率方面有完全不同的特点，从而决定各产业在国民经济发展中功能和地位的变化。

农业经济是一个半自然的再生产过程，生产周期长，受自然力的约束大，生产效率提高缓慢，农业技术进步比工业要难得多。同时，由于农产品的低收入弹性使农产品价格始终处于相对（相对于工业品和服务来说）较低的水平，成本高，价格低，创造财富的规模和能力提高缓慢，与快速发展的第二产业和第三产业相比，农业占GDP的比重趋于下降。另一方面，技术进步对农业发展的促进作用始终存在，并为提高农业劳动生产率创造条件，农业劳动生产率的提高使等量规模的农业活动对劳动力的需求减少，加上作为农业发展基本生产资料的土地的有限性，致使劳动力不断地从农业中分离出来，农业占用劳动力的比重不断减少。

大规模集约化生产是第二产业的基本特征。大机器生产能够最大限度地利用最先进的技术，最直接地实现创新和技术进步，并且具有显著的规模经济效益。因此，技术进步对第二产业影响巨大，并促使工业产品成本不断下降，生产效率不断提高，使第二产业成为工业化过程中对 GDP 增长贡献最大的部门。

三次产业技术进步及技术结构特征的不同，决定了它们在技术进步过程中创造财富能力的增长状况不同，以及它们对劳动力需求的不同，从而决定了三次产业在经济发展中对比关系的变化。只要技术进步过程不断进行，那么三次产业之间的演变规律就会客观地起作用。

3. 劳动力的部门转移加速了三次产业结构的演变

从第二产业吸收劳动力的状况看，在工业化初期和中期，工业行业不断增加，各行业发展规模也不断扩大，因而其吸收劳动力比重趋于上升；但是由于工业技术进步快，工业资本有机构成不断提高，致使等量工业资本吸收劳动力减少，这两者力量的对比决定工业部门对劳动力的吸收情况。工业内部结构由劳动密集型向资金密集型进而向技术密集型转换，工业增长的主要动力也由劳动力的增加转向资金投入的增长及技术水平的提高。这样，当工业发展到一定阶段后，工业所需劳动力的相对量和绝对量都增长极慢，甚至会出现下降的现象。工业化时期，工业创造国民总收入比重的不断增加与吸收劳动力由相对缓慢的增加到相对减少并行不悖。

第三产业提供的商品是"服务"，决定了第三产业不能够像第二产业那样实现，大规模生产，它始终具有劳动密集型的特性，技术进步对降低成本的作用不如第二产业明显。但是，它能够解决工业化过程中第二产业难以解决的大规模就业问题。到工业化的中后期，第三产业的发展以新兴服务业为主。新兴的第三产业既保留了劳动密集型特性，又具备技术密集型特性，从而既是吸收劳动力的主要场所，又是创造国民财富的主要力量。

4. 主导产业的更替

从主导产业转换过程看，产业结构的演进沿着如下路径发展：农业为主导→轻纺工业为主导→原料工业和燃料动力工业等基础工业为重心的重化工业为主导→低度加工组装型的工业为主导→高度加工组装型工业为主导→第三产业为主导→信息产业为主导。

第二节 区域产业结构配置和优化

一、决定和影响区域产业结构的因素

区域产业结构的形成与优化，不仅取决于区域的内部因素，而且也受到来自区域外部环境条件的影响。区域内部因素是决定区域产业结构的内因，区域外部环境条件是影响区域产业结构的外因。区域产业结构的最终配置是区域内部因素和外部环境条件综合作用的结果。

（一）决定区域产业结构的内部因素

1. 区域自然条件

区域自然条件是区域经济活动赖以进行的自然物质基础，也是体现区域差异和区域优势的最基本条件，对区域产业结构产生重要的影响。区域自然条件主要包括区域的地理位置和区域的自然资源。首先从区域地理位置上看，区域的地理位置是某区域所处的地域空间位置，包括区域的区位、地貌、气候、水文、交通等方面的状况。由于区域具有不可重叠的地理特征，因而每一区域必然处于不同的地域空间，也就产生区域地理位置差异和生态环境差异。各区域不同的地理位置和生态环境带来不同的区域产业结构和人们的生产生活方式。比如中国东、中、西部地区，由于处于不同的地理区位上，其产业结构就各不相同。其次从区域自然资源上看，区域自然资源是在各区域中蕴藏的、可以被人们开发利用的各种自然物质和能量。由于天然因素，自然资源分布在各不同区域状况是不平衡的，存在着明显差异，开发利用区域自然资源就必然带来相关产业的形成和发展。一般来说，丰裕的区域自然资源往往成为区域主导产业的优先选择。如山西煤炭资源十分丰富，煤炭就成为山西经济发展的主导产业；辽宁的铁矿资源蕴藏量较大，黑色金属则成为辽宁的主导产业；贵州水能资源充裕，能源则成为贵州的主导产业。

当然，自然条件对区域产业结构的影响，会在经济发展的不同阶段有所不同。一般来说，在经济技术比较落后的时期，区域自然条件在较大程度上决定着区域产业结构。但随着经济的不断发展和生产技术水平的逐步提高，自然条件对区域产业结构的影响将逐渐减小。经济越发达，对自然条件的依赖就越小。比如日本的自然资源十分贫乏，但其产业结构水平非常高度化。

2. 区域人力资本

区域内人力资本的数量和质量是直接影响所在区域生产力高低的重要因素，也极大地影响着区域经济的产业结构。从数量上看，若区域人力资本供给充裕，其价格就会低廉，就会吸引投资者将资本投向劳动密集型产业，从而促进劳动密集型产业的发展；若区域人力资本供给短缺，其价格就会偏高，投资者就会倾向于将资本投向劳动力运用较少的资金密集型产业，从而推动资金密集型产业的发展。从质量上看，区域人力资本质量的高低决定着区域产业结构的水平。低质量的人力资本必然带来区域产业结构的低水平，高质量的人力资本才能推动区域产业结构向高度化演变。

3. 区域科技水平

科学技术是第一生产力，区域科技水平是推动区域经济增长和决定区域产业结构水平的最重要因素之一。从技术角度分析，区域产业结构表现为一定的区域生产技术结构。区域生产技术结构与水平在很大程度上决定着区域产业结构水平。技术进步是推动区域产业结构演进的动力，是区域产业结构高度化的先导。因为技术进步会促进新兴企业和新兴产业部门的形成和发展；会加快调整和改造传统产业部门；会加强产业部门之间的密切联系等。随着现代社会的进步，技术水平对促进区域经济的发展和改善区域产业结构的作用将会日益扩大和加深。

4. 区域资本供给

资本也是生产力发展的重要因素。区域资本供给状况即可供区域投资的资本量及其使用价格状况，直接影响资本的产业投向。因而它与区域产业结构高度相关，是区域产业结构演变的重要影响因素；若区域资本供给紧张，使用资本的成本即贷款利率就会上升，就会阻碍重工业、技术密集型产业这类资本有机构成高的产业部门的发展；若区域资本供给充裕，其使用成本就会降低，从而推动资本密集型和技术密集型产业的发展。

（二）影响区域产业结构的外部因素

1. 区际分工

区际分工与协作是区域经济发展的基本前提和要求。只有在区际分工与协作比较发达的外部环境下，经济技术得到广泛交流，才能建立起特色鲜明、专业化程度较高的区域经济结构和产业结构；若区际分工不发达，区际协作不紧密，甚至各区域自我封锁和保护，就会阻碍区域专业化程度的提高，从而使各区域形成"大而全""小而全"的块块分割的块状结构,其产业结构必然是低水平的。这与现代市场经济发展格格不入,甚至背道而驰。

2. 区域制度

中国改革开放以来,经济发展十分迅速,但总体上目前还没有走出社会主义初级阶段。正是基于这种国情,中国经济体制改革的一个重要任务就是要逐步消除不合理的所有制结构,建立起以公有制为主体、多种所有制经济共同发展的基本经济制度。但在改革过程中,中国不同区域的改革进度有快有慢。同时也由于历史的原因,中国东、中、西部在经济制度上存在着很大差异,从而带来区域产业结构水平的差异。改革开放的实践表明,一个区域非国有化程度越高,计划控制力就越弱,其产业结构水平就会随经济市场化程度的提高而提高,区域经济也就越能得到快速发展。

3. 区域政策

区域政策,特别是区域产业政策和生产力布局规划,对区域产业结构的改善起着不可忽视的作用。区域政策主要包括产业扶持、主导产业确立、生产力布局规划、投资选择等,都是区域产业结构改变的重要诱因。可以这样说,区域产业结构是国家区域政策在区域上的具体实现。

总之,决定和影响区域产业结构的因素来自各个方面。各种不同因素的作用有大有小,而且也不是孤立地对区域产业结构产生作用,而是相互制约、相互影响、共同促进、综合作用于区域产业结构,促使其发展变化。

二、区域产业结构配置的标准、内容和原则

(一) 区域产业结构配置的标准

产业结构是生产要素在各产业部门之间的比例构成和它们之间相互依存、相互制约的关系,也就是一个国家或地区的资金、人力资源和各种自然资源与物质资料在国民经济各部门之间的配置状况及其相互制约的方式,一般以产业增加值在 GDP 中的比例和产业就业人数在总就业人数中的比例来表示。

1. 产业结构合理化标准

区域产业结构配置的标准首先体现在区域产业结构的合理化上,通过产业结构的优化与升级,形成科学合理的一、二、三产业结构。

2. 资源配置高效率标准

资源配置的高效率标准,要通过采用先进的科学技术来提高资源的使用

效率，通过有效的制度安排来高效率地配置区域内的自然资源与社会资源。

3. 区域比较优势发挥标准

区域比较优势的发挥关系到区域产业的竞争力，因此，配置区域产业结构，要注重区域比较优势资源的发挥、区域特色产业的形成等方面。

（二）区域产业结构配置的内容

区域产业结构配置的实质是优化区域产业结构，发挥区域比较优势，形成有核心竞争力的区域主导产业，促进区域经济持续、快速发展，因此，区域产业结构配置的基本内容是区域主导产业的选择与培植、区域产业结构的优化与升级、区域比较优势资源的发挥、区域产业结构的协调等方面。

（三）区域产业结构配置的原则

区域产业结构配置就是区域内各产业按照一定的原则和比例进行组合。区域产业结构配置的目的是优化区域产业结构，使之合理化、高度化，以更有利于促进区域经济的发展。区域产业结构配置必须遵循以下几项原则。

1. 有利于发挥区域优势

任何一个区域都有自己的条件和优势。优势是相对的，不是绝对的，而且会随着经济环境的变化而变化。区域优势包括自然地理优势、区位条件优势、自然资源优势、资本优势、技术优势、人才优势、人文优势等许多方面。优势都是潜在的，每一个区域都要充分挖掘和利用自己的区域优势，使区域优势转化为产业优势和经济优势。只有依据区域优势，建立起主导产业和配置产业结构，才能更好地促进区域产业结构合理化和区域经济的发展。

2. 有利于优化产业结构

区域产业结构是一个整体系统，这个整体系统首先要求确立主导产业。主导产业率先发展，必然带来产业间发展的不平衡，加之供给和需求弹性不足等因素的影响，更会加剧这种不平衡。为此，区域产业结构要以主导产业为核心，培育主导产业，推进瓶颈产业，通过生产、交换、分配、技术等方面的联系，将区域经济活动组织成一个产业比例关系协调、相辅相成的有机整体，最大限度地获得聚集经济效益。其次，区域产业结构应建立在合理的地域分工基础上。它既是全国地域分工的组成部分，其内部又可以进一步细分成若干相对完整的小系统，从而使区域产业结构形成一个有机整体。只有这样，区域产业结构才能适应内外环境的变化，而不断地调整优化升级。

3．有利于区域经济发展

区域经济发展离不开区域产业结构的形成与完善。在现代市场经济条件下，区域经济发展与区域产业结构有着极为密切的关系。一般来说，两者互为因果。凡是区域经济发展又好又快的区域，其产业结构必然合理；凡是区域经济发展落后的区域，其产业结构必定不合理。另外，区域产业结构比较合理，又会促进区域经济快速发展；若区域产业结构不合理，其经济发展必然受到结构的制约。因此，区域产业结构在区域经济发展过程中具有十分重要的地位和作用，其配置必须遵循有利于区域经济发展的原则。

三、区域产业结构优化的优化

一个地区的经济能否协调发展，取决于这个地区的产业结构是否合理，取决于产业结构能否顺利地从低级向高级递进，取决于这个地区与其他地区之间的分工是否合理。区域产业结构优化包含了区域产业结构的合理化和高度化。

（一）区域产业结构合理化

1．区域产业结构合理化的内涵

所谓区域产业结构合理化，是指区域产业结构由不合理向合理发展的过程，即要求在一定的经济发展阶段上，根据区域市场需求和资源供给条件，对初始不理想的产业结构进行有关变量的调整，理顺结构，使资源在区域产业间合理配置并得到有效利用的过程。其含义可以从三个方面理解：

（1）从静态上，产业结构合理化是指，在不同经济发展阶段，资源在区域各产业之间的分布保持一定数量比例关系。

（2）从动态上，产业结构合理化是指，区域各产业能及时根据需求结构变动状况，调整区域产业空间布局和资源配置比例。

（3）从效果上，产业结构合理化是指，社会产品能顺利地完成市场实现，社会总供给与总需求大致平衡。

产业结构合理化的本质，一是产业协调，即产业之间相互作用所产生的一种不同于各产业能力之和的整体能力。它既包括各产业之间在生产规模上的比例关系，如第一、二、三产业之间，主导产业与非主导产业之间，传统产业与新兴产业之间，农、轻、重之间以及采掘工业、原材料工业和制造业之间的比例等；二是产业之间的关联程度，即一个产业引起其他产业部门的建立和发展的能力等。产业关联效应表现为产业部门间的投入产出关系，表现为各产业及行业之间的协作状态，即结合的过程。

2. 区域产业结构合理化的评价标准

对于作为国家一部分的区域而言，区域产业结构的合理性须从两个方面来考察：①承认区域相对独立的经济利益，从区域发展角度衡量区域产业结构的合理性；②从国家宏观层次，协调区域间的利益与地域分工关系，追求国民经济整体最大利益角度衡量区域产业结构的合理性。总体来说，可以用下述4条标准评价区域产业结构的合理性。

（1）是否根据区域合理分工的原则，结合本地区的自然资源条件和其他区位优势条件，建立起能发挥自身优势的优势产业或相对优势产业，形成区域的特色经济，并通过自己的特色经济发展，为国民经济整体及其他区域的经济发展做出最大贡献。

（2）能否充分发挥区域优势，主要指区域产业结构必须与区域的社会、自然、经济条件相适应，能有效地促进区域经济发展，例如：①是否与区域自然资源相适应，包括矿产资源、地理资源、土地资源、气候资源等；②是否与区域市场条件相适应，要考虑到区域市场发育和健全的程度，以及区域市场规模与需求结构；③是否与区域技术、资本条件相适应，主要是人力资源的技术水平和区域资金的积累水平；④是否与区域经济管理水平相适应，主要指对区域内各种资源的组一利用能力与效率；⑤是否与外部环境相适应，指区域关系和国家区域政策。

（3）区域产业结构是否具有相对独立性和完整性，是否具有自我调节与自我发展的能力。区域产业结构必须在地域分工的基础上综合发展，有一个相对独立和完整的结构体系。主要从以下两方面考虑。一方面是区域产业的主导能力。为实现区域经济综合、自主地全面发展，要求区域产业结构有自己的主导专门化产业，能够在区域产业结构中起导向作用，并带动其他产业发展。另一方面是区域产业结构的自我调节与发展能力。当内外部条件发生剧烈变化时，能依靠自身的运行机制，实现动态（持续的）均衡发展。因此要求区域在发展自己主导产业的同时，围绕着主导产业建立起相互联系的产业群体，即除了起核心作用的主导专门化产业之外，还应有为专门化部门产前产后服务的辅助部门，为地区消费服务的自给部门和基础设施部门，并形成一个紧密的、比例协调的、获得集聚效益的整体。

（4）产业结构的先进性。只有先进的产业结构才能保证区域经济的兴旺发达，而一个区域产业结构的先进性主要看其主导专门化部门的先进性，它越先进就越有能力推动地区的经济发展。但应注意当前先进的产业都会随着时间的流逝而老化。因此，区域产业结构的先进性还要看其是否具有新陈代谢机制（活力），不断地淘汰老产业，创建新产业。为此，一个区域的产业结构均应具有 3 个时代的产业部门，即站在前列的兴旺产业部门，暂居二线的后备创新产业部门，正在调整改造或准备向低梯度地区转移的衰退产业部门。站在时代发展前列的兴旺产业部门是当前区域产业的主体部分；暂居二线的后备创新产业部门是面向未来、逐渐取代一线产业成为区域产业结构主体部分的产业部门。

以上所述，是区域产业结构的理想模式，并不是每个区域都可以达到的，但至少可以成为每个区域所追求的目标。

（二）区域产业结构高度化

1．产业结构高度化的内涵

产业结构高度化也称产业结构高级化，指一国经济发展重点或产业结构重心由第一产业向第二产业和第三产业逐次转移的过程，标志着一国经济发展水平的高低和发展阶段、方向。产业结构高度化具体反映在各产业部门之间产值、就业人员、国民收入比例变动的过程。

产业结构高度化以产业结构合理化为基础，脱离合理化的高度化只能是一种"虚高度化"。产业结构合理化的过程，使结构效益不断提高，进而推动产业结构向高度化发展。可见，合理化和高度化是构成产业结构优化的两个基点。从产业结构的结构比例看，高度化有三个方面的内容。

（1）在整个产业结构中，由第一次产业占优势逐级向第二次产业、第三次产业占优势演进，即产业重点依次转移。

（2）产业结构中由劳动密集型产业占优势逐级向资本密集型、知识密集型产业占优势演进，即各种要素密集型产业依次转移。

（3）产业结构中由制造初级产品的产业占优势逐级向制造中间产品、最终产品的产业占优势演进，即产品形态依次转移。

从产业结构高度化的程度看，高度化有四个方面的内容。

（1）产业高附加值化，即产品价值中所含剩余价值比例大，具有较高的绝对剩余价值率和超额利润，是企业技术密集程度不断提高的过程。

（2）产业高技术化，即在产业中普遍应用高新技术。

（3）产业高集约化，即产业组织合理化，有较高的规模经济效益。

（4）产业高加工度化，即加工深度化，有较高的劳动生产率。

2. 区域产业结构高度化的标准

一般地说，产业结构高度化表现为一国经济发展不同时期最适当的产业结构，其主要衡量标准有三条原则。

（1）需求的收入弹性原则。需求的收入弹性即每增加一个单位收入与增加对某商品需求量之比。如果由于收入扩大而增加的需求能转化为收入弹性高的商品，出口增长率则可随之提高，有利于整体经济增长。

（2）生产率上升原则。为了使收入弹性高的商品能够出口，必须具备充分的国际竞争能力，因而最佳选择是把生产率上升高的产业或技术发展可能性大的产业作为重点。

（3）技术、安全、群体原则。也就是说，从长远观点看，经济发展的动力是技术创新，从而对于能成为未来技术创新核心部门的产业，目前虽然它处于比较劣势地位，但也不能轻易放弃。为了一国经济的稳定发展，事实上要求有某种程度的国家安全保障或能够保障国家威望的产业。为了产业部门之间的平衡发展，必须形成范围较广的产业群体。

符合上述三条原则的产业结构，可被称为一定时期一国或区域产业结构的最合理状态。产业结构的优化过程主要是产业结构的高度化过程和产业结构的合理化过程，合理化是高度化的基础。

（三）区域主导产业的选择、建设与发展

在三次产业和工业层面上研究区域产业结构是必要的，也是重要的。但在区域开发和管理过程中，只停留在这些层面是不够的。这是因为三次产业中，每个产业都包括很多部门；即使工业本身，也可以划分成上百个不同的行业。一个地区发展的条件和能够投入的资源有限，产业选择不可能很宽，只能选择适合当地条件的产业来发展。在这些产业当中，有若干个产业是能够起到关键作用的，能够带动其他产业的发展，我们把这类产业称为主导产业；同时，有一些产业直接为这些产业服务，可称为辅助产业；还有一些产业是属于地方的基础部门，如交通、通信等，称为基础产业。由这三类产业形成一个地区的产业功能结构体系：主导产业、辅助产业、基础产业。它与地区的三次产业结构体系不同。

选择若干有带动性，有发展潜力的产业作为一个地区的主导和支柱产业，围绕该产业形成一系列辅助产业和基础性产业，从而形成一个地区合理的产业结构，是区域规划的重要方面。一般讲，地区产业结构的变动，主要是由于主导产业的变动所引起的。

地区主导产业是指能够代表区域经济发展方向，并且在一定程度上能够支撑、主导区域经济发展方向的产业。地区主导产业的选择以地区生产专业化为基本前提。

1. 地区生产专业化

（1）地区生产专业化的概念。地区生产专业化是生产在空间上高度集中的表现形式，它是指按照劳动地域分工规律，利用特定区域某类产业或产品生产的特殊有利条件，大规模集中地发展某个行业或某类产品，然后向区外输出。地区生产专业化是工业化过程中大机器发展的必然产物。大机器工业的出现为扩大生产规模、实现规模经济效益提供了可能；工业化和技术进步创造了现代化的交通和通信系统，大大降低了地区之间经济联系的成本，使全国甚至于全世界各地区之间可以互为原料地、互为市场，共同构成了一个不可分割的经济体系。工业化不仅为地区生产专业化提供了可能，也使专业化生产成为必要。在大机器生产的条件下，要在市场竞争中取胜，就必须充分利用地区资源优势，利用最先进的技术设备，扩大生产规模，降低生产成本，提高生产率，从而求得最大经济效益。

地区专业化部门具有特定的区域属性，一个县的专业化产品对于一个省来说就不一定是专业化产品，甚至还需要输入。这对于更大的范围比如一个省和一个大区来说，也是一样。

在区域经济学中，通常用区位商指标来判断一个产业是否构成地区专业化部门。当区位商值 $LQ_{ij} > 1$ 时，可以认为 i 产业是 j 地区的专业化部门，LQ_{ij} 值越大，专业化水平越高；当 $LQ_{ij} \leqslant 1$ 时，则认为 i 产业时 j 地区的自给性部门。

可见，利用区位商判断产业的生产专业化状况，实际上是以全国产业结构的平均值作为参照系。假定全国各地区对产品的消费水平基本一致，那么，当一个地区某产业或产品产值占总产值比重高于全国平均比重时，则认为该产业提供的产品或服务在满足了本地区消费需求之后还有剩余，可用于输出，因而成为专业化部门。并且，其比重比全国平均值高出得越多，则可用于输出的产品也就越多，专业化水平也越高。

2. 主导产业的特征及其效应

（1）主导产业特征。主导产业是指一个地区在一定时期内，经济发展所依托的重点产业，这些产业在此发展阶段形成区域经济的"龙头"，对整个经济发展和其他产业发展具有强烈的前向拉动或后向推动作用，对区域产业结构演进的方向发展具有决定性引导作用。主导产业的基本特征至少有三点：①技术先进性。主导产业的发展能够引入新的生产函数。②产业高增长性。③较强的产业关联和扩散性。

（2）主导产业效应。主导产业对某一产业结构系统的引导是通过其带动作用实现的，而带动作用的实现则依赖于其关联效应和扩散效应。

产业关联实质是产业间的投入产出关系，即在产业的投入和产出与其他产业形成的相互依存关系。从这个角度看，产业间关联可以分为以下两种方式：一是前向关联，指某一产业的产品在其他产业中的利用而形成的产业关联。例如对钢铁业来说，与汽车制造业的关联即是一种前向连锁关系。二是后向关联，指某一产业在其生产过程中需要投入其他产业的产品所引起的产业关联。如对钢铁冶炼业来说，与采煤业的关联即是一种后向连锁。

产业扩散有三种效应，即后向效应、侧向效应和前向效应的组合。后向效应即新部门处于高速增长时期，会对原材料和机器产生新的投入需求，从而带动一批工业部门的迅速发展；侧向效应即主导产业部门会引起周围的一系列变化，这些变化趋势于更广泛地推进工业化与前向效应即主导部门通过增加有效供给促进经济发展。例如，降低其他工业部门的中间投入成本，为其他部门提供新产品、新服务等。

扩散效应与关联效应是一对相关概念。扩散效应与关联效应的相同之处是，两者都是指一产业对其他产业发展施加的影响。两者的不同之处在于，关联效应对其他产业的影响是由于产业间的投入产出关系所引起的，它只取决于产业间的技术经济联系；而扩散效应对其他产业的影响则不仅由产业间的投入产出关系引起，它还扩散到经济、社会等其他领域。

3. 区域主导产业的选择

（1）产业生命周期原理。在市场经济条件下，由于资源供给、技术进步和市场竞争等因素的作用，每种产品都有一个研制、开发、进入市场、大批量生产、市场饱和、利润下降、衰退的过程，而这个过程还未结束，某种类似功能的新产品又在研制、开发之中。与此类似，一种产业的出现到衰落，也有这样的过程，这就是产品和产业生命周期原理。

根据这一原理，一种产业在区域发展过程中的地位是不断变化的，开始出现时，因规模小，对区域发展的带动作用小，地位低，我们叫它新兴产业，如果它能够进入下一阶段，即能够做大，则可称为先（潜）导产业或战略性新兴产业；随着规模逐渐变大，该产业对地区经济发展的影响上升，以至于成为主导地区经济发展方向的关键力量，可以称为主导产业；

当其规模大到一定程度时，因市场容量、其他产业产品竞争等原因，进一步扩展规模变得艰难，只能勉强维持其目前规模和地位，此时可命名为支柱产业；当新的替代产品迅速出现和发展时，这种产业的地位就开始下降，这时该产业已成为夕阳产业。

需要说明的是，不是所有的新兴产业都能成为主导产业，但所有的主导产业都是从先导产业发展而来的。新兴产业不同于先导产业，关键看它能否进一步扩大规模，成为主导产业。

从长远看，各制造业部门在区域发展过程中的作用，都要经历这样的过程。制定区域规划和产业政策的关键，就是识别和扶持好先导产业，建设好主导产业。详见图4-1和表4-2所示。

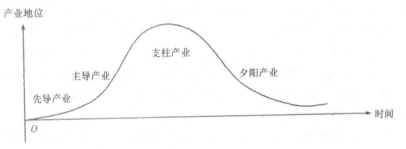

图4-1　制造业在区域经济发展过程中的地位变化

表4-2　各种产业的特点及其政策取向

项目	先导产业	主导产业	支柱产业	夕阳产业
规模	小	较大	大	由大到小
速度	不一定快于 GDP	明显快于 GDP	初期略快于 CDP 后期略慢于 GDP	明显慢于 GDP
效益	不一定好	较好→很好	很好→一般	差
当前低位	低	较高	高	由高到低
未来影响	逐渐增大	越来越大	大而稳，后期开始减小	逐渐减小
政策取向	政府大力扶持：制定优惠政策，给予资金扶持	依靠社会力量建设；政府的作用主要是引导、服务，发展配套产业、相关产业	自我积累、自我发展；政府的作用是适当提供技术援助，使其能够及时进行产品更新换代以延长黄金时间	鼓励转移；适当促退，但要解决好有关的社会问题，诸如失业后的再就业安排、最低生活保障等

（2）先导产业、主导产业、支柱产业和夕阳产业的识别。

1）波士顿矩阵法及其在产业结构分析中的应用。波士顿矩阵（BCG Matrix），又称市场增长率—相对市场份额矩阵、波士顿咨询集团法、四象限分析法、产品系列结构管理法等，是由美国著名的管理学家、波士顿咨询公司创始人布鲁斯·亨德森于1970年首创的一种用来分析和规划企业产品组合的方法。

将波士顿矩阵加以改造，即以各行业的增长速度（年度或数年平均增长速度）为纵坐标，以区域 GDP 平均增长率为标准；以各产业的区位商（背景区域根据需要选定）为横坐标，以区位商等于 1 为标准。将各行业点绘在四象限坐标图中，可以发现各行业的地位和特点。

第一，金牛产业，位于第一象限内，代表的是产业发展速度快于全国所有产业的平均发展速度、区域的产业规模在全国范围内占有相当高的水平，也就是"双高产业"。这样的产业基本上是主导产业或支柱产业。

第二，新星产业，位于第二象限内，代表的是产业发展速度快于全国所有产业的平均发展速度、区域的产业规模在全国范围内占有水平低的产业，对于本地区或全国而言，这样的产业基本上是先导产业，不远的将来会成为区域的主导产业。

第三，瘦狗产业，位于第三象限内，代表的是产业发展速度低于全国所有产业的平均发展速度、区域的产业规模在全国范围内占有的水平低的产业，也就是"双低产业"。这样的产业要么是先导产业，要么是夕阳产业。

第四，黑熊产业，位于第四象限内，代表的是产业发展速度低于全国所有产业的平均发展速度、区域的产业规模在全国范围内占有相当高的水平。此类产业可能是支柱产业和夕阳产业。

2）各种产业的综合识别。从相对规模、速度、效益等角度考察先导产业、主导产业、支柱产业和夕阳产业，可以得到如表 4-2 的结论。

4. 区域产业结构的建设

（1）产业战略的目标取向。区域产业战略的一般目标是明确产业结构建设方向，确保区域产业结构向合理化和高度化方向演进；根本目标是促进区域经济的快速发展和可持续发展。要保证区域经济的快速发展，就必须防止支柱产业的迅速衰落，如能使其老树生花或重现辉煌更好。为此必须重视支撑当前经济繁荣的支柱产业，使其尽量延长生命周期。而要保证区域经济的可持续发展，就必须加快发展主导产业，大力扶持先导产业，使其迅速膨胀规模，成为支撑未来经济的主体。这样说来，各种产业都应当给予重视，都作为重点加以扶持。这在现实中是行不通的，因为在市场经济条件下，政府不应该、也没有能力这样做。

（2）区域产业政策和战略。根据上述讨论，本书提出区域产业政策与战略见表4-2中的政策取向。具体解释如下：

1）先导产业是政府投资的重点，因为它（们）还未打开市场，还未实现规模经济，靠自身的力量难以做大；社会也不会给予更大的投入，因为前途未卜。因此，对于先导产业，政府不仅要给予优惠的政策，还要给予必要的财政支持，以确保本地区能够有后续的主导产业形成，使区域经济得以持续发展。目前各国对高新技术给予扶持、建设各种各样的孵化机制，原因就在于此。

2）对于主导产业，政府的工作包括三个方面：一是给予一定的优惠政策，让它（们）有很好的发展环境；二是引导社会投资，使其能够及时地获得足够的投入；三是鼓励、扶持、协调基础产业、相关产业的发展，以保证主导产业所蕴含的巨大增长带动潜力得到充分发挥。这就是说，主导产业不是政府财政扶持的重点，主导产业的发展主要靠社会（包括区外）资金。

3）对于支柱产业，政府的工作包括两个方面：一是创造宽松的环境，让支柱产业本身实现自我积累、自我发展；二是提供必要的技术帮助，使其能够及时进行技术改造和产业升级，延长支柱产业寿命，维持区域经济的繁荣。这就是说，支柱产业也不是政府财政扶持的重点，支柱产业的发展主要靠自身。

4）对于夕阳产业来说，政府至少要做这样两项工作：一是鼓励搬迁、适当促退（发达地区的夕阳产业可能变成待开发地区的朝阳产业）；二是处理好善后工作——帮助下岗职工再就业，建立最低生活保障，确保特困职工的基本生活条件。

依靠支柱产业，发展主导产业，扶持先导产业，是区域产业政策的一般原则；大力发展主导产业，配套发展相关产业，优先发展基础产业（图4-2），是各国政府在区域开发过程中的一般做法。政府的财政发展基金，主要的不是投向主导产业，更不是支柱产业，而是先导产业。

图4-2　地区产业结构示意图

5. 区域主导产业的发展

在区域经济发展中，主导产业处于十分重要的地位，起着带动推动的作用。因此，正确选择和大力发展主导产业是每个区域经济发展中的重大问题。区域主导产业要得到良好的发展，主要应注重以下几个方面。

（1）采用先进技术武装主导产业。区域主导产业代表着区域产业的发展方向和未来，是具有广阔发展前途的产业。因此，主导产业也必须是技术先进的产业和具有较高创新能力的产业。区域主导产业要有足够的资金投入进行新产品的研究与开发，不断实现技术创新产和产品更新换代。只有这样，主导产业才能具有市场竞争力。

（2）培育大型企业集团作为主导产业发展的载体。区域主导产业要富有竞争力，就必须组建大型企业集团，形成较大企业规模，以增强竞争实力。区域主导产业本身也要求其生产在整个区域中占有较大份额和比重，能在较大程度上主宰区域经济发展。若一个区域产业不能形成一定规模，就难以成为区域主导产业。所以，作为地方政府，要有意识地培育大型企业集团，为区域主导产业发展提供良好的环境和条件。

（3）注意扶持有潜力的主导产业，促使区域产业结构换代升级。区域主导产业同其他产业一样，具有生命周期。新的产业必然替代旧的产业，这是产业结构演进的规律，也是产业升级的必然要求。新兴主导产业开始总是幼稚弱小的，需要地方政府的扶持和培育，才能逐步发展壮大。当然，在选择未来的区域主导产业时，要慎重分析比较，看该幼稚产业是否代表着未来发展方向，有否培养前途，技术水平高低如何。经过选择后，接下来应采取有效措施，从政策、资金、人才、技术、环境等方面予以大力支持，使之逐步代替原有主导产业，发展成为新兴主导产业，最终实现区域整体产业结构的升级。

四、区域关联产业、基础产业和产业集群

区域经济的发展和区域产业结构的完善仅仅依赖区域主导产业是不够的，还必须协调处理好区域关联产业、基础产业和产业集群。

（一）区域关联产业

区域产业结构中的关联产业是指围绕主导产业发展起来的协作配套产业。它与主导产业存在着密切联系，主要包括前向关联产业、后向关联产业、旁侧关联产业三大类。前向关联产业是为区域主导产业提供产后服务

的产业。具体地说，就是将主导产业的中间产品进行深加工，提高附加值，以及"三废"处理的辅助产业。它是主导产业生产过程的延续，为主导产业的进一步发展创造条件。后向关联产业是为主导产业提供产前服务的产业。具体地说，它是为主导产业提供原材料、机器设备、生产工具和修理安装等服务的产业，对主导产业的发展具有重要的支持和制约作用。旁侧关联产业是为主导产业提供产中服务的产业。具体地说，就是由于主导产业的发展带来了一些其他相关经济活动，产生了与主导产业要素密集型互补的产业部门。它能满足区域生产和消费的需要。

区域主导产业与区域关联产业密切联系，它们是一种主次关系。基于此，区域关联产业在空间布局上，应服从于主导产业发展的需要。它们可采用以下三种地域组合形式：一是板块式，即区域中的一部分作为主导产业发展区，另一部分则作为关联产业发展区；二是中环式，即区域中心为主导产业，其周围为关联产业，形成环形产业圈；三是城乡式，即将主导产业设在城市，关联产业则放在城郊和农村。

（二）区域基础产业

区域基础产业是指为区域生产和生活提供公共服务的产业部门。它与主导产业的关系没有关联产业那么密切，但它在区域产业结构的功能分工中，为主导产业和关联产业的发展提供基础性服务。区域基础产业主要包括生产性基础产业、生活性基础产业和社会性基础产业。生产性基础产业是为区域生产提供公共服务的产业部门，如交通运输、邮电通信、能源供给、金融保险、情报信息、物流保障等；生活性基础产业是为区域生活提供公共服务的产业部门，如住宅建设、公用设施、生活服务等；社会性基础产业是指为区域生产和生活提供综合性服务的部门，如教育、科研、文化、卫生、环保、治安等。

区域基础产业的公共服务特性决定了它不承担地域肛任务。它为区域经济的发展和人民生活质量的提高提供最基本的、不可缺少的公共服务，能保障区域生产和生活的需要与正常运转，促进区域经济整体效益的提高。由于区域基础产业是区域经济发展必须具备的产业部门，因而在区域基础产业配置上应当超前，至少不应滞后。否则，就会成为制约区域经济发展的瓶颈。

（三）区域产业集群

区域产业集群是指区域内各种不同的，但相互间具有紧密的经济技术联系的产业集合。

区域产业集群的形成主要来自两个方面。

（1）某一产业内部行业间的合理构成。如为了对同一资源综合利用，同一部门各行业专业化协作的生产过程而形成产业内部行业间的合理构成；或围绕某一种最终产品进行行业间零部件加工的专业化协作的生产过程；或是依不同的生产阶段组织行业群体的过程。

（2）产业部门间的专业化协作。如包含众多产业部门在内的互为投入和产出的专业化协作过程。不管哪种产业集群，在其部门及行业间具有明显的前向关联或后向关联是建立合理的产业集群的前提条件。

事实上，以各种产业部门及行业投入产出的接近程度为依据建立合理的产业集群，和以其为依据去判断区域产业集群形成是否合理，不仅科学，而且可以在此基础上确定各部门及行业间的合理的规模比例。区域产业集群的形成，不仅可以在专业分工的基础上获得比较优势，而且可以降低交易费用和成本，还会产生市场聚集效应和资本、技术、知识、信息等方面的外溢效应。因此，各区域在产业结构配置上都愿意促成产业集群。

第三节　区域产业结构政策

一、区域产业结构政策的目的和意义

（一）区域产业政策存在与实施的基本依据

在产业发展中究竟有无必要实施相应的产业政策，到目前为止，中外学者仍未取得一致意见。对产业政策大加赞赏的主要是日本的通产省，他们坦诚地认为，日本经济的跨越式发展得益于连续而富有成效的产业政策，但是日本的学术界却并不完全赞同此观点。欧美各国政府虽然都制定和实施了本国的产业政策，但政界和学者对产业政策的作用却未取得一致。有人认为在市场经济条件下推行产业政策，各种保护措施、补助及无效率的优惠贷款等必然阻碍竞争，导致生产效率的降低。也有人认为，日本和法国等政府经验固然是成功了，但并不能归因于产业政策的成功，而是碰上了国际经济发展的好环境。相反，造成混乱的根源是政府的财政政策和货币政策，此时，政府的产业政策也不见得会做得更好。

在我国，对产业政策在经济发展中的重要性似乎从来都未发生过怀疑，特别是在改革开放以前的经济运行中。因为产业政策看上去已经成了计划经济体制的内生要素，产业政策的推行已经与经济增长构成了必然联系。

但是随着市场经济的发展，人们开始对传统产业政策的作用重新进行反思。周振华博士在其《产业政策的经济理论系统分析》中清楚地分析了两种不同的观点，产业政策的肯定论者论述的是产业政策存在的必要性；而否定论者则论述的是产业政策的成功是没有必要的。在他看来，产业政策不仅是必要的，而且也存在可能性。当具备一定条件时，产业政策的实施是有积极作用的。然而当条件不具备时，实施产业政策会适得其反。"产业政策有其必然的逻辑，但绝不是万能的，也不是可以随意运用的"。[①]在此基础上，产业政策存在的依据主要体现在以下几个方面：

第一，资源的相对短缺使政府干预资源配置成为必要，也使政府产业政策的存在成为必要。资源短缺是各国普遍存在的现实因素，解决短缺，仅仅靠市场因素实难奏效，还需依靠政府的宏观调控。

第二，产业政策效率与政府的认识水平存在必然联系。但是任何政府或理论都无法证实产业政策是无效的，也无法证实产业政策是有效的，产业政策实施的可能性及其程度取决于政府在实施产业政策中效率的高低。

第三，政府具有制定和实施产业政策的各种能力和基础。对于产业政策的制定主体政府而言，制定和实施产业政策的能力是客观存在的。尽管如此，在制定和实施产业政策时，首先要使对产业结构的认识与客观实际相吻合，同时要肯定区域产业政策在优化资源配置、取得外部规模经济效益方面具有不可替代的作用，此外，还要正确界定产业政策的作用范围，尽可能避免或减少因认识水平上的失误造成产业政策执行上的失效。

（二）区域产业政策实施的目的及重点

区域产业政策是区域经济政策的主要内容，是国家整体产业政策的基本构成要素。区域产业政策要依据国家整体产业政策的战略目标和实施重点，结合本区域的资源优势、产业优势、技术优势、资金优势、人才优势等，确定适合本地区经济发展的重点产业和优势产业，制定适合本地区经济产业发展的区域产业政策。区域产业政策实施的目的就是要通过一系列宏观调控手段，将国家、地区发展的总战略在实际经济组织层面上展开和具体化，并以此来约束和规范企业的微观经济活动。从根本意义上看就是使生产要素更有效地配置到效益最好的部门或产业中去，促进国民经济的全面发展。

---

① 周振华. 产业政策的经济理论系统分析[M]. 北京：中国人民大学出版社，1991，第12 页.

从全国范围看，新世纪我国产业政策的基本目标是：进一步改善产业结构，增强有效供给能力，加强农业的基础地位，使主要农产品的产量稳定增长，继续加强对基础工业和基础设施的投资，缓解他们对国民经济各部门的制约作用，积极发展高新技术产业和信息产业，增强机械、电子、石化、汽车、建筑五大支柱产业对经济增长的强力带动作用。从各个地区看，各地都要从实际出发，正确处理好一般与个别、整体与全部、整体区划与区位优势的关系，不顾自身优势的大而全、小而全现象，只会导致资源的浪费。从具体的产业分布状况看，黑龙江、新疆、吉林、内蒙古、宁夏、黄淮平原等地是我国农业产业政策实施的重点地区；环渤海经济区、西南和华南的部分省区、西北经济区、东北经济区是我国大力推进能源基础设施建设的重点地区；北京、上海、深圳等地区则应将高新技术产业作为区域产业布局的重点，北京还应根据首都功能的要求，重点发展商业、金融保险、旅游、运输邮电、信息咨询和服务业、房地产业等新兴第三产业。

二、区域产业结构政策的内容

总体而言，国家产业政策的区域化主要包括以下几方面内容：

（一）技术创新政策与区域产业结构调整

1. 技术创新可以直接减少区域经济发展对自然资源的依赖程度

技术进步直接减少了生产过程中对自然资源的依赖程度，主要表现在以下几个方面：

（1）技术进步直接扩大了自然资源的利用范围。海底资源的利用（万米以下的海底资源）、南极资源（南极的麟虾等生物资源）的利用、冶炼技术（平炉炼钢向转炉炼钢技术的转变）的提高和矿产品品位的提高等，都是技术提高的必然结果。

（2）技术进步又使许多原来有害的自然条件转化为有利的自然资源，废物利用，变废为宝。如水利技术的提高使一些大江大河的洪水泛滥变成水电资源，三峡工程建设的成功实践再次向人们展示了高科技在经济发展中的独特作用。

（3）技术进步不仅改变了农业生产完全靠天的被动局面，而且提高了农业的技术水平和生产效率，劳动生产率大大提高，美国的一个农业劳动力之所以能够养活近 80 个人口，靠的就是农业技术的推广应用和劳动生产率的提高。

（4）技术进步减弱了运输对区域经济发展的约束。随着技术进步而出现的一系列新式运输工具如空运、管道、电网等的建设等，既解决了区域经济发展中的时空问题，也使单位运输成本降低，总体效率大大提高。

2. 技术创新直接导致区域产业结构的升级

当代世界科学技术的发展日新月异，技术更新速度不断加快，只有不断进行科技的创新，才能跟上时代发展的步伐。一味靠技术引进而不进行自我创新，就难以从根本上摆脱技术落后的被动局面。一个没有创新精神和创新能力的民族，永远不可能立于世界民族之林。技术创新一方面要加强基础研究和研发能力，这是提升传统产业竞争力，优化产业结构，提高经济竞争力，实现可持续发展的重要基础。另一方面要大力发展高新技术产业，并用高新技术产业改造传统产业，提高高新技术产业在产业结构和出口产品中的比重，使高新技术产业逐渐成为国民经济的主导产业，使产业结构层次不断提高。

作为振兴区域经济和调整产业结构的措施，技术创新的政策意义主要表现在以下几个方面：第一，明确了区域发展的战略构想和根本思路在于技术创新。一旦离开技术创新维持原有的发展思路，既不可能持久地扩大生产总量，也不能节约资源，提高经济效益。第二，只有实行技术创新，才能实现资源投入要素的乘数效应。换句话说，技术创新的乘数效应是最明显的。第三，技术创新有助于扩大市场、增加品种、节约资源（资源的可替代性）。

（二）非均衡发展战略与区域产业结构调整

非均衡发展战略是区域产业结构调整中的一项重要措施。产业结构的不平衡增长过程是指区域内主导产业与非主导产业发展速度的差异，是低技术产业与高技术产业的差异，是区域产业布局的差异等因素组成的综合统一体。这一过程实际上是资源在产业间进行倾斜配置的过程。平衡发展属于非倾斜式资源配置，而非均衡发展则属于倾斜式资源配置。资源的倾斜配置包括资源在地区间的倾斜式配置、资源在产业间的倾斜式配置、资源在行业间的倾斜式配置、资源在产品间的倾斜式配置。从世界各国各地区产业结构变动的实践看，产业结构高级化的进程，就是倾斜式地向各产业配置资源的过程。

工业革命是从大规模地将原来用于农业生产的土地、劳动力等资源转而投向工业领域，工业的生产速度开始大大高于农业部门。在工业内部的行业变动中，随着主导产业的不断变更，包括资金、技术、劳动力、信息以及自然资源等生产要素的倾斜式投入，不仅促进了主导产业的迅速发展，也带动了主导产业的发展。从这个意义上看，倾斜式配置资源、促进产业结构不平衡发展，是产业结构高级化过程中的普遍形态和必然规律。换句话说，产业结构的完全平衡发展仅仅是一种理性假定，现实中难以做到产业间的平衡发展，不平衡是绝对的，平衡只是相对的、抽象的转换目标。这种转换目标要求资源配置也必须是均衡的，这显然不符合经济发展的实际。实际上，资源配置不可能平衡地配置在各产业间，而应实行倾斜式发展战略。

改革开放前的几十年间，我国一直把均衡式发展战略作为理想模式加以推广应用，但实际上却一直在实行赶超式发展战略。目标与战略产生了严重错位——在实行生产资料优先增长战略的同时，对资源配置则实行均衡调配政策调配产品，手段与目标严重脱节，这种发展战略必须进行调整。

改革开放以后，我国的产业结构调整中积极实施了非均衡发展战略，倾斜式配置资源作为非均衡发展的主要手段得到了运用。其具体做法是：选择好资源配置的重点产业部门；找出资源倾斜配置的重点内容（技术倾斜、资金倾斜、劳动力倾斜等）；选择资源倾斜的实施形式（运用市场机制还是单纯的宏观调控手段）。这其中，关键在于投资重点部门的选择。

根据赫希曼的产业发展理论可知，由于发展中国家资源的稀缺性，因此全面投资和发展所有的部门几乎是不现实的，只能把有限的资源有选择地投入到某些特定的产业部门中，才能最大限度地发挥有限资源促进经济增长的作用，这就是不平衡增长理论。赫希曼认为，在发展中国家有两种不平衡增长的途径，一种是短缺的发展，另一种是过剩的发展。前者通常是先对直接生产资本投资，引起社会资本短缺，而社会资本短缺将引起直接生产成本的提高，迫使投资向社会资本转移从而取得二者的平衡；后者实现对社会资本投资，降低直接生产的成本，从而促使人们对直接生产资本进行更多的投资，使二者达到平衡后再重复这一过程。

我国几十年的经济发展基本上是延续不平衡增长理论进行的，改革以前是通过计划机制进行资源的倾斜式配置，从而实现不平衡发展；改革开放以后则通过市场机制和国家的宏观产业政策引导资源向主导产业部门倾斜，实现经济不平衡发展和增长的途径是不同的。

（三）可持续发展战略与区域产业结构调整

随着可持续发展战略在世界范围重要程度的提高，产业结构调整中充分考虑可持续发展的思路被提到议事日程。

产业结构的调整首先要与合理利用与保护土地、水、森林、草原、矿产、海洋等资源密切联系，任何牺牲资源的产业结构调整都是不可取的；产业结构调整要与经济建设、城乡建设、环境建设同步规划实施、同步发展，所有的建设项目都必须符合可持续发展的基本要求；产业结构调整要与城乡总体规划建设、城市公用设施和乡村基础设施建设密切结合起来，切忌破坏城乡建设的总体布局格局。

三、区域产业结构趋同现象分析

（一）区域产业结构趋同及其必然性

产业结构趋同化现象是指某一地区的产业结构与其他地区的产业结构出现高度的相似现象。产业结构趋同化是经济发展中的必然现象。在倾斜式资源配置方式和其他因素的综合作用下，产业结构将出现不平衡发展状态。这种不平衡发展状态可以用区域内的不同产业间的数量和发展速度来表示。产业结构的趋同实质上是区域经济利益攀比的体现，其直接驱动力是利益差别。

产业结构趋同是区域产业结构升级过程中出现的一种必然现象（在产业利益驱动下），产业结构的趋同会影响合理的地区分工格局，加剧地方保护和地区分割，导致重复建设、恶性竞争和规模不经济出现，从而使有限的资源得不到充分利用。当然，对于产业结构中出现的趋同现象应加以区别对待：一种趋同是在市场机制和利益驱动下以及资源禀赋相同所导致的产业趋同；另一种是由行政性措施导致的消极的产业结构趋同。在我国，产业结构的趋同存在一定的必然性，主要原因包括以下几方面：

第一，幅员广阔，国土面积大。不少省份的土地面积相当于一个国家，因此，各区域间的需求结构十分相似，因此，当地需要的许多耐用消费品以及日常生活用品等都可以在本地进行生产。这就在客观上造就了区域产业结构的同构现象产生。

第二，自然资源分布上的相似性。土地相邻的两个地区无论在生活方式、消费水平还是资源储藏上都存在很大的相似性，产业结构的形成往往也容易出现相似性。

第三，由产业结构演变的客观规律所决定的。产业结构的演变通常都是从基础性产业向加工工业发展，而且通常愿意涉足那些投资少、见效快、能方便本地需要的产业，这就必然造成地区间的趋同现象发生。

（二）消极同构化战略实施的主要弊端

消极同构化战略是行政区划的直接产物，在区域经济运行中的弊端十分明确：强化了政府部门对企业的行政控制，人为加剧了地区间的市场分割，阻碍了市场经济体制的建立。

1. 强化了政府的行政控制能方

消极的产业结构同构现象实际上是在政府的行政干预下出现的一种不合理现象，它与因自然条件、市场状况所形成的同构是不同的。由于它是在政府的强力干预下的一种行为，因此同构越强烈，政府的行政控制力量就越显突出。

2. 加剧了地区间的市场分割和封锁

地区间的产业同构现象越突出，各地间同类产品的竞争就越厉害，你有的我必然也有。为了让自己的产品占领本地市场，人为的市场分割和封锁就会随之产生。

3. 阻碍了市场经济体制的建立和完善

在市场经济条件下，政府对市场的干预是间接的，其运行的主要手段不是行政措施，而是一系列市场机制。然而，在地方经济利益驱动下采取的产业结构同构现象必然抑制市场经济体制的建立和完善。

第五章　统筹城乡经济发展

城市是人类进步与文明在空间上的集中体现，是一个国家和地区的经济、政治、文化中心和交通枢纽。城市发展与人类进步同步，并站在人类发展的最前沿。但是，作为区域经济的核心，城市是不能孤立、单独存在的，它以受其影响的广大农村地区作为其腹地而存在，这两者之间建立了密不可分的联系。这种城乡联系的主要内容，包括经济、人口、政治、社会、技术、观念等诸多内容。只有统筹城乡经济发展，全面繁荣农村经济，加快城市化进程，加快农村现代化与城乡一体化进程，才能促进区域经济结构的优化、升级，才能为城市经济的发展提供坚实的物质基础，才能推动区域经济的稳定增长和持续发展。

第一节　城市与区域发展

一、城市经济区与区域经济发展

城市是区域经济活动的中心，是经济、社会活动的聚集体。每个经济区域都是依靠一系列网络系统联结成一个整体的。这些系统布局必然会出现大大小小的结点，有的是某个系统几条联线的交叉点，有的是多种网络系统中不同线路的交汇点。正是在这些网络的结点上分布大大小小的城镇，并且依靠这些城镇把区域的经济活动凝结成一个整体。网络上的结点与城市在布局上是互为条件的，有的地方是为了城市的发展而有意识地加强它在多种网络系统中的地位；也有的地方是出于网络系统布局的要求而产生了结点，城市就是在这些结点上应运而生。

（一）城市的内涵与特征

城市是具有一定规模及密度的非农业人口聚居区和具有一定层级地域的经济、政治、社会和文化中心，是人们享受现代物质文明和精神文明的基地，是地理、经济、社会、政治、生态、文化等多种要素构成的综合性地理区域。城市是相对于乡村的一个概念，与乡村地域相比，城市具有 3个基本特征。

1. 空间上的集聚性

集聚性是城市的空间特征，也是城市区别于乡村的最重要的地理特征。

它是区域人口、经济、信息、技术、活动、智力、金融的集中地，且集中程度随着区域经济实力的增强而提高。城市集中了人类社会的大部分物资和生产、生活设施，是第二产业、第三产业活动的高度集中地。城市中人口多，密度大，建筑物密集，高楼大厦林立，道路四通八达，形成特有的城市景观。城市不仅是高效率生产的基地，而且是人们享受物质文明和精神文明的重要基地。在城市化的过程中，城市的居民收入和生活质量要高于农村地区。同时，城市的公共服务种类和质量也比乡村地区要好很多，城市几乎集中了所有的大专院校和科研院所、国家的主要行政机关、文化设施、体育设施和大中型医疗机构。城市成为创造和传播文明的主体。正因为如此，城市对乡村居民有着巨大的吸引力，这是促进城市化进程的重要动力。城市化的过程就是要让更多的国民参与到现代经济社会过程中来，享受到国民经济发展的成果。

2. 经济上的非农性

非农性是城市的经济特征。城市是工业、商业、运输业、服务业等非农产业的集聚地，它与乡村的农业经济形成专业与地域上的分工。

3. 区域经济社会活动中心

这意味着城市的经济社会发展水平一定高于周边地区，是区域内经济贸易交通信息交换的主要场所，城市通过其强大的集聚功能，将周边区域的各种先进生产要素吸引到城市，同时又通过扩散功能对周边地区形成强烈的辐射，使周边区域经济依附于城市经济。

（二）城市的产生

城市是一种与乡村相对应的、人类生存的特殊的地理空间，是一个地区乃至全国的政治、经济、文化中心。它不是与生俱来的，而是人类社会发展到一定阶段、人类文明发展到一定程度的产物。城乡之间的差别是随着野蛮向文明的过渡、部落制度向国家的过渡、地域局限性向民族的过渡而开始产生的。公元前 3500 至公元前 1500 年是人类社会早期城市产生的主要时期。人类历史上的第一批城市，在公元前 3500 年至公元前 3000 年间，诞生于尼罗河流域、印度河流域和两河流域。中国是人类文明的发祥地之一，黄河流域也是世界上城市出现最早的地区之一。据考古发现，中国的原始城市产生于公元前 2500 年以前。

在城市产生的过程中，人类社会分工的不断深化起了决定性的作用。在原始社会初期，人类的生产能力极其微弱，过着漂泊不定的采集和围猎生活。随着人们掌握了牲畜驯养和作物栽培技术,生产力有了较大提高,人们就逐渐地定居下来,形成了一些定居点,这就是原始的村落。在原始村落内部,由于生产力仍然比较低下,彼此间没有进行交换的必要和可能。随着人类生产能力的提高,原始部落里的农业和畜牧业有了一定的产品剩余,人们可以在产品交换的基础上进行生产的分工,这样畜牧业就从农业中分离出来,这就是人类社会的第一次大分工。第一次社会大分工,使得农业产品和畜牧业产品的交换成为一种经常性的活动,直接导致固定交换场所的出现,这就是人类社会集市的萌芽。

第二次社会大分工是手工业从农业中分离出来。手工业,包括织布业、金属加工业、制陶业等,最初不过是农人和牧人在闲暇时间从事的副业。随着生产体制的不断完善、技术水平的不断提高,这些手工业逐步发展为许多人的独立职业,出现了专门从事手工制作的群体。第二次社会大分工不仅形成与农业相互依存的原始制造业,也大大提高农牧业的劳动生产率,可供交换的产品大量增加,从而使得产品交换的频率增加范围扩展,也扩大了交换场所的规模。从这一时期开始,出现了集市与城郭相结合的趋势。

社会分工的深化,特别是手工业的发展和手工业品增加,要求商品交换的水平和效率也要不断提高,从而出现了专门从事商品交换的商人,这就是人类的第三次社会大分工。商人的出现,使人类在生产之外进入了一种全新的经济活动领域——商业流通领域,这是人类社会发展史上一次革命性的进步,也是早期城市产生的重要条件和标志。正如马克思所说的:"某一民族内部的分工,首先引起商业劳动和农业劳动的分离,从而也引起城乡的分离和城乡利益的对立。"

以上只是城市产生的一般规律,事实上,不同城市的产生原因也可能不同,这其中有一些特殊的甚至是偶然性的因素在起作用,如矿藏采冶、驿站设立或军事驻扎、边关防守等。由于考察的角度不同,就出现了关于城市产生原因的不同观点。日本学者寿野千秋综合考古学家和历史学家的意见,把古代城市产生的条件归纳为七个方面:①最原始的国家组织与王权的确立;②稠密的人口;③社会阶级的分化与职业的专业化;④巨大的纪念性建筑物的建造;⑤文字、金属器的发明与科学技术的发达;⑥由于剩余物质的生产而出现了有余暇从事知识性的活动;⑦商业与贸易组织的发达。

(三)城市的经济地位

城市是现代产业和人口聚集的地区,是人类文明和社会进步的标志。它无论规模大小,总在区域经济社会发展中起主导作用。合理的城市规模,完善的城市设施，良好的城市环境对满足居民日益增长的物质文化生活需要，对促进城乡经济协调发展和社会文明程度的提高具有十分重要的意义。可以说，没有城市的发展，没有城市的现代化，就不会有国家的发展和现代化。城市区域的蓬勃发展必然会创造出强有力和高效率的发展动力，推动国家的现代化进程。城市是正在形成的新世界的中心，而且也是带动新世界发展的引擎。

首先，城市是区域经济的核心组成部分。城市是人口、生产和经济活动的聚集地，城市人口占区域人口的很大比例，具体的比例体现了区域的城市化水平。此外，城市集中了区域中的大部分经济资源，而且具有更高的生产率，因而城市经济的总量在区域经济中占有很高的比重。在产品和服务的结构上，城市比起区域的其他部分亦占有优势，这是由于城市产业结构的高级化。可以说，城市经济的发展水平代表了区域经济的发展水平，区域经济之间的竞争更多地表现为城市经济之间的竞争。

其次，城市经济是区域经济增长的主要推动力量。区域通常由一个以上的中心城市、一定数量的中小城镇以及广大的乡村地区组成。在区域经济中，城市尤其是这些中心城市起着重要的推动作用。这些中心城市通过以下三个途径推动区域经济的增长：产业结构的相互关联，从而使区域经济形成一个有机的整体；技术的扩散，中心城市通过技术扩散推动了整个区域经济结构的升级；资本流动，在中小城市或乡村地区，资本往往是最为稀缺的资源，中心城市的投资能够使中小城市和乡村地区的剩余劳动力以及资源得到有效的利用。

再次，城市经济还可以通过城市化的途径对区域经济产生影响。所谓城市化，就是乡村人口转变为城市人口的过程。更多的乡村人口转变为城市人口，对于区域经济的增长具有重要影响。一方面，城市的就业量是城市经济的一个重要衡量指标，城市人口的增加意味着城市经济的增长。另一方面，城市的生产率要高于乡村地区，城市人口比重的提高意味着区域经济整体生产率的提高，从而区域经济也随之增长。城市化还意味着区域内生活水平的提高，因为更多的人口在城市工作和生活，可以享受城市所提供的众多便利和舒适，城市有众多的基础设施和文化设施，这些设施往往具有规模效益，在乡村生活中它们是不存在的。

（四）中心城市

当前，无论是国家之间的竞争，还是区域之间的竞争，在相当程度上已经演化为城市实力的竞争，尤其是中心城市之间的竞争。加快中心城市的发展，已经成为加快城镇化和农业化进程，增强区域经济发展后劲的重要着力点。

1. 中心城市的分类

所谓中心城市，是在特定区域内在经济上有着重要地位，具有强大的辐射力、吸引力和综合服务能力的城市，并且主要是指那些具有综合性、多功能的经济中心作用的大城市。一般城市只在一个或几个方面起中心作用，而不具备综合的功能。具有多种功能是中心城市与一般城市的重要区别。

（1）按照层级分类。

1）国际性中心城市。国际性中心城市一般都是市区人口在 500 万以上的超级城市，并在国家的经济活动中发挥着重要的枢纽作用。目前，我国内地有 12 座城市有资格跻身此列，即上海、北京、天津、重庆、广州、西安、南京、武汉、沈阳、成都、汕头和郑州。

2）跨省区中心城市。跨省区中心城市通常都是市区人口在 100 万以上的特大城市，在国家的地区性（如省级经济区）经济活动中起着重要的骨干作用，并能带动周围数省区的发展。我国这样的城市共有 109 个，包括成都、汕头、哈尔滨、杭州、佛山、长春、济南，等等。

3）省级中心城市。省级中心城市是在一个省域范围内承担经济中心的功能，一般是市区人口在 50 万以上的大城市或者特大城市。这样的城市在我国有 111 个，都是各省的省会和大型工矿城市、港口城市、经济发达的城市。

4）省内经济区中心城市。省内经济区中心城市是在一个省份的局部地区承担经济中心的功能，行政级别上往往是地级市（但并非所有的地级市都能起到中心城市的作用），这样的城市我国有 160 多个，平均每省 5~6 个。

5）县域中心城市。县域中心城市或为县级市的人民政府驻地，或为县人民政府所在地的建制镇，它们是县域范围内的政治、经济、文化、科技中心，全国约有 2 000 多个。

6）县域内的中心镇。在县城以外，比较均匀地分布着一些小城镇，它们是该区域内的经济贸易中心，是城市与农村的纽带，起着带动农村经济发展的作用，这样的城镇全国将近有 2 万多个。

（2）按照人口规模分类。按照人口规模进行分类，中心城市大致可以划分为如下五个级别：①一级中心城市，其非农人口规模在 500 万人以上；②二级中心城市，其非农人口规模在 200 万~500 万人之间；③三级中心城市，其非农人口规模在 1 00 万~200 万人之间；④四级中心城市，其非农人口规模在 50 万~100 万人之间；⑤五级中心城市，其非农人口规模在 25

万～50 万人之间。

2. 中心城市在区域发展中的作用

与一般的城市相比，中心城市的聚集程度（其中包括人口、资本、消费和基础设施等）要高一些，社会分工更发达，科学技术更先进，交通运输更便捷。这就决定了中心城市在区域发展中的作用并不仅仅表现在经济一个方面，还表现在政治和文化等其他方面。

（1）中心城市具有现代市场经济的内生优势。中心城市在市场经济中作用的大小，在很大程度上取决于它是否拥有竞争力很强的企业群体和富于竞争精神的企业家队伍。中心城市是各类企业最集中、商品生产能力最强、商品交换范围最广的地域。比如，日本的 12 个工商业大城市集中了全国 80.4% 的大企业，其中东京占 52.9%；法国 38% 的大企业总部设在巴黎，其工业产值占全国的 1/4，总营业额占全国的 82.75%；英国伦敦加工工业部门从业人员占全国的 1/5，工业产值占全国的 1/4。中心城市企业集聚的特征决定了它具有产生现代市场经济所要求的高效率、高效益的内生机制，有利于市场体系的发育，实现市场的规模化、社会化、专业化、现代化和国际化。

（2）中心城市具有成为大流通枢纽的有利条件。中心城市的主导产业主要是输出产业，其产品主要是向城外销售，因此，中心城市对组织大市场、大流通具有很大的影响力。

第一，中心城市所具有的较好的基础设施和较健全的经济管理机构，有利于完善市场经济调节系统，有利于市场体系的发展和逐步规范化、制度化和法制化。除此之外，中心城市还拥有一系列市场经济的调节机构，比如：金融、物价、财税、劳动工资等执行部门；统计、信息、政策研究、咨询等"软件"机构；工商、审计、商检、海关等监督机构。只要能有效地发挥这些部门和调节机构的功能，中心城市在组织大市场、大流通中就有可能取得更大的成效。

第二，中心城市具有开发适应市场需求的新产品的巨大潜力。随着经济的发展，技术进步已经成为产业升级和经济增长最活跃、最重要的因素。中心城市是先进生产力集聚的地域，是科技人才荟萃之地。因此，中心城市是开发新技术、研制和生产新产品的重要基地。中心城市高科技的优势，是市场经济发达的根源所在，也是我国实现现代化和外向化的"生长极核"。与此同时，中心城市在引进国外先进技术和向国内扩散中起着承外启内、合理嫁接、消化创新的"转化器"作用。这对带动区域内的技术进步、产品更新换代具有不可替代的重要意义。

（3）中心城市具有开拓国内国际市场的扩张力。中心城市一般已经形成有外向型的出口创汇主导产业和产品，在带动全国参与国际交换和合作中发挥着重要的作用。中心城市中日益发展的外向型产业，已使中心城市成为带领整个国家的经济进入世界经济的重要枢纽。中心城市的产业规模大、技术先进，对经济诸要素的输入和输出、流向和流量具有很大的调节作用。因此，中心城市对经济要素的聚扩、转换呈现出大范围、大规模、多层次、全方位、高效率、高效益的特点。在扩大对外开放的宏观环境下，中心城市对国际经济要素的聚扩能力和枢纽作用也会不断地增强。

（4）中心城市是精神产品的生产流通中心。尽管从中心城市的形成来看，有的是由商品的集散而形成的，有的是由政治中心演变而来的，但不管其形成原因是什么，由于经济和政治发展的需要，脑力劳动者和体力劳动者中的优秀的部分必然向中心城市集中，政府机关、各类科研机构、文化事业单位、高等院校等也必然集中在中心城市设置。这样，中心城市也就成了知识最密集的地方和精神产品生产机构最集中的场所。除了脑力劳动者高度集中这一因素外，中心城市还因为集中了精神产品生产的物质手段，所以使精神产品的生产成为可能。中心城市面临的精神产品生产面广、量大，新型的精神产品对科学技术的依赖性更大。中心城市不仅集中了现代大工业生产、流通的先进设备和高新技术，而且集中了各种精神产品生产和流通的高新技术，从而为精神产品的大规模、多品种、高质量、高速度的生产和流通提供了可能。随着中心城市的规模和容量的不断扩大，中心城市精神产品生产的设施和基础条件将越来越先进，中心城市作为社会精神产品的生产和流通中心的作用将会越来越大。

随着社会经济的进一步发展，中心城市不但是全社会或区域性的经济中心，而且将成为精神产品的生产基地；中心城市不但具有强大的经济辐射和经济吸引的功能，而且具有强大的精神产品向周围地区辐射和吸引的功能，担负着向全社会传播现代精神文明、改变愚昧落后状态的责任。中心城市精神产品的流通是由一系列市场和网络组成的。比如：图书报刊市场、音像制品市场、电影发行市场、表演艺术市场、群众文化市场、工艺美术市场、文物收藏市场、旅游市场、技术市场和广播、电视网络等。

中心城市在区域发展中的作用，说到底表现在两个方面：一是强大的经济聚集作用；二是巨大的经济辐射作用。中心城市的这两个方面的作用是相互联系、相互影响和相互制约的。中心城市的聚集与辐射作用，既是城市以往累积的综合经济实力的体现，又是今后城市经济正常运行的必要条件。

（五）城市经济区

1. 城市经济区的内涵与特点

城市经济区，就是以中心城市为依托，包括若干中小城市、众多的城镇和大片农村的经济联系比较紧密的经济区域。

工业化以及现代化的发展，必然引起城市化，包括城乡一体化，这是世界经济、社会发展的一个普遍规律。城市化的内容，绝不仅仅是指城市的数量和城市人口比重的增加，它还有更深刻的含义，即包括城市所在区域的发展、城市和区域联系的加强、人们生产和生活方式的改变等。城市有其产生和发展的区域经济基础，一方面，城市所在区域的经济条件、资源条件和交通条件制约城市发展的方向和规模；另一方面，一个城市的出现和发展，又总会对周围区域产生不同程度的辐射和影响，起着调整、控制、服务和支援等作用，成为一个地区的经济中心。工业现代化的进步，专业化协作的广泛发展，使各部门间、城市间、城乡间的联系日趋紧密，并互相融合为城市区域一体化，这是城市经济区形成的客观规律。

城市经济区的形成，有两条是特别值得注意的：一是区域内必须具有较为发达的专业化协作和密切的经济联系，这是建立经济区的必要的前提和基础。这一条不具备就不可能形成经济区。二是城市经济区的形成必须以中心城市为依托，这是经济区中最重要、最核心的部分。中心城市决定经济区的经济性质，决定经济区的本质和发展方向。

城市经济区是社会化大生产的客观产物，它同我们通常所说的城市行政区是根本不同的。为了更准确地把握城市经济区的特点，有必要把经济区和行政区作以下区别。

第一，经济区和行政区形成的方法和过程不同。行政区是由政权机关用行政命令和行政办法制定的行政管理区，其形成和划分主要是考虑行政管理上的方便。而经济区则是依靠中心城市的经济力量，根据经济发展的内在联系，在地区的分工协作基础上逐步形成的经济关系密切的经济网络。它是区域内经济发展的必然结果和客观需要，不是用行政命令和行政办法可以制定的。

第二，经济区和行政区内部关系和外部关系不同。在行政区中心都设有一个统管全区的行政机构，即地方一级的政权机关，它同行政区内其他行政机关是上级和下级、领导和被领导的关系；行政区之间界限分明，不同行政区的行政机关，不能随意越界处理行政事务。现代的城市经济本质上是一种开放型的经济，城市经济区同样是开放性的经济区。在经济区内没有地区限制、行业差别，也不存在领导和被领导的行政等级关系，这里通行的是一种等价交换和平等协作的经济关系。作为经济区内的中心城市，是区域内生产协作和商品流通的中心，它对其他城镇和广大乡村的影响和带动，不是依靠行政命令手段，而是依靠城市经济实力。因此，在经济区的内部和外部都体现了专业化的生产协作和商品交换的平等的经济关系。

第三，经济区和行政区的界限和范围不同。行政区的划分，考虑行政管理的有利和合理，必须规定明确的界限和范围，并需要保持相对的稳定，不宜经常变动。而经济区则不同，它没有明确的界限和范围。在经济区和经济区之间，往往互相交叉，错综复杂。特别是在经济比较发达、城市比较密集的地区，各城市经济区更是互相交织、重叠复合，形成密集而复杂的经济网络体系。在城市经济的互相渗透和联系中，根本不可能对各个城市经济区划分明确的界限和范围。

城市经济区总是大于它所在的中心城市本身的行政区，而且一般来说，也大大超过同一城市为中心的行政区范围。经济区和行政区范围的不一致是经常的、普遍的，这是因为经济区和行政区的分区原则和目的不同。经济区为适应社会大生产基础上的城市经济发展需要，要求有一个比较广大的横向联系范围，以利于生产和流通的进行。行政区的划分，则要以行政管理为主，综合考虑民族文化、历史地理等情况，行政工作需要强调纵向联系，便于处理行政事务。

2．经济区的构成要素

城市经济区，就是以中心城市为依托，包括若干中小城市、众多的城镇和大片农村的经济联系比较紧密的经济区域。

工业化以及现代化的发展，必然引起城市化，包括城乡一体化，这是世界经济、社会发展的一个普遍规律。城市化的内容，绝不仅仅是指城市的数量和城市人口比重的增加，它还有更深刻的含义，即包括城市所在区域的发展、城市和区域联系的加强、人们生产和生活方式的改变等。城市有其产生和发展的区域经济基础，一方面，城市所在区域的经济条件、资源条件和交通条件制约城市发展的方向和规模；另一方面，一个城市的出现和发展，又总会对周围区域产生不同程度的辐射和影响，起着调整、控制、服务和支援等作用，成为一个地区的经济中心。工业现代化的进步，专业化协作的广泛发展，使各部门间、城市间、城乡间的联系日趋紧密，并互相融合为城市区域一体化，这是城市经济区形成的客观规律。

　　城市经济区是综合经济区的一种类型，它与一般综合经济区的不同仅在于城市经济区更加重视中心城市在经济区形成中的关键作用，更加强调中心城市这一区位实体对其他区位实体的支配地位。城市经济区是以大中城市为核心，与其紧密相连的广大地区共同组成的经济上紧密联系、生产上互相协作、在社会地域分工过程中形成的城市地域综合体，经济中心、经济腹地、经济联系、联系通道和空间梯度是构成城市经济区的五大要素。[①]

　　（1）经济中心。城市经济区的经济中心由一个或若干个中心城市组成。中心城市是城市经济区的核心，也是城市经济区形成的第一要素。中心城市依托一个特定的区域而存在，不同尺度的城市经济区有不同尺度的中心。中心城市规定了城市经济区的层次，根据区域特征，可以划分出一级城市经济区、二级城市经济区、三级城市经济区等若干层次的城市经济区。在同一级的城市经济区的边界上，相邻城市经济区的中心城市的影响力相等；高级中心城市具有低一级中心城市的功能，高级城市经济区覆盖了低一级的城市经济区。

　　（2）经济腹地。经济腹地是经济上与中心城市紧密联系的区域，展示了城市经济区的范围。经济腹地的划分以中心城市与其周围地区之间各种流态（如人流、物流、技术流、信息流和资本流等）的分析和城市经济影响区的分析为基础。在实际应用中，城市腹地范围的界定既要强调现状联系，又要兼顾行政边界的存在，实际划分的城市经济区范围与中心城市的吸引范围往往只能大体一致而不是完全一致。

　　（3）经济联系。城市经济区是一个经济上紧密联系的区域。现实世界中的空间经济联系纷繁复杂，纵横交织，但是各地域单元之间的经济联系并不是同样强度的，一般都有主要的经济联系方向。主要经济联系方向是中心城市与腹地组合在一起的主要依据，形成城市经济区的主要发展轴。在市场经济条件下，门户区位是对内、对外主要经济联系方向的节点。

　　（4）联系通道。可达性是空间相互作用发生的基本条件，联系通道规定了区域可达性，城市经济区的经济联系是依托联系通道进行的。在城市经济区内，以经济联系为核心，形成了一系列网络系统，包括交通网络系统、信息网络系统、商品流通系统、金融系统、公司管理机构系统、行政管理网络系统等等。通过这一系列的网络系统，把区域内所有的经济活动（包括乡村的经济活动）凝聚成一个整体。

　　（5）空间梯度。由于城市对其周围地区的影响呈现距离衰减规律，要

---

① 许学强，周一星，宁越敏. 城市地理学[M]. 北京：高等教育出版社，1997.

素集聚度和经济联系强度从中心城市沿某个方向随着与中心城市距离的变大而衰减，城市经济区内部划分为中心城市、核心区域、紧密腹地、次紧密腹地、与其他城市经济区的竞争腹地和边缘腹地几个层次或梯度。因而城市经济区界线的划分视研究目的而定：用于操作的组织型经济区划，应该有明确的界线；认识型经济区划是为了反映客观经济联系的实际，可以采用过渡型界线。以后者为主要目的，允许城市经济区的空间重叠。

3. 城市经济区的功能

（1）城市经济区实现了经济活动与管理形式的统一。经济活动是生产的内容，管理组织是生产的形式，内容要求形式与之相适应。商品经济的发展，必然要求横向经济联系与之相适应。城市经济区就是以横向经济联系为主的经济组织，它既实现了经济发展的高效性，也实现了经济管理组织的合理化，从而把经济发展的内容和形式恰当地统一起来。

（2）城市经济区实现了行业分工和地区分工的统一。社会分工对人类的物质生产产生了巨大的推动作用，它不仅包括行业之间和行业内部的分工，而且还包括地域分工。在行政部门管理为主的情况下，地域分工往往受到忽视。建立城市经济区，可以通过中心城市把行业分工和地域分工有机地结合起来。在经济区中的每一个部门既有自己的专业化生产分工，同时又是整个经济区的地域分工的一个组成部分。这种行业分工和地域分工的统一，促进了社会生产力和经济效益的极大提高。

（3）城市经济区推动了生产力发展和完善经济管理体制的统一。城市经济区的建立，本身就创造了一种新的生产力，它有利于促进区域经济分工的形成和发展，实现宏观经济结构和布局的合理化。同时，城市经济区的形成，也为经济管理和组织开辟了一条新路，它要求我们必须改变那些过时的管理体制和管理方法，而建立起新的一套经济管理体制。

（4）城市经济区促进了城乡一体化发展。事实证明，要想缩小城乡差别，必须走由城市带动农村发展的道路。城市经济区就是实现这条道路的可靠保证，它不仅为中心城市组织经济、领导和带动乡村提供了广阔天地，而且通过城市经济区的渗透和辐射，逐步发展同不发达地区的联系和合作，从而带动落后地区，实现共同发展。

二、城市体系与区域发展

城市体系是在一定区域内由一系列等级规模不同、彼此间有比较稳定的分工、职能各异、具有一定的地域空间结构、相互联系、相互制约的城镇组成的有机的城镇群体组织。按照由城市的规模、综合职能、吸引范围的大小和辐射力的强弱决定的城市在全国及一定区域经济发展中的地位和作用，可以将城市划分为若干等级。如我国目前存在着一个有七个等级的中心地城市体系。第一级是全国性中心城市，如上海、北京、广州。第二级是跨省区的大区级中心城市，如东北和内蒙古东部的经济中心沈阳、大连，华北地区的经济中心天津，华中地区的经济中心武汉，西南地区的经济中心重庆、成都，西北地区的经济中心西安、兰州。第三级是省域中心城市，．主要由各省、自治区政府所在地城市构成。有的省份有两个省域中心城市，如山东有济南和青岛，河北有石家庄和唐山，福建有福州和厦门，广西有南宁和柳州，广东有广州和深圳，辽宁有沈阳和大连，内蒙古有呼和浩特和包头，浙江有杭州和宁波。第四级是省内跨市县经济区中心城市。一省又可划分为若干经济区，这些经济区所依托的中心城市多数是中等城市，也有一部分是大城市。第五级是县（市）域中心城市，由县（市）政府驻地城镇组成。第六级是县（市）域内跨乡、镇中心镇，由县（市）政府驻地之外的一部分位置适中、交通条件较好、综合发展水平较高的建制镇甚至乡镇组成。这些建制镇或乡镇虽然在行政上与其周围的其他建制镇和乡镇平级，但却担负着为周围几个乡（镇）服务的中心地职能，规模上也较大。第七级是乡（镇）域中心镇，由其他的建制镇和乡镇组成。

（一）城市体系的等级规模结构

反映城市规模的指标主要有人口规模、用地规模和经济规模等。城市体系的等级规模结构，就是城市体系中不同城市的人口、腹地空间、经济总量等指标的相对次序和组合结构。

一个城市的等级规模与其所承担的职能密切相关。德国地理学家克里斯塔勒认为，城市的基本功能是作为其腹地的服务中心即中心地，为其腹地提供商品和服务。每种商品或服务的销售只有达到一定的规模，才能获得平均利润。商品或服务为获得平均利润所需要的销售范围即其最小销售限界，主要取决于商品或服务的需求频率、资金占用率与单位商品销售利润率等因素。商品或服务的需求频率越低、资金占用率越高、单位商品销售利润率越高的商品或服务的最小销售限界越大，需要更大的市场区和腹地；商品或服务需求频率越高、资金占用率越低、单位商品销售利润率越小的商品的最小销售限界越小，较小的市场区或腹地即可获得平均利润。因此，可以根据商品和服务的市场区与腹地的大小将城市划分为不同的档次或等级系列。在需求总量一定的区域中，只可能布局较少数量的销售范围较大的商品或服务的供应地，而销售范围越小的商品或服务的供应地则数量越多。那些既提供中低档次商品和服务，又提供高档次商品和服务的城市，其提供的商品和服务的种类更多，产业门类和企业更多，城市规模更大，数量也更少；提供中低档次商品和服务的城市，其提供的商品和服务的种类较少，产业门类和企业较少，城市规模更小，数量则更多。总之，城市体系的等级规模结构与市场等级体系存在一种对应关系（见图 5-1）。由于商品和服务依其特性可分成若干档次或等级，因而城市可按其提供的商品及服务的档次或等级确定其在中心地系统中的位置，各城市之间因此划分成若干等级，构成一种有规则的层次关系。中心地的发展取决于中心地功能的专门化，而中心地的发展速度则取决于其腹地对中心地商品和服务需求量增长的快慢。

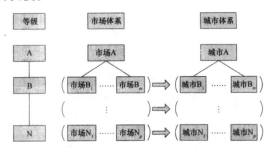

图5-1　市场等级体系与城市（规模等级）体系的对应关系

1. 城市规模分布理论

关于城市规模分布规律，人们提出了一些城市规模分布的理论，主要有城市首位度理论、城市金字塔理论、位序—规模律等。

（1）城市首位度理论。城市首位度理论也称为城市首位律理论，是 M.杰弗逊在 1939 年提出的一种城市规模分布理论。他分析了 51 个国家的情况，列出每个国家前三位城市的规模和比例关系。发现其中有 28 个国家的最大城市的人口规模是其第二大城市的 2 倍以上，有 18 个国家的这一比例在 3 倍以上。他认为这是世界各国普遍存在的一种规律性现象，即一个国家的第一大城市，即首位城市（primate city），一般要比该国的第二大城市（更不要说其他城市）在规模上大得多，从而使得首位城市集中体现了国家和民族的社会、经济、文化精华，在国家中发挥异常突出的作用和影响。首位城市与第二位城市的人口比值，称为城市首位度，上述规律就被称为城市首位度规律。虽然杰弗逊所发现的规律并不适合于所有的国家，但他提出的城市首位度概念已被广泛采用，成为衡量城市规模分布状况的常用的简单指标。首位度大的城市规模分布，就称为首位分布。

首位度在一定程度上反映了一个国家最大城市的人口集中程度，但它仅是两个城市之间的比较，不免以偏概全。因此有人对首位度概念加以改进，提出了 4 城度概念已被广泛采用，成为衡量城市规模分布状况的常用的简单指标。首位度大的城市规模分布，就称为首位分布。

首位度在一定程度上反映了一个国家最大城市的人口集中程度，但它仅是两个城市之间的比较，不免以偏概全。因此有人对首位度概念加以改进，提出了 4 城市指数和 11 城市指数。以 P_1，P_2，$\cdots$，P_{11} 表示第一到第十一位城市的人口规模，则

4 城市指数 $\qquad\qquad S = P_1 / (P_2 + P_3 + P_4)$

11 城市指数 $\qquad\qquad S = 2P_1 / (P_2 + P_3 + \cdots + P_{11})$

显然，4 城市指数和 11 城市指数都比只考虑两个城市更全面地反映城市规模分布的特点。它们有一个共同特点，都是考察第一大城市与其他城市的比例关系，因此有人将它们统称为首位度指数。

（2）城市金字塔理论。城市金字塔是对城市规模分布的一种形象表述，它是指这样一种规律：在一个相当广阔的区域范围内，不同规模的城市数量是不同的，一般规律是城市规模由小到大，其数量逐渐减少，即规模等级越大的城市数量越少，规模等级越小的城市数量越多，这种变动关系用图形表示出来，就是一个城市等级规模金字塔。金字塔的基础是大量的小城市，塔的顶端是一个或少数几个大城市。

理论上的城市金字塔应当是自下而上有规则地逐渐缩小的，即是"脚重头轻"的。但现实的城市金字塔又往往是不规则的，有时甚至出现"头重脚轻"的倒金字塔形的城市规模结构。同时城市规模级划分的间距不同，也会造成城市金字塔的变形。这是在利用城市金字塔研究城市规模分布时应当注意的。只要注意采用同样的等级划分标准，对不同国家、不同区域、不同历史时期的城市规模等级体系进行比较分析，城市金字塔不失为一种简便而有效的方法。利用这一分析方法，可以很直观地发现一个国家或地区城市规模体系的特点、问题和发展趋势。

（3）位序—规模法则。城市规模和城市规模位序之间存在比较稳定的相关关系，即遵循位序—规模法则。1936 年，曼莫汉·辛格（Manmohan Singh）

给出了"位序—规模"分布的一般性关系式：

$$P_i = P_1 \cdot R_i^{-q}$$

对上式作对数变换，则

$$\lg P_i = \lg P_1 - q \lg R_1$$

式中，P_1 为第 i 位城市的人口；P_1 为规模最大的城市人口；i 为第 i 位城市的位序；q 为常数；R 为相关系数。

该式的相关系数 R 越大，说明该城市体系越符合"位序—规模"分布；如果相关系数不够大，则可能是首位分布，或者有多个大城市并存，或者是别的特殊类型的分布。

2．大都市在区域发展中的作用

大都市是城市化发展到一定阶段的必然产物，在城市体系中扮演重要的角色。根据美国、日本等国的发展经验，城镇化发展到一定阶段，应使大都市经济在国民经济中发挥更大的作用。我国正处于以大都市带动城市化的新城市时代，大都市将成为我国区域发展的重要组织单元和城市化的重要模式。

大都市在区域发展中的作用主要有以下几个方面。

（1）区域发展的龙头。大都市往往是整个区域政治、经济、文化和教育中心，企业总部所在地，拥有国际竞争所需要的产业基础和人力资源，能够不断孕育新的社会分工和就业机会，吸引人才和资金进入，形成产业集聚。大都市能够通过便捷的交通和信息网络，与周边城市建立紧密的联系，通过"极化—扩散"效应，对周边区域形成较强的辐射带动，成为整个区域发展的核心和龙头。

（2）对外经济的窗口。大都市是区域金融服务窗口、商贸服务窗口、吸引外资的重要窗口、对外贸易窗口、信息服务窗口。

大都市是区域金融中心，重要的金融机构所在地，具有较为发达的金融保险业，能够为区域经济的整体发展提供强大的金融支撑。大都市是区域商贸中心城市，拥有辐射周边区域的商贸服务机构和物流基地，通过发达的物流产业和跨地区的连锁商贸业态，成为区域商贸窗口和物流枢纽。通过商务会展和各种形式的商品交易会，大都市成为所在区域外商入驻数量最多、外资投入最大、投资密度最高的部分，在区域多方投资和共同发展的格局中，扮演越来越重要的组织领导角色并起桥梁作用。大都市是区域交通枢纽，随着区域国际化和外向型经济的持续发展，大都市的对外贸易窗口和口岸的地位不断得以加强。此外，大都市是所在区域信息化建设的先行地区，具有发达的信息港，能够为周边地区提供各种便捷的通信信息服务。

（3）区域协作的纽带。大都市是区域资金流、信息流等要素的集聚中心，具有优越的行政和经济地位，便捷的基础设施条件。在区域生产要素的流动和分配中，能够发挥核心作用，积极引导区域内城市之间的合作和分工，进而促进区域发展中的城市体系和基础设施建设、产业布局、资源开发利用及生态环境保护等相关问题的协调。大都市具备商品、要素、批发、零售、现货和期货等多功能、高层次的市场体系，在区域统一市场框架的构建中起到主导作用，有效促进市场壁垒的消除，扩大区域城市间相互开放，创造平等有序的竞争环境，实现区域内经济互补、资源互补、区域经济一体化良性发展的经济模式和制度框架。

（4）科技创新的前沿。大都市汇集了区域的绝大多数研究与开发机构，集中了区域内的多数高素质人才，为高科技研发、创新成果转化提供了良好的外部条件。同时，它又是区域的信息生产、聚集与扩散地，加之其富有活力的特殊社会氛围，就成为区域的新技术、新思想、新观念、新人才的诞生之所。大都市的创新对区域起到示范作用，引起区域在经济和社会多方面的效仿，从而推动区域的进步。

（二）城市体系的职能组合结构

城市是第二、三产业的集中地，但是各城市并非均衡地发展各产业或行业，而是在产业结构、行业结构和产品结构上存在差异，即城市之间存在着一定的分工，各城市在国家和地区发展中所承担的任务与所起的作用不同，并在分工的基础上产生协作、交换等经济联系。城市体系内部各城市职能的有机组合，形成城市体系的职能组合结构。

一个城市的全部经济活动按其服务对象可以分成两部分：一部分是为本城市的需要服务的，另一部分是为本城市以外的需要服务的。为外地服务的部分，属于专业化部门，是导致城市发展的主要动力，这一部分经济活动被称为城市的基本经济活动部分。满足城市内部需求的经济活动随着基本经济活动部分的发展而发展，属于非专业化部门，被称为非基本经济活动部分。相比较而言，非基本经济活动主要为本城市居民日常生活服务，为本城市的经济社会发展提供基础条件，各城市之间具有较大的相似性，而基本经济活动为其他城市和区域提供产品与服务，各城市之间差异较大。

虽然基本经济活动是城市发展的主导力量，但基本经济活动和非基本经济活动这两部分是相互依存的。城市经济活动的非基本经济活动和基本经济活动保持必要的比例，是城市经济保持良性发展的基本要求。

城市职能是指某城市在国家或区域经济、文化、政治等方面所居的地位、所起的作用、所承担的分工。城市基本经济活动是为本城市以外的其他城市或区域提供产品和服务的，体现了该城市在国家或区域中所承担的分工，因此城市的基本经济活动就是城市的职能。

城市性质则是与城市职能密切相关的概念。城市性质是城市主要职能的概括，指一个城市在全国或地区的政治、经济、文化生活中的主要作用和地位，代表了城市的个性、特点和发展方向。

按照城市职能的相似性和差异性对许多城市进行的分类，就是城市职能分类。表5-1反映了中国城市的基本职能类型。

表5-1　中国城市基本职能类型表

地域主导作用	城市基本职能类型	
以行政职能为主的综合性城市	行政中心城市	全国性中心城市
		区域性中心城市
		地方性中心城市
以交通职能为主的城市	综合交通枢纽城市	水陆空综合运输枢纽城市
		水陆运输枢纽城市
		陆空运输枢纽城市
	部门交通性城市	铁路枢纽城市
		港口城市
	口岸城市	水运口岸城市
		空运口岸城市
		陆运口岸城市
以工业职能为主的城市	重型工业城市	煤矿城市
		石油工业城市
		冶金工业城市
		电力工业城市
		化学工业城市
		建材工业城市
		机械（含电子）工业城市
	轻型工业城市	食品工业城市
		纺织工业城市
		森林工业城市
		皮革工业城市
		造纸工业城市
		其他类型轻工业城市
以流通职能为主的城市	贸易中心城市	地方贸易中心城市
		对外贸易中心城市
		旅游城市

城市的每一个经济部门或行业都可能既为外地服务又同时为本城市服务，虽然可以粗略地把基本经济活动占优势的经济部门划为基本经济部门，而把非基本经济活动占优势的经济部门划为非基本经济部门。但是在进行城市职能分类时，就要综合考虑基本经济部门的职能强度（由该部门产品或服务的输出比重衡量，输出比重越高，职能强度越高）和职能规模（由该部门产品或服务的输出规模衡量，输出规模越大，说明城市服务范围越广，在城市体系中的地位越高）。在职能强度很高的专业化工业城市之间，职能规模的差异常常退居次要地位，但在专业化程度不高的综合性城市，职能规模往往构成城市工业职能差异的主要因素。

城市经济基础理论认为，城市发展的内部动力主要来自基本经济活动的发展和更替。如果城市传统的基本经济活动由于某种原因而衰落，同时却没有新的基本经济活动发展起来，那么这个城市就会趋向衰落。当城市的条件发生变化而产生了新的基本经济活动时，衰落的城市还会复兴。

（三）城市体系的空间组织结构

空间体系是在一个国家或区域中城市体系的点（城市与城市）、线（城市与联系通道，主要是交通线）和面（城市与区域）三要素在窑间的复杂组合关系。这是城市体系中最综合、最富于变化的部分。

城市体系的空间组织结构与城市体系的职能组合结构及城市体系的等级规模结构密切相关。

由于分工，各城市职能各异，城市之间、城市和区域之间不断地进行着物质、能量、人员和信息的交换等空间相互作用，每一个城市都有一定的城市经济影响区。随着距离的增加，城市对周围区域的影响力逐渐减弱，并最终被附近其他城市的影响所取代。一般情况下，城市经济影响区的大小，与城市的经济实力、人口规模成正比。在同一等级规模的城市的经济影响区的边界上，相邻城市的影响力相等。若干低一等级的城市经济影响区共同组成高一等级的城市经济影响区，由此向上，直到等级体系中的最高一级城市经济影响区。不同等级规模的城市经济影响区的有机结合，形成城市体系的经济空间组织结构。

城市体系的空间组织结构的发展演变与经济社会的发展密切相关，具有明显的阶段性。

（1）离散阶段（低水平均衡阶段）：对应于自给自足、以农业为主体的阶段，以小城镇发展为主，缺少大中城市，没有核心结构，构不成等级系统。

（2）极化阶段：对应于工业化兴起、工业迅速增长并成为主导产业的阶段，中心城市强化，各等级规模城市数量增长迅速，城市间经济联系日趋紧密。

（3）扩散阶段：对应于工业结构高度化阶段，中心城市的轴向扩散带动中小城市发展，在主要城市之间形成不同等级的发展轴线，点—轴系统形成。

（4）成熟阶段（高级均衡阶段）：对应于信息化与产业高技术化发展阶段，区域生产力向均衡化发展，空间结构网络化，形成点—轴—网络系统，整个区域成为一个高度发达的城市化区域。

城市密度（即单位面积内的城市数量）的概念与城市体系的空间组织结构相关。影响城市密度的因素有经济发展水平、人口密度，以及自然、政治、历史等因素。一般而言，经济发展水平高、人口密度大的地区，城市密度较大；海岸、河流、湖泊周围城市密度通常也比较大；平原丘陵地区城市密度大，高原山区城市密度小。

三、城市化与区域经济发展

工业革命后，城市经济在整个国民经济中的地位日益重要。城市在数量上、规模上和形态、内容、作用上得到空前扩展，并继续向深度和广度推进，城市化过程是城市的成长过程与人口的增长过程，是一个国家或地区由传统的农业社会向现代城市社会发展的自然历史过程，是社会经济结构发生根本性变革并获得巨大发展的空间表现。城市化是各国经济发展，特别是工业化发展的共同规律，也是我国经济社会发展的必由之路。城市化水平反映了国家和地区的生产力水平及工业化程度和物质生活状况。

（一）城市化的概念

城市化这一概念是西班牙工程师赛达（A.Serda）在1867年其所著的《城镇化基本原理》一书中首先使用的。各个学科从不同角度对城市化的概念有不同的理解。

新制度经济学认为，城市化进程中的城市（包括市和镇）是由农村（乡村）演变而来又不同于农村的人口聚居及其生活方式的制度安排。城市化是各种非农产业发展的经济要素向城市集聚的过程，它不仅包括农村劳动力向城市第二、第三产业的转移，还包括非农产业投资及其技术、生产能力在城市的集聚，城市化与产业结构非农化同向发展。

地理学认为，城市化是居民聚落和经济布局的空间区位再分布，并呈现出日益集中化的过程。更具体地说，第二、第三产业在具备特定地理条件的地域空间集聚，并在此基础上形成消费地域、多种经济用地和生活空间用地集聚的过程就是城市化过程。[①]

人口学认为，城市化是指人口城市化，即农村人口逐渐转变为城市人口的现象和过程。威尔逊（Wilson）在《人口学辞典》中所做的解释是："人口城市化即指居住在城市地区的人口比重上升的现象。"人口由分散的乡村向城市的集中，一般有两种方式：人口集中场所即城市数量的增加和城镇人口数量的增加。

社会学认为，城市化是一个城市性的生活方式的发展过程，它不仅意味着人们不断地被吸引到城市中来，并被纳入到城市的生活组织中去，而且还意味着随城市的发展而出现的城市生活方式的不断强化。

城市化的定义包括五个层次：第一个层次是乡村不断的转化为城市并最终为城市所同化；第二个层次是乡村本身内部的城市化；第三个层次是城市自身的发展，即所谓的"城市的城市化"；第四个层次是作为各个不同学科领域研究对象的城市化，比如：人口城市化、地域城市化、景观城市化、工业城市化和生活方式城市化等；第五个层次是最抽象意义上的城市化，即作为城市化整体运动过程的城市化。

具体而言，城市化包括两个方面的含义：一是物化了的城市化，即物化上和形态上的城市化，主要反映在人口的集中、空间形态的改变和社会经济结构的变化等方面；二是无形的城市化，即精神、意识、生活方式上的城市化。

城市化意味着从农村生活方式向城市生活方式发展、转变的全部过程。城市生活方式，不仅指有别于农村的日常生活习俗、习惯等，还包含着制度、规划、方法等结构方面的内容。城市化不仅是农村人口向城市集中，还应包括城市生活方式的扩散，即人们不仅是在城市中居住或者工作，城市也通过交通、信息等手段，对居住在城市中的人们给予生活方式方面的影响。

美国学者艾尔德里奇系统地将众多的定义归为三种：

第一，城市化是扩散过程。城市化是指城市的某些品质和特征向非城市地区逐渐扩散的过程。这些品质和特征主要包括城市道德规范、价值观念、信仰、发明和创新。

第二，城市化是强化过程。城市化是指各种城市行为和素质因不同人群的频繁的接触交往而日益增强的过程。

第三，城市化是人口集中过程。城市化是指人口的集中，这种集中有两种方式，一是人口集中地点数量的增加，二是城市人口数量的增加。这

[①] 崔功豪，王本炎，查彦育. 城市地理学[M]. 南京：江苏教育出版社，1992.

种过程实质上反映的是城市地区之间和城乡之间人口的再分布过程。

综上所述，我们可以看出城市化的内容包括经济城市化、空间城市化和人口城市化这三方面，城市化过程就是经济城市化、空间城市化和人口城市化相互联系、相互制约、相互协调的过程。城市化并不仅仅是城市人口数量的增加，也不仅仅是城市数量的增加，它还包括人们的道德意识、行为方式、生活方式等等各方面向城市的逐渐转变。城市化的过程是全方位的改变，是我们经济、政治和文化进一步发展的催化剂，也是我们人类不断文明进步的重要标志。

（二）城市化的衡量指标

城市化是一个复杂的社会经济现象和过程，对城市化的测度主要有水平指标、速度指标和质量指标。

1. 城市化的水平测度

衡量城市化水平的指标一般是对区域或国家而言的，很少对单个城市而言。虽然劳动力构成、产值构成、收入水平、消费水平、教育水平等都可以在一定程度上反映城市化水平，但普遍接受的指标却是人口统计学指标。其中，最简明、资料最容易得到因而也是最常用的指标是城市人口占总人口的比重。

$$PU = \frac{U}{P} \times 100\%$$

式中：U 为城市人口；P 为总人口。

这也是国际上普遍采用的计算城市化水平的指标。但是应该看到，由于我国长期实行城乡分离的户籍管理制度，许多长期在城市工作的农村人口由于上不了城市户口而被排斥在城市人口之外，显然降低了我国的城市化水平。因此，对我国的城市化水平的测度，应该加上在城市从事二、三产业但又没有取得城市户口的外来人口，这样也使得我国的城市化水平与国外具有可比性

2. 城市化速度的测度

衡量城市化速度的指标，与城市化水平指标有关，最常用的是城市化水平百分点的年变化。

$$TA = \frac{1}{n}(PU_{t+n} - PU_t)$$

式中，TA 为城市化速度；n 为两时刻间的年数；PU_{t+n}、PU_t 为在 $t+n$ 年和 t 年的城市人口百分比。

（三）城市化的规律

从分析城市化过程中普遍存在的现象出发，我们可以从总体上掌握世界城市化的动态和变化，会发现城市化在其自身发展的过程中，呈现出一定的规律性。

1. 城市化进程的阶段性规律

美国地理学家诺瑟姆最先提出这一理论。城市化进程具有阶段性规律，即全过程呈一条被拉平的倒 S 形曲线，如图 5-2 所示。当然，并不是任何国家的城市化水平在时间轴上都表现为一条光滑的倒 S 形曲线，但大部分国家的数据基本上都支持了这一结论。

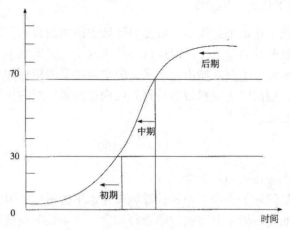

图5-2　城市化发展的倒S形曲线

第一，城市化初期。城市化初期也是城市化的起步阶段，在这一阶段，由于科学技术不太发达，生产力水平还很低，第一产业所能提供的生产资料不够丰富，还有大量的劳动力被束缚在农村，第二、第三产业需要的资本、人力、技术都不充足，城市发展速度很慢，经历时间较长。城市人口占区域总人口的比重较低，区域处于传统农业社会状态。当城市人口超过10%以后，城市化进程逐渐加快。

第二，城市化中期。此阶段为加速阶段，当城市人口占总人口的比重达到 30%左右时，城市化开始加速，主要表现为农村人口大量持续地向城市迁移。城市人口快速增长，城市的数量增多，城市的规模迅速扩张。在这个阶段，城市在国民经济发展中占据着主导地位，城市化与工业化并存且相互促进。城市化的加速阶段持续的时间相对较短，当城市人口占总人口的比重达到 60%～70%时，加速阶段即告结束

第三，城市化后期。此阶段为终极阶段，农村人口向城市迁移的趋势大幅度下降，城市人口的自然增长也趋缓，从而导致城市化水平的增幅减缓。在这个阶段，人口绝大多数生活在城市，城市经济成为国民经济的主体，城市在经济和社会发展中居于绝对优势的地位，无论是经济还是社会发展都表现出"城市化"。

2. 城市化与经济发展的双向互促进共进规律

从城市的起源和英国早期的农村工业化以及乡村小城镇的崛起可以看出，城市化作为一种复杂的社会经济现象，与经济因素的关系最为密切。

第一，城市化和经济发展的正相关关系。凡是城市化水平较高的国家或地区，其人均国民生产总值也较高。H 钱纳里曾用回归方法分析过 1950～1970 年 101 个国家的经济发展水平与城市化水平的关系，证明在一定的人均 GNP 水平上，有一定的生产结构、劳动力配置结构和城市化水平相对应。当人均收入超过 500 美元（1964 年美元）时，作为一种典型情况，城市人口在总人口中占主导地位；超过 700 美元时，作为一种典型情况，工业中雇佣的劳动力超过初级生产部门；当收入水平超过 2 000 美元时，这个过渡过程才告结束。

第二，城市化率明显超过工业化率。据钱纳里的世界发展模型，在工业化率、城市化率共同处于 0.13 左右的水平以后，城市化率开始加速，并明显超过工业化率。同时，发展中的城市以其聚集效应为工业的发展提供良好的条件，并且提供一个总量不断扩大、由较高收入的城市就业人口组成的市场，对工业持续增长起到拉动作用。对多数发展中国家来说，城市化还通过不断吸收农村人口而改造传统的农业生产方式，使经济走向现代化。发达工业国家的经验也表明，在工业化后期，制造业占 GDP 的比重开始下降，这时工业化对经济增长的贡献开始减弱，但第三产业比重持续上升，这使城市化仍然保持了上升态势。

第三，城市的产业结构和就业结构同时发生变化。产业结构的变化趋势是产业结构的多元化、高度化，就业结构的变化趋势是就业结构的城市化，进而形成人口的城市化。城市化的演进过程就是农村劳动力向城市产业转移的过程。历史数据表明，一个国家或地区在哪个时期农业劳动力的

份额下降得多，这一时期城市人口增加得就越快，而且，城市人口比重的增长幅度总是大于或略大于农业劳动份额的降低幅度。

（四）城市化对区域发展的影响

1. 组织和带动区域发展

城市化最直接的表现是城市规模的扩大和数量的增加。而城市作为区域经济的增长中心，在区域经济发展中起着十分重要的作用。城市本身是区域中最具发展实力和活力的组织，通过与区域在这些方面所形成的广泛而复杂的联系，它的存在和发展就自然会对区域发展产生组织和带动作用。区域中城市化的发展程度，特别是中心城市的发展与变迁，往往引起区域整体的发展出现相应的变动。

2. 完善区域空间结构

在一个区域内，随着城市化的发展，一般都存在若干个规模不等的城市，这些城市相互依存，彼此间有较稳定的分工和联系，在空间布局上有一定的规律，形成区域城市体系。区域内的经济布局、要素流动、信息传输等主要是依托或通过城市体系而进行的，形成各种经济和社会网络。城市体系实际上就构成了区域的空间框架。

3. 推动区域经济和社会的演进

城市化是根源于城市发展而兴起的以城市为核心的区域经济、社会结构和空间结构的演进过程。城市化在时间和空间上的变化引起区域的经济和社会结构随之发生变化，并不断改变空间的分布与组合状态。在初始阶段，城市发展缓慢，区域处于传统的农业社会状态。在加速阶段，农村人口开始大量地进入城市，城市人口快速增加，城市数量增多、规模增大，与此相对应，区域的工业化在经济发展中占主导地位，城市在经济和社会发展的各个方面都发挥重要作用。终极阶段是城市化速度减慢的时期，区域中的大多数人口都集中在城市，城市在区域的经济和社会生活中起着主导作用，区域的发展表现出很强的城市特征。

城市化在空间上的变化称为城市化的地域推进，分成两个部分：一是近域推进；另一个是广域推进。前者是单个城市用地规模的扩大，包括建成区向近郊区的外延和远郊区向近郊区的转化。后者是区域城市数量的增加，包括农村的乡镇逐渐发展为城市和在一些地方新建设的城市。城市化的地域推进不断地改变区域的空间结构，促使区域内的各种经济和社会组织、人口随之而调整空间分布与组合状态。

4. 促进城市文明的扩展和现代化水平的提高

城市化使更多的农民接受现代教育的机会大大增加，从而逐渐摆脱愚昧、落后的观念，走向文明生产、文明生活的道路；城市化改变了农民的生产和生活环境，提高了农民的生活质量，使他们可以享受到现代科技进步所带来的物质和精神财富。城市化使城市和乡村的联系更加紧密，城乡一体化水平大大提高，因而大大缩小了城乡差别、城市差别，有利于整个区域的协调发展，有利于现代化进程。

总之，城市化是区域经济和社会发展的一个重要过程。城市化引发和增强了区域的经济结构、社会结构、空间结构以城市为模式或导向发生相应的变化。

第二节 乡村经济与区域发展

乡村是相对于城市而言独立的空间组织单元，它同城市共同组成了区域空间。城市市经济和乡村经济共同构成了完整的区域经济。因此，研究乡村经济在区域经济中的地位和作用，分析乡村经济的特征并探讨乡村经济的发展趋势，显得必要而又迫切。

一、农业基础地位的一般理论

从理论上讲，农业的基础地位主要体现在以下几个方面：①农业是人类社会衣食之源、生存之本。农业向人们提供粮食等基本生活资料，正因为如此，农业是人类生存和发展的基本条件。②农业的发展是社会分工和国民经济其他部门成为独立的生产部门的前提和进一步发展的基础；农业是一切非生产部门存在和发展的基础。③农业为工业提供市场，包括农用生产资料和工业品；农业为工业提供大量原料，促进工业经济的发展。④农业为社会其他产业的发展提供劳动力。⑤农业直接和间接为社会经济发展提供资金积累和出口创汇。⑥农业的发展不仅关系经济的持续、稳定和健康发展，关系人民生活的稳定和提高，而且关系社会的稳定和发展。就我国而言，人口多，吃饭问题始终是第一件大事，我国人口大部分在农村，因此，农业对农村的稳定乃至整个社会的稳定至关重要。

"农业兴，百业兴；农村稳，全局稳。"这一句话相当准确地描述了农业和农村在国民经济和社会发展中的地位和作用，即农业和农村发展的好与坏直接关系到国民经济的繁荣、社会的稳定和国家的安全，这是马克思主义揭示的经济和社会发展的一个重要规律。马克思指出："农业劳动是其他一切劳动得以独立存在的自然基础和前提。"[①]他还特别强调，"超过劳动者个人需要的农业劳动生产率，是一切社会的基础"，"食物的生产是直接生产者的生存和一切生产的首要的条件"。[②]也就是说，农产品特别是食物是人类生存和发展的基本必需品，而且只有农业劳动生产者生产出除了满足自己需要以外的农产品，人类才有可能从事农业以外的其他活动。无论社会怎样进步，生产怎样发展，农业是基础。这一人类生活的永恒主题是不会改变的。

二、传统乡村经济的特征

乡村是相对于城市而言的空间组织单元，乡村经济以第一产业为主体，也有一部分工业，主要是采掘工业和对矿产资源、农产品进行粗加工的工业；城市经济则以第二产业和第三产业为主体。城市经济和乡村经济共同构成区域经济的基本组成要素。从世界发展的历程看，乡村经济经历了从传统乡村经济到现代乡村经济的发展演变过程。传统乡村经济具有如下特征。

（一）技术进步极为缓慢甚至长期停滞，形成低水平、超稳定的生产技术和耕作方式

舒尔茨认为："完全以农民世代使用的各种生产要素为基础的农业可称之为传统农业。"[③]尽管随着历史的发展，农业经营品种有所更替，耕作制度经历了从刀耕火种到休闲制，进而到轮作制再到多熟制的演化，但农业生产技术一直没有发生根本性革命，传统农业一直以人力、畜力和水力为主要生产动力，使用的是建立在观察经验基础上的农业技术。农民世世代代都同样地耕作和生活，他们基本上是年复一年地耕种同样类型的土地，播种同样的作物，使用同样的生产要素和技术。

（二）储蓄率和投资水平低

由于低水平的劳动生产率，农民的收入除维持基本的生活和简单再生产的需要外，所剩无几，进而导致农业储蓄率和投资水平低下，资本形成困难。土地租佃制度下的生产要素和收入分配的不合理与不平等，更加剧

---

① 马克思恩格斯全集（第26卷）[C]. 北京：人民出版社，1972，第28-29页.
② 马克思恩格斯全集（第25卷）[C]. 北京：人民出版社，1974，第585页.
③ [美]舒尔茨. 改造传统农业[M]. 北京：商务印书馆，1987.

了这种状态。例如，在中国封建社会，土地主要集中在地主和官僚手中，农民徭役和租税负担沉重，储蓄和投资能力几乎为零。

（三）土地和劳动收入的增加是推动传统农业增长的主要途径

在技术进步极为缓慢并处于低水平状态的情况下，技术进步对农业增长的贡献极其有限，而且资本要素在传统农业中所起的作用也很小，农业增长主要靠土地和劳动投入的增加来实现：在劳动力充足的情况下，主要靠土地的扩张性投入；在土地规模一定的情况下，则形成劳动密集型的精耕细作。农业增长主要是粗放式的增长。

（四）具有明显的生存性和自然性

传统农业的生存性和自然性主要体现在以下两个方面。

（1）由于技术水平低下，农业抵抗自然风险的能力有限，农民的产出水平的高低在很大程度上取决于大自然，农业在很大程度上是"靠天吃饭"。

（2）由于农业生产率水平低下，导致收入水平低下，从而使传统农业中农民的生产成果，在扣除维持自身和家庭的最低生存及简单再生产需要后，所剩无几，农民能够提供给市场的剩余农产品极其有限，因此传统农业是一种生存型农业。

农民能够提供给市场的剩余农产品极其有限，农产品的商品率低，意味着农业只是很有限地参与市场交换和社会分工，而这又进一步导致农业和农村内部分工的不发达，农民不仅要从事农业生产活动的全过程，而且要准备生产和生存所必需的一系列产品，包括制造工具、生产衣物、修建房屋等。在半自给自足的经济中，农民尽管可以将部分剩余农产品拿到市场上换取自己所需的生产和生活必需品，但大部分的生产和生活用品仍要靠自己生产与经营。因此，传统乡村经济是一种自给自足或半自给自足的经济。

三、现代乡村经济的特征

随着城乡经济社会的发展，以及农村工业化、城市非农产业向农村扩散，必然逐步改变以往农村经济社会所固有的分离性、封闭性。随着城乡经济社会的不断发展，不仅城乡之间的联系加强了，而且农村内部联系以及现有结构也会发生变化。具体而言，乡村经济发展的呈现出农业产业化、农业现代化、农村城市化与城乡一体化的特征。

（一）农业产业化

农业产业化，是以国内外市场为导向，以效益为中心，依靠龙头带动和科技进步，对农业和农村经济实行区域化布局、专业化生产、一体化经营、社会化服务和企业化管理，形成贸工农一体化、产加销一条龙的农村经济的经营方式和产业组织形式。也就是要改造传统的自给半自给的农业和农村经济，使之和市场接轨，在家庭经营的基础上，逐步实现农业生产的专业化、商品化和社会化。

1. 农业产业化的内涵

（1）农业的市场化。农业产业体系无论是其构成，还是其运营，究竟采取什么形式，都由所处的市场结构来决定；农业产业体系面临的加工与销售、专业化与一体化、全球化与区域化、劳动密集与高科技等重大关系问题的具体处理，也要根据产业体系所处的市场情况来具体决定；产业体系的内部与外部的利益关系，更是由特定时点的市场交换关系来决定的。

（2）农业的社会化。社会化概念在经济学意义上讲有两层意思：社会化生产的规模比个体生产规模大；要把生产和再生产环节内在地有机地结合起来。建立社会化的农业，就是要求逐步扩大农业生产经营规模，实行农业生产专业化的分工，把农业的生产、加工和流通结为一体。

（3）农业的集约化。要增加农业的资金和科技投入，通过结构优化、技术进步和实施科学管理，提高农业的经济效益。农业产业化的生产经营方式，与中央提出的由计划经济向市场经济体制的转变、由粗放的增长方式向集约增长方式转变是完全一致的。也就是说，农业产业化是实现"两个转变"的一个恰当的经营组织形式。农业产业化构建了联结小农户经营与社会化大市场的桥梁，创造了提高农民组织化程度和生产聚合规模经济的有效形式，并为农业的宏观管理体制改革提供了科学依据，可以实现农业由传统的生产部门向现代产业转变：以家庭联产承包责任制为基础，由生产型组织结构向多元主体自由联合的新型产业组织结构转变；由传统的技术、投入要素结构向现代的技术、投入要素结构转变。

2. 农业产业化的组织形式

近年来，我国各地农业产业化实践的具体形态虽然迥异，但其基本形式并没有超越横向一体化和纵向一体化两种类别。

所谓纵向一体化经营，是指农业生产者同其产前、产后部门中的相关企业在经济上和组织上结为一体，实现某种形式的联合与协作。

横向一体化经营则是指分散的众多小规模农业生产（农户、农场等）在保持各自独立性的基础上直接结为一体，共同协调原料供应、产品销售加工等。

另外，在具体的实践过程当中，由于农业，尤其是大农业的内部产业多，性质各异，要实行农业产业化，必须将农业分成公益性农业和经营性农业。对公益性农业，如生态林的保护、大型农田水利工程建设、水土保持等，国家要加大投入，并引导和组织农村集体和农民投工投劳，使其发挥出全民受益的社会效益和生态效益。对经营性农业，如种植业、养殖业、加工业、农用工业、农产品运销等，应与工商企业联成一体。牵头单位应是那些有自我积累能力、技术创新能力和市场开拓能力的企业和经济实体，可以采取"公司+基地+农户""市场+基地+农户"或"协会+基地+农户"的形式，并建立相互结合和联系的机制。

（二）农业现代化

1. 农业现代化的概念

农业现代化的过程就是由传统农业向现代农业转变的过程。不同国家的农业现代化模式不尽相同，其根本区别就在于所拥有的资源禀赋的差异。农业现代化是一个综合性、历史性、世界性的概念，是指用现代工业装备农业，用现代科学技术改造农业，用现代管理方法管理农业，用现代社会化服务体系服务农业，用现代科学文化知识提高农民素质的过程；是建立高产优质高效农业生产体系，把农业建成具有显著经济效益、社会效益和生态效益的可持续发展的产业的过程；也是大幅度提高农业生产能力、不断增加农产品有效供给和农民收入的过程。

2. 农业现代化的内涵

美国人埃弗里特·M. 罗吉斯在《乡村社会变迁》中把美国乡村社会的现代化发展概括为七种主要变迁：农业生产能力提高和农民数量减少；农业和非农产业联系的加强；农业生产趋向专业化；价值观趋向同一化；社会关系更加开放；乡村制度中的集权化趋势；各种关系的地位发生变化。

虽然埃氏剖析的是美国乡村的现代化，但也揭示了农村现代化过程的某种共性。中国农村正在走向开放性的重组，农业和非农业的工业服务业逐步成长壮大，农村社会关系正在从血缘家庭部落式的关系向公共的经济关系发展。在这一走向现代化的过程中，农民正在发挥着主导作用。只有实现了农业现代化，才能从根本上提高农民的生活质量，消除工农、城乡差别。

邓小平对我国的农业现代化做出了深刻的阐述，形成了独特的见解。邓小平强调农业现代化要走自己的路，有自己的模式，但是，他也反对搞封闭式的农业现代化，重视借鉴其他国家农业现代化历程中所积累的有益经验。邓小平指出："农业现代化不单单是机械化，还包括应用和发展科学技术等"。现代化的农业是用现代工业和现代科学技术武装起来的农业，也是用与科学技术联系起来的现代经济管理的方法组织和管理的农业。邓小平把现代科学技术和现代经济管理方法注入农业生产中，赋予农业现代化以新的内容。

（三）农村城市化

低水平城市化约束了农村剩余劳动力的转移，造成了城市与农村之间的彼此分割。美国经济学家刘易斯提出的著名二元经济理论，为发展中国家设计了一条通过发展城市工业化吸收农村剩余劳动力，解决发展问题的途径。

第一，农村城市化首先会带来城市化周边的农田地价快速升值，带动一批个体私营经济发展，也带动了一批第三产业的发展，带动了房地产业，推进城市化进程，投资的力度也会随之加大，工商资本、外国资本和民间资本都会集聚起来。

第二，农村城市化将会以其逐步增强的经济辐射力和带动力，促进农村产业结构的调整，繁荣农村经济。广大的发展中国家应当抓住机遇，充分利用世界资源、资金和人才等，加快各国的农村城市化步伐，加速城乡一体化进程，利用国际产业结构调整的时机，进行城乡产业结构调整和产业升级换代，促进发展中国家综合国力的不断提高和经济、社会的可持续发展。

第三，推进农村城市化不仅需要投资，还牵涉到各方面的改革创新和一系列部门利益的重新分配，比如：土地权属划分、统一规划调整集中、投资体制、金融体制、公共设施建设等多方面的相关政策制度改革，以及政府管理体制的改革。

在我国要把城乡作为一个整体，搞好城乡布局规划和建设规划，着力形成中心城市、中心镇、中心村一体化规划体系。充分发挥城市的集聚、带动和辐射作用，加强城市建设，整合各种资源，加强农村基础设施建设，促进城市基础设施向农村延伸，着力改变农村建设滞后于城市的状况。建立政府主导、市场运作的多元化投资机制，优先发展社会共享型基础设施，扩大基础设施的服务范围、服务领域和受益对象，让农民也能分享城市基础设施，分享整个社会科技进步的优秀成果。

（四）农民市民化

农民市民化的过程不是简单地将农业人口转移到大中城市或者小城镇的过程，而是在政治权利、社会生活、经济政策等各方面赋予农业人口以城市居民相同的待遇。

1．改革土地制度

对大多数农村土地而言，发展中国家的土地单产与发达国家相差无几。由于土地用途限制及区位因素，且农民人口太多，人均农业产值太低，农产品价格也没有上升空间。农村土地的经济租金极低，土地价格也因此很低。因此，无论是目前转让使用权还是假设土地产权私有条件下的土地买卖，都不会给农民带来较高收益。所以改革土地制度要更多地关注农民本身的价值实现。改革土地制度应按照现有的分配状况进一步加强使用者的处置权利，降低交易成本，激活土地流转市场，建立土地使用权流转制度，让农民自由地进出农村、农业。

2．加大农村的教育投资力度

提高农民文化素质，使之能够适应市场经济的优胜劣汰规则，是加速农村剩余劳动力转移的先决条件。产业结构的不断优化，较高的文化素质将会极大地促进城乡统筹的力度。因此，应当加大对农村人力资本的投入，构建完善的农村教育体系，造就一支数量庞大、素质过硬、适应现代农业大生产要求的农民队伍。

3．改革户籍制度

从现实来看，我国的户籍制度对农民来说既不公平又无效率。从本质上看，户籍制度是一种"社会屏蔽"制度，它将社会上一部分人屏蔽在分享城市的社会资源之外，将大多数人口限制在农村，而只有取消户籍制度和逐渐消除城乡之间的差异，才可能实现相对的社会公平。

4．改革城乡分配制度

城乡统筹中的国民收入分配，要根据经济社会发展阶段的变化，调整收入分配结构，改变收入分配中的城市偏向，加快农村公益事业建设，建立城乡一体的财政支出体制，将农村交通、环保、生态等公益性基础设施建设都列入政府财政支出范围。

5．完善行政管理体制

行政管理体制改革对农民市民化作用十分明显。要加快建立乡镇社区自治制度，转变职能，精简机构，形成中心城、中心镇、中心村的行政管理体制。应根据城乡发展的实际需要，制定一系列能够为城乡统筹发展、打破城乡二元经济结构保驾护航的法律法规。

总之，实现社会统筹，缩小城乡差距，需要跳出农村建设农村，推进农村城市化；要跳出农业发展农业，推进农业现代化；要跳出农民富裕农民，推进农民市民化。

（五）城乡一体化

城乡一体化的发展趋势，是把城市与农村的经济社会发展看成是统一的经济社会系统的建立过程。而这个统一的经济社会系统，在生产、流通、消费、社会、文化、居民点分布等方面，把城市与农村紧密地联系在一起，它是一个不同于城市与农村各自独立的结构系统的新型结构系统，也就是在城乡一体化基础上形成的新型结构系统。当城乡经济社会发展到这个阶段，农村的内部联系以及农村与城市之间的外部联系，将逐步地让位于城市与农村的各个一体化要素范围内的联系。从而，逐步形成了把城市和农村联结起来的统一的、完整的系统范围内的联系。这就是城乡一体化的特定含义。

城乡一体化，包括城乡空间、市场、产业结构和经济社会发展四个方面。

1. 城乡空间一体化

实现城乡空间一体化，主要从两个层面的工作着手：首先是加强城乡空间布局的总体规划。将城市中心与周围乡镇及乡村居民点作为一个整体，统一编制城乡产业发展、土地利用、城市人口、基础设施、生态环境等专项规划，最终建立一个城乡相互配套、衔接、管理有序、落实到位的规划体系。其次，空间一体化的实现有赖于快捷畅通的联系渠道和联建共享的基础设施。因此，城乡交通、通信等区域性基础设施必须先行规划和建设，尽快形成内外衔接、城乡互通、方便快捷的交通通信网络，从而保证城乡生产活动联系的密切性、城乡居民远距离就业以及乡村居民生活消费行为的便利性。

2. 城乡市场一体化

市场是生产要素、中间产品和最终消费品流通、配置、交换的主要途径和载体。打破城乡二元体制，实现城乡"经济自由"，重要的一条就是废除旧有的城乡二元化的市场管理手段，统一乡村市场与城市市场，协同运作，自由流通，构建既包括要素市场又包括产品市场的、类型齐全、功能完备的市场体系。重点是消除要素在城乡之间自由流动的各种体制性政策性障碍，营造城乡一体化的要素市场。

3. 城乡产业结构一体化

根据城市和农村的不同特质要求和发展优势，合理分工，互促共进。从分工角度解决城乡之间产业同构和过度竞争的问题，使城乡之间形成一种相互支撑的经济技术联系。中心城市作为区域的发展极，重点应发展金融、贸易、信息、服务、文化和教育等第三产业；中小城市以生产性功能为主，充当中心城市向农村扩散经济技术能量的中介和农村向城市集聚各种要素的节点；农村以规模化种植的农业生产支撑大中小城市对资源和要素的需求。获取农业经营的规模效益和城市化发展的整体效益。

4. 城乡经济社会发展一体化

调整国民收入分配格局，在财政、金融、税收体制上采取突破性大举措，努力缩小城乡差距、农民与市民的差距。在农村财政政策方面，增加农村财政资金总量，转换运行机制，对农产品和农业生产者给予一定的税收优惠。在农村金融政策方面，通过增加贴息等措施，鼓励金融机构向农民和农业生产经营组织提供贷款。

我国改革开放以来的实践经验表明，长期保留和发展作为一个相对独立的、封闭的农村社会经济领域，是不可能最终解决农村的社会经济问题的。这是因为，只有改变传统的城乡社会分割格局，把过去集中于城市的非农产业，不断地扩散到农村去，才有利于合理地配置生产要素，科学地进行地区开发，建设发达的道路运输设施，改善农村的社会服务、文化服务、商业服务、生活服务以及削弱乃至消灭生产与人口过分集中于城市的现象。换句话说，要逐步解决作为独立系统的农村所无法解决的社会经济问题，就必须在农村地区发展一系列以往集中于城市领域的新的产业部门，同时结合改变生产领域与社会服务领域之间的比例，迅速提高非农产业与社会服务业的比重。这不仅有利于满足农村居民选择劳动就业门路的多样化需求，而且有利于使城乡的劳动条件、生活条件、生活方式、社会结构、社会服务系统渐渐吻合起来。只有逐步克服农村社会经济所固有的分离性，不断地改造历史上形成的城乡社会分工格局，才有可能从根本上克服作为相对独立系统的城市领域与农村领域所必然产生的一系列矛盾，并为整个社会经济系统的协调发展开辟广阔的前景。

四、乡村经济在区域发展中地位与作用

乡村经济是乡村中经济关系和经济活动的总称。包括乡村中的农业、工业、商业、金融业、交通运输业、服务业等部门的经济关系和经济活动。乡

村经济的特点是：农业是主体，从事农业生产活动的人较多，其他部门的经济活动大都或多或少同农业生产有联系，人口密度小，经济发展水平较低。

乡村经济是县域经济的一个基础构成部分，既不同于城市经济，也不同于集镇经济，它具有特殊的地位和特征。目前的乡村经济发展缓慢。但是，乡村经济发展对县域经济发展具有重要的意义。乡村经济的地域性决定了乡村经济的农业性，乡村经济的农业性决定了乡村经济在国民经济中的地位。

（一）乡村经济是国民经济的基础

中国的农业由全民所有制的农业和乡村集体所有制的农业构成。全民所有制的农业主要包括直接从事农业生产的国有农场、林场、畜牧场、渔场等农业企业和服务的各类企业、事业单位，拥有耕地 6 682 万亩（1 亩 ≈ 667m^2），占全国总耕地面积 14.35 亿亩的 4.7%，但其分布在县域的面积很少。可见，中国农业基本上由乡村集体所有合作制的农业经济构成。中国国民经济的发展，必须以乡村农业发展为基础。

（二）乡村人口在中国总人口中的比重很大

乡村劳动力的充分就业是国民经济发展的重要条件。一方面，它形成乡村经济以及国民经济的人力资源。另一方面。它又是影响乡村经济和国民经济发展的重要因素。如果乡村劳动力得到充分的利用。乡村经济才能得到发展，国民经济才能有不断发展的基础。

（三）乡村经济的发展程度直接制约着国民经济的发展程度

发展中国家有 25 亿以上的人口以农业为主要职业。世界上几乎 70% 的穷人是由他们构成的。数量众多的农业与农村人口本身就说明农业与农村经济发展的重要性。这种情形也就决定了，经济发展应该从农业与农村的经济发展起步。不难理解，当绝大多数最穷的人生活在农村地区，靠仅能维持生存的农业过活的时候，作为发展中国家，为了经济的发展，并使经济持续发展下去，首要是发展农业，通过农业的发展使整个经济发展起来。随着农业生产力的提高，农产品产量将不断增加，农民的收入也将随之增加。这样，除了维持农业人口生存并使之较大程度地提高生活水平之外，尚要积累一部分农业剩余。增加农业剩余的结果，是乡村购买力的提高，这对工业发展是一个重大的激励。随着农产品运往城市，工业制成品输送到农村地区，交通和通信也将得到发展。农业生产力的提高和农产品产量的增加，使向国外出口农产品赚取外汇收入的能力也将增强。外汇收入会用于建设其他有效率的工业部门，并有助于通过进口稀有原料、机器、资本设备和技术知识，建立新的工业部门。因此，任何忽视或延缓乡村经济发展的做法都将严重有害于国民经济的发展阶段。

第三节　统筹城乡协调发展

所谓统筹城乡发展，是指从二元经济走向同质经济的过程中，国家通过体制改革和政策调整，把城乡作为一个发展整体，在物质文明建设和精神文明建设方面使城市和乡村相互兼顾，并对农村有所倾斜的二者协调共进的一种策略选择。世界经济社会发展史，特别是世界发达国家工业化、城市化的进程用事实告诉我们：城乡统筹是经济社会发展的必经之路。

一、城乡关系的历史演进

城乡关系随着城市的产生而产生，城市的产生和发展过程就是城乡关系对立统一的运动过程。城乡间关系演变的根本原因，是生产力的不断发展和社会分工的不断深化。

城乡关系的历史发展可以划分为城乡合一、城乡分离、城乡对立、城乡交融、城乡一体化五个阶段。

（一）城乡合一阶段（城市化率＜10%）

一般以城市人口占总人口的比重超过 10%作为城市化的起步阶段，这是城乡合一与城乡分离这两个阶段的分水岭。在城乡合一阶段，农业为主导，城市化总体上呈现一种低水平扩张的相对稳定状态，城市依赖乡村，城乡居民收入几乎没有差别，不存在明显的城乡差距问题。

（二）城乡分离阶段（城市化率为 10%～30%）

工业革命使城市发生了根本性的变化，工业化的迅猛发展大大加快了城市化的进程，工厂的大量出现与集中，使城市成为先进生产力的代表，城市经济在国民经济中的地位迅速上升，并逐步成为国民经济发展的主导力量。"城市已经表明了人口、生产工具、资本、享受和需求的集中，而在乡村则是完全相反的情况：隔绝和分散"[①]。在城乡分离阶段，城市发展迅速，地位越来越重要，城乡差距出现并逐渐扩大。

---

① 马克思恩格斯全集（第 1 卷）[C]. 北京：人民出版社，1995，第 104 页.

(三) 城市对立阶段 (城市化率为 30%~50%)

当城市人口占总人口的比重超过 30%后，城市化进入中级阶段，城市化快速发展，城乡关系随之发生剧烈变化，因而城市人口占总人口超过 30%是城乡分离与城乡对立两个阶段的分界点。在城乡对立阶段，大多国家或地区的经济、社会、政治、文化等都会发生重大变化，各种社会矛盾和问题暴露得最充分。城市完全占据主导地位，通过集聚效应不断将农村的资金、土地、劳动力等生产要素吸引到城市中来，城乡差距越来越大，矛盾越来越尖锐。

(四) 城乡交融阶段 (城市化率为 50%~70%)

一旦城市人口占总人口的比重达到 50%以上时，城乡对立的症状便逐渐缓和并好转。因此，城市人口占总人口的比重超过 50%是城乡对立和城乡交融两阶段的分界点。在城乡交融阶段，城市仍然占据主导地位，但城乡经济社会逐渐走向协调发展，城乡差距开始缩小，矛盾也趋于缓和。

(五) 城乡一体化阶段 (城市化率>70%)

当城市人口占总人口的比重超过 70%后，城市化进入高级阶段，农村人口的绝对数和农村中从事农业的劳动力的数量很小，城市化发展速度趋于平稳。从英国、美国、北欧国家的情况来看，城市化率在达到 70%以后，城乡关系实现了融合，城市的主导地位虽然不变，但是城乡经济社会实现了协调发展，除了景观上的差异，城乡差距已基本消除，城乡居民都能平等地享受到经济发展的好处，基本实现了城乡一体化。因此，城市化率超过 70%是城乡交融与城乡一体化两个阶段的分界点。

二、统筹城乡发展的动因和内涵

发展经济学认为，在工业化初期，工业通过依靠农业的积累和剥夺农业的利润来加速发展，城市逐步繁荣，农业开始萎缩，城乡差距一般呈持续扩大趋势；在工业化中期阶段，农业对工业的基础性制约作用显现出来，同时，经过高速发展的工业以及所带来的先进的生产技术和管理手段，对农业发展已具备了较强的促进作用。这就为工业与农业、城市与乡村协调发展奠定了基础，城乡差距保持相对稳定；工业化后期差距将逐渐缩小，直至达到城乡经济和社会发展的一体化。目前，我国已经处于工业化中期阶段，实现工业与农业、城市与农村协调发展的条件基本具备。

统筹城乡经济社会发展，是相对于传统经济体制下工农分割、城乡分治的二兀经济社会结构而言的，它要求把农村经济与社会发展纳入国民经济与社会发展全局之中，与城市发展进行统一规划、综合考虑，改变重工轻农的城市偏向，以工农协调发展和城乡一体化为目标，统筹解决城市和农村发展中的各种问题。

之所以要实行城乡统筹，是因为农村和城市是相互联系、相互依赖、相互补充、相互促进的，农村发展离不开城市的辐射和带动，城市发展也离不开农村的促进和支持。因此，必须统筹城乡经济社会发展，充分发挥城市对农村的带动作用和农村对城市的促进作用，才能实现城乡经济社会一体化发展。长期以来形成的城乡二元社会结构，使我国城市和农村的经济社会发展都处于相对封闭的自我循环之中。这种计划经济体制下形成的社会经济结构在历史上起到了一定的积极作用，但却是制约新时期经济发展的一个瓶颈。近几年来，我国城乡差距过大且呈明显扩大趋势，"三农"问题日益突出。缩小城乡差距、工农差距，对于解决"三农"问题，提高农民收入，促进经济社会全面发展，实现农业现代化具有重要意义。

三、城乡统筹的依据

（一）二元经济发展现状

美国著名经济学家威廉·阿瑟·刘易斯（W. A. Lewis）在 20 世纪 50 年代提出了一个颇具影响力的二元经济发展模型，他认为，农业剩余对工业部门的扩张和劳动力向城市转移具有决定性的意义。发展只能是在城市工业部门优先增长的基础上进行，经济发展是城市现代工业部门不断扩张的过程，新的就业机会是由城市工业部门的不断扩张创造出来的。在两种不同经济中就业的相对人口的比例取决于高工资经济中能提供就业机会的资本数量，也取决于高工资经济中的工资水平。剩余劳动力由边际生产力低的农村向边际生产力高的城市转移，必然推动经济增长，而城市化带来的人力资源在城市和农村间的重新配置是实现经济发展的根本途径。

（二）城市发展对乡村的影响

20 世纪 60 年代末 70 年代初，美国经济学家迈克尔·托达罗（M. P. Todalo）从发展中国家城乡普遍存在失业的前提出发，认为以前的经济理论将农村劳动力向生产力较高的工业部门的转移视为一步到位的过程的观点是不实际的，因为它没有考虑到那些缺乏技术的农村移民是否有可能真正在高报酬的城市工业部门中得到就业机会，由此，他提出了城乡人口流动模型。托达罗提出了与刘易斯相反的政策含义：

第一，城市就业机会的创造无助于解决城市的失业问题。如果我们听任城市工资增长率一直快于农村平均收入的增长率，尽管城市失业情况不断加剧，由农村流入城市的劳动力仍源源不断。城市就业机会越多，就越会诱导人们对收入趋涨的预期，以致城市失业水平也越高。

第二，政府干预城市工资水平会使城市失业率更高。政府干预城市工资水平特别是制定最低工资线，并对城市失业人口给予最低生活补贴，会导致要素价格的扭曲，带来更多农村劳动力进入城市，使城市失业率更高。

第三，调整教育投资结构，减少教育过度投资。农村人口受教育的程度越高，其向城市转移的预期收入就越高，不加区别的发展教育事业，会加剧劳动力的迁移和城市失业。因而应当减少教育事业方面的过度投资，特别是在高等教育方面更应如此。

第四，重视农村与农业的发展，消除城乡经济机会的不均等，扩大农村中的就业机会。超出城市就业机会供给的农村劳动力的迁移，既是发展中国家不发达的标志之一，又是加剧不发达的一个因素。并且，由于现代工业部门的大多数职位需要大量的补充资源的投入，因而城市的职位创造远比农村的职位创造困难，代价也更为昂贵。要解决城市失业问题，最重要的就是要加快农村和农业的发展，恢复城市和乡村在实际收入方面的适当平衡。

四、统筹城乡发展的主要内容

城乡统筹的发展就是通过加快推进农村城市化、农业现代化和农民市民化，实现经济、社会结构的全面转换。要想实现城乡统筹，首先要转变发展战略和思路，从城乡分割、差别发展转向城乡互通、协调发展，把工业化、城市化与农业农村现代化紧密结合起来，走生产发展、生活富裕、生态良好的文明发展道路。所谓城乡统筹的发展思路主要是指，树立以民生为本的新的发展观和政绩观，把改善民生作为发展的第一要义，把增加城乡居民收入、提高生活质量和健康水平、改善生态环境作为最重要的政绩，把增进最广大群众的物质利益、政治利益和文化利益作为经济发展的根本出发点和落脚点。

城乡统筹的主要内容包括以下几个方面。

（一）统筹城乡经济发展和生产力布局

在发展工业和第三产业的同时，改造传统农业，建设现代农业，促进农业和工业、服务业密切联系，实现三大产业的协调发展和工业化、城市化、农业现代化的良性互动。促进生产力在城乡地域空间的合理分布、组合与配置。实行工业反哺农业、城市支持农村和对农村"多予、少取、放活"的方针，形成工农互动、城乡互动、以工促农、以城带乡的局面，缩小城乡发展水平、工农业发展水平的差异，推动城乡经济社会发展融合。

（二）统筹城乡政治资源，实现城乡政治文明共同发展

长期以来，城乡居民不能平等地接近政治资源，农民获取政治资源的能力过低，缺乏真正意义上的农民利益的政治表达，导致农民在同其他市场主体或利益集团的博弈中处于劣势。农村主体对政治资源的享用主要体现在农民自组织的政治权利和权能信息的平等获得权利，二者是相辅相成的。只有建立健全农民的自组织，才能保证获得各项政治权利，才能提高农民的合作能力，在市场交易和社会生活中，农民的权利才能得到有效维护；只有平等的获得权能信息，才能保证各项政治权利的落实，如果权能信息尤其是一些有利于农民的政策、法规被官僚垄断，农民就很难获知和掌握权力的具体内容，也就不会很好地行使那些权利。因此必须统筹城乡政治资源，使农民具有与城市居民平等的政治地位，使其真正地参与国家、社会事务的管理，体现和维护自身利益。

统筹城乡政治资源最为重要的是体制和政策的转换问题，只有体制和政策问题解决了，才能真正培育出适应市场经济要求的主体，才能真正形成自适应的调整和创新机制，实现统筹城乡经济发展。因此，统筹城乡体制改革，尤其是统筹城乡政治体制改革，是统筹城乡经济社会发展的应有之义。村民自治、与税费改革密切相关的县乡机构改革、培育农民自己的生产经营组织等，都不仅仅是经济和社会问题，它们的成败也同样取决于政治体制改革的方向和力度。

（三）统筹城乡基础设施建设

强化城乡基础设施的衔接互补，加大对农村基础设施的投入力度，并与城市相关设施统筹考虑，切实改变农村的生产、生活条件，改变城乡基础设施建设"两重天"的局面，实现城乡共建、城乡联网、城乡共享。

（四）统筹城乡公共服务事业建设

推进公共服务设施、公共服务产品、公共服务机构、公共服务制度等方面的城乡一体化进程和公共资源在城乡之间的均衡配置，缩小城乡差距。

发展农村科技、教育、文化、卫生等社会事业，建立能够维护农民自身权益的新的社会管理体制，建立覆盖全体农民的统一的社会保障体系，让广大农民包括进城农民工也能享受到基本的社会保障。拓宽农村公共产品与公共服务范围，树立基本公共服务均等化理念，实现基本养老、基本医疗、社会保险、社会救助等公共服务的城乡一体化。

（五）统筹城乡规划

统筹城乡道路、公共基础设施和信息等硬件以及城乡社会管理制度和服务等软件建设规划，全面提高农业和农村发展的保障能力，改善农民生产与生活环境。形成中心城市、中心镇、中心村一体化规划体系，促进城镇基础设施建设向农村延伸，让农村、农民成为分享城乡基础设施的受益对象，促进公共资源在城乡之间均衡配置。

（六）统筹城乡生态环境建设

一是要将城市的生态环境建设与农村的生态环境建设纳入统一的框架内进行规划，避免污染由城市向农村转移，建立起和谐共生的城乡生态保护体系；二是注重农村生态环境保护问题，既要杜绝以牺牲生态环境为代价的经济增长方式，建立绿色的经济发展模式，打造绿色产业，又要杜绝以牺牲农村的生态环境来建设城市的生态环境。

（七）统筹城乡国民收入分配与再分配

改变国民收入分配中的城市偏向，提升农民劳务价格和农产品附加值，完善对农民的政策性转移支付制度与激励机制，建立城乡一体的财政支出体制，不断提高农民收入水平，缩小城乡居民的收入差距，实现城乡居民收入分配方式和收入水平的一体化。

（八）统筹城乡文化建设，推进城乡文明一体化

要注重城乡文化发展差异基础上的借鉴和融合，着力丰富农村、偏远地区、进城务工人员的精神文化生活，培育城乡文明风尚，加快城乡文化产业基地和区域性特色文化产业群建设，不断增强城乡文化的发展活力，主E城乡居民共享先进文化的魅力。

（九）统筹城乡就业和市场建设，促进城乡市场体系一体化

统筹城乡劳动就业，推进城乡就业和劳动力市场一体化。改革现有的户籍制度和附着其上的种种对农村人口的就业限制，逐步建立全国统一的、

以身份证管理为主的一元户籍制度，鼓励并允许有稳定职业和居住条件的农民进城落户，赋予全国公民平等择业和选择居住地的权利，实现城乡居民就业机会的平等和劳动力、资金等生产要素在城乡之间的自由流动。健全具有区位优势的城乡接合部以及乡（镇）政府所在地的农业生产服务体系、农村市场体系和农民生活服务体系，发展城乡互动的农村现代化仓储物流体系和新型流通业态，培育多元化、多层次的市场流通主体，形成城乡互为资源、互为市场、互相服务的局面。

五、统筹城乡发展的领域与措施

打破城乡二元结构，统筹城乡协调发展，是历史留给我们的现实课题。要做好这一课题，必须在深入研究的基础上，综合运用行政、经济、法律和市场手段，多管齐下，多策并举。概而言之，就是要大力调整经济社会发展的战略，重新构建国民收入分配格局，消除制约城乡协调发展的体制性障碍，加快农村生产方式的变革；就是要大力推进产业结构调整，增强工业反哺农业的能力，逐步拓宽农业人口向非农产业转移的渠道，提高特色农业的商品化、规模化和集约化水平，推进城乡互动，促进工农互补，实现城乡经济和社会协调发展。

根据中国城乡发展过程中的矛盾与问题，中国未来时期统筹城乡发展有五大重点领域。

（一）统筹城乡经济社会发展

1. 建设社会主义新农村是我国现代化进程中的重大历史任务

全面建成小康社会，最艰巨、最繁重的任务在农村。加速推进现代化，必须妥善处理工农城乡关系。构建社会主义和谐社会，必须促进农村经济社会全面进步。农村人口众多是我国的国情，只有发展好农村经济，建设好农民的家园，让农民过上宽裕的生活，才能保障全体人民共享经济社会发展成果，才能不断扩大内需和促进国民经济持续发展。当前，我国总体上已进入以工促农、以城带乡的发展阶段，初步具备了加大力度扶持"三农"的能力和条件。在今后的若干年里，必须抓住机遇，加快改变农村经济社会发展滞后的局面，扎实稳步推进社会主义新农村建设。

2. 加快建立以工促农、以城带乡的长效机制

顺应经济社会发展阶段性变化和建设社会主义新农村的要求，坚持"多予少取、放活"的方针，重点在"多予"上下功夫。调整国民收入分配格

局，国家财政支出、预算内固定资产投资和信贷投放要按照存量适度调整、增量重点倾斜的原则，不断增加对农业和农村的投入。扩大公共财政覆盖农村的范围，建立健全财政支农资金稳定增长机制。要把国家对基础设施建设投入的重点转向农村。提高耕地占用税税率，新增税收应主要用于"三农"。抓紧制定将土地出让金一部分收入用于农业土地开发的管理和监督的办法，依法严格收缴土地出让金和新增建设用地有偿使用费，土地出让金用于农业土地开发的部分和新增建设用地有偿使用费安排的土地开发整理项目，都要将小型农田水利设施建设作为重要内容，建设标准农田。进一步加大支农资金整合力度，提高资金使用效率。金融机构要不断改善服务。加强对"三农"的支持。要加快建立有利于逐步改变城乡二元结构的体制，实行城乡劳动者平等就业的制度，建立健全与经济发展水平相适应的多种形式的农村社会保障制度。充分发挥市场配置资源的基础性作用，推进征地、户籍等制度改革. 逐步形成城乡统一的要素市场，增强农村经济发展活力。

（二）统筹城乡居民迁徙权

统筹城乡居民迁徙权是城乡统筹的又一重要领域。要实现统筹城乡发展，必须要建立相互开放的城乡发展机制。任何形式的封闭，都只能并且必然导致城乡差距拉大，城乡矛盾激化。

中国处于城市化的高速发展时期，大量的人口在流动、迁移，是非常正常和不可避免的社会现象。中国正在进入移民时代。随着城市化水平的提高. 流动人口还将不断增加，流动性还会加大，直至中国进入城市社会。

在这一自然历史过程中，如果我们的社会和政府对流动人口采取宽容和接纳的态度，允许人口自由迁徙，那么，这些流动人口就可以在相对较短的时间内寻找到新的发展空间，基本稳定下来，融入正常的城市运行轨道。相反，如果我们的政策是封闭的，或者是半封闭的，或者是举棋不定的，对流动人口采取歧视、排斥和不欢迎的态度，那么，社会的不稳定性将加剧，不稳定期将延长，甚至由积极的不稳定因素演变为消极的不稳定因素，整个国家将为城市化付出极其沉重的代价。

随着中国走进移民时期，面对规模庞大并将继续增长的流动人口，建立一套开放、公平和宽容的城市化政策体系刻不容缓。其中最为基本的内容就是彻底改革户籍制度，赋予全国公民以平等选择就业和生活的权利，赋予全国公民以自由的迁徙权。只有城乡相互开放，生产要素相互流动起来，城乡差别才有可能逐渐缩小，城乡一体化才具备基本的前提。

（三）统筹发展基础教育

基础教育统筹是中国城乡统筹的主要任务之一，也是实现城乡统筹的根本依托，是解决城乡统筹其他问题的基础。

首先，统筹基础教育是新型工业化发展的需要。中国是在工业化与城市化过程中实现城乡统筹，大量的农村人口要进入城市，参与现代城市经济发展。如果农村基础教育缺乏，农村劳动力在市场上就会缺乏竞争和就业的能力，他们或者长期停留于低层次就业领域，或者干脆沦为失业和贫困，不仅不能成为新型工业化的有效力量。还会带来一系列的由都市贫困引发的社会矛盾，由城市化的积极因素变为消极因素。

其次，统筹基础教育是农业现代化的需要。工业化和城市化不仅是工业与城市发展的问题，也同时是一个农业和农村的发展问题，当大量的农村人口进入城市之后．农业的规模化和技术进步进程将大大加快，农业劳动力也必须由小生产者转变为现代农业技术产业工人，或者农业企业家。换言之，如果农村基础教育缺乏，将来我们的农民不仅在城市中做不好工人，在农村里也做不好农民。中国的农业竞争力就难以保证。

再次，是解决农村贫困的有效路径。贫困和返贫困一直是中国的重大问题。长期难以解决的贫困地区，一般都是自然环境条件太差、缺乏生存基础的地区。这些地区解决贫困的根本出路是贫困人口走出山区，进入城市，彻底更换生产生活环境。为此，最有效的、最低成本的措施莫过于发展基础教育。

要统筹城乡基础教育，必须从根本上改革地方政府办教育的制度，改为中央、地方政府共办基础教育。基础教育属于完全的公共产品，当地方政府无力提供时，中央政府需要承担起责任。一个比较可行的思路是：确立上一级政府通过规范的转移支付补助下一级政府提供基础教育财力的制度，以及在各级公共财政支出中基础教育优先原则。根据各省适龄人口及其结构计算出各地基础教育经费需求量，在地方财政支出方案中要优先满足基础教育支出，基础教育资金专款专用。当省一级人均财政支出低于全国平均水平时，根据缺口的多少中央财政给予基础教育专项拨款，满足地方基础教育经费支出的需要。在省、县、乡之间可以以此类推，保证各级各地基础教育的需要。

（四）统筹社会保障

进入城镇的农村居民的相对稳定的工作与生活，有赖于统筹城乡社会保障制度。

当前，中国城镇的社会保障体系框架已经基本建立。但是，从城乡统筹发展的角度看，从积极稳定推进城市化的角度看，中国社会保障制度存在着重大缺陷：就是将进入城镇就业和落户的农民排除在绝大部分社会保障享受对象之外。其中最低生活保障明确不包括建制镇居民和农民工人，其他社会保障（失业保障、医疗保障、养老保险）对农民工能够享受的程度或者含混不清，或者干脆将他们排除在外。也即中国当前是一个城乡隔绝的社会保障制度。

数千万农村居民由于缺乏保障，使得他们并没有把进入城市当作追求目标，在城市就业只是作为一种短时期内获取比农村更高收入的手段。他们在城镇中无所依托，长期徘徊于城市与乡村之间，造成一系列的负面效应：一方面，在农村，他们不放弃土地经营权，限制了农村土地规模经营的进程和农业生产效率的提高；另一方面，在城市，他们不具有城市人的生活方式：他们缺乏追求学习和进步的激励机制：他们的收入大部分寄回家赡养老人及下一代，没有构成城市的有效购买力；更有甚者，他们在城市中工作若干年，仍然对城市陌生、惧怕甚至怀有敌意，在不如意时常常采取极端手段，严重影响了城市社会的稳定。

因此，统筹社会保障是统筹城乡发展的重要内容之一。在近期，统筹社会保障总的原则是扩大保障面，实行社会化。对进入非农产业就业的农村劳动力，特别是长期在城市中就业并生活的农村人口，实施与城镇居民统一的社会保障制度。

（五）统筹城乡就业

就业统筹是城乡统筹的第四大领域。统筹城乡就业，最根本的举措是建立城乡统一的劳动力市场；其次是客观认识、梳理扩大城镇就业思路，并据此调整就业政策。

1. 深化就业与户籍制度改革，建立城乡一体化的劳动就业体系

要打破城乡分割的就业制度和户籍制度，取消一切限制农民进城的歧视性政策，建立城乡平等的就业制度和户籍制度，扩大农民就业渠道。坚持就地城镇化和就地就业为主的方针。充分发挥区域块状经济对吸纳农村劳动力就业的巨大作用，发挥县域与中心镇吸纳农村人口门槛低的优势，把工业园区与城镇新区建设结合起来，把产业集聚与人口集聚结合起来，增强区域块状经济和城镇吸纳农村劳动力的能力，促进农民进城务工经商和安居乐业。

以提高农村劳动力就业率为重点，按照"公平对待，合理引导，完善管理，搞好服务"的方针，建立统一、开放、竞争、有序的劳动力市场和城乡一体的劳动力就业体制、就业服务体系及劳动就业政策，实现城乡劳动力平等就业。采取"政府买单、市场运作"的方法，加强农村劳动力就业培训，引导农业劳动力向第二、三产业转移，促进农村居民劳动就业者能享有城镇居民劳动就业者同等的权利和义务，加快推进城乡劳动就业一体化。

2. 统筹城乡就业政策，加快农村劳动力的流动和转移

为此，一要统筹城乡就业政策，将农村劳动力就业纳入国家整体就业规划，把积极的财政政策与积极的就业政策结合起来。二要积极调整产业布局，重视劳动密集型制造业的发展，积极扶持乡镇企业，努力创造就业机会再创农村非农产业辉煌。三要大力开展对农村劳动力的职业技术培训，增强农村劳动力自就业能力。

六、城乡协调发展评价

（一）城乡协调发展评价指标体系

根据高起点、高标准、科学性、全面性、系统性、可操作性等原则，建立由四级指标构成的指标体系（表5-2），并根据发达国家的指标数据以及对城乡协调的认识提出相应的标准值。该四级指标的意义如下：

（1）一级指标是城乡协调发展度，是最终的结论性的评价指标。

（2）二级指标是城乡统筹发展的不同方面的概况，具体包括城乡人口协调度、城乡经济协调度、城乡社会协调发展度、城乡空间协调发展度和城乡环境协调发展度。

（3）三级指标是针对城乡协调发展的具体内容进行分类，包括居住、就业、经济效益、经济平衡度、信贷、财政、税收、文化教育、医疗卫生、社会保障1、城市化水平、交通、污染治理、生态建设等。

（4）四级指标是根据城乡协调发展的具体内容所确立的最基本操作指标，在数据可得性的基础上尽可能地包括重要的指标，共包括36个指标。

表5-2 城乡协调发展评价指标体系

A层	B层	C层	D层	指标性质	组合取向
		居住	1.城乡户籍制度开放度	定性判断	完全放开
		就业	2.城乡就业制度开放度（就业领域及待遇的公平）	定性判断	完全放开
			3.人均GDP	+	越大越好

续表

A层	B层	C层	D层	指标性质	组合取向
		经济效益	4.单位面积国土创造的 GDP	＋	越大越好
			5.全员劳动生产率（平均每个劳动力创造的GDP）	＋	越大越好
			6.百元固定资产原价实现产值	＋	越大越好
	城乡人口协调发展度	经济平衡度	7.非农产业占 GDP 的比例	与经济发展阶段相符	
			8.万元 GDP 综合耗能	—	越小越好
			9.城乡居民人均收入及其对比	＋	1.2～1.5
			10.城乡居民消费水平及其对比	＋	1.2～1.5
			11.城乡恩格尔系数及其对比	—	1.2～1.5
城乡协调发展度		信贷	12.金融机构短期工业贷款与农业贷款比／工业与农业产值之比	与产业结构对应	趋向1
		财政	13.第一产业占固定资产投资额比重与第一产业占 GDP 比重之比	与产业结构对应	趋向1
			14.城乡人均固定资产投资比／城乡人均收入比	＋ ＋	趋向1
			15.城乡人均维护建设费、农业人均基础设施投资及其对比	＋	1.0～1.2
		税收	16.是否免除农业税	反哺阶段	1
	城乡社会协调发展度	文化教育	17.城乡人均教育、文化艺术和广播电影电视业从业人员比	与社会发展相符	1.5～1.8
			18.城乡基础教育师资学历达标率及其对比	＋	1.0～1.2
			19.城乡人均文化生活服务消费额及其对比	＋	1.2～1.5
		医疗卫生	20.城乡人均教育投资及其对比	＋	1
			21.城乡人均文化、体育、娱乐业投资及其对比	＋ ＋	1
			22.城乡千人拥有医生数及其对比	＋	1.1～1.3
			23.城乡千人拥有医院床位及其对比	＋	1.1～1.3
			24.城乡人均卫生、社会保障、社会福利投资及其对比	＋	1
		社会保障	25.（城镇被救济人口人均救济额／城镇最低保障标准）／（农村被救济人口人均救济额／农村最低生活保障）	＋ ＋	1
			26.城乡人均公共管理和社会组织投资及其对比	＋	1
			27.城乡三险覆盖率及其对比	＋	1.0～1.2
			28.城镇、农村生活饮用水安全人口比例及其对比	＋	100%

续表

A层	B层	C层	D层	指标性质	组合取向
城乡空间协调发展度		城市化水平	9.城镇人口占总人口比例	与城镇化规律相符	趋向70%
		交通	30. 农村行政村通公路的比例、城镇人口人均道路面积／理想最大值及其对比	＋ ＋	100%
	城乡环境协调发展度	污染治理	31. 城市污水处理率、乡村生产污水处理率及其对比		1
			32. 城镇垃圾无害化处理率、乡村垃圾无害化处理率及其对比	＋	1
		生态建设	33.固体垃圾综合利用率及其对比	＋	100%
			34.城镇空气质量达标率	二级及以上天数	100%
			35.城镇水环境达标率、农村水环境达标率及其对比	＋	1
			36.城镇人口人均绿化面积、全地区植被覆盖率及其对比	＋	1

（二）城乡协调发展综合评价模型的构建

上述指标从不同角度反映城乡协调发展的内涵，为了获得整体的比较结果，必须将这些指标总合成一个指标，即构造"协调度"模型。

指标综合有多种方法，这里采用乘法和加权乘法的思路构建综合模型。设所考察的对象由两个组成部分，用一个指标反应它们的效率特征，如人均收入。但各组成部分的含义和理想值可能有差别，如城镇人均可支配收入和农村人均纯收入，都是描述收入的，但二者的统计方法和实际价值却不是简单的 1∶1 关系。因此，在测算公平时，不能要求二者完全相同，而应是城镇人均可支配收入略高于农民人均纯收入。基于这些考虑，设计如下的两个组分、一个效率指标的效率—公平协调度模型（多效率指标可以用层次分析法、因子综合法等将其先合成一个效率指标），即

$$K=\sqrt{k_1 k_2}$$

式中：k_1 是效率（有效度），即

$$k_1=\frac{\dfrac{x}{x_0}+\dfrac{y}{y_0}}{2}\quad(0\leqslant k_1\leqslant 1)$$

式中：x、y 分别是两个组分的效率指标；x_0、y_0 分别是两个组分对应的理想值（或充分大）。两个组分的理想值不一定相同，对于城、乡人均收入来说，二者的理想极大值是不应相同的，因为同样的收入，所能保证的生活水平（质量）是不同的——乡村物价更低一些，水、卫生、住房等，尤其明显。本书认为，将两者的比例关系设置为 1.2：1 较为合适。

效率公式的含义是：第一个对象（如乡村）的效率（接近理想最大值的程度）与第二个对象（如城市）的效率之算数平均值。不论哪个效率提高，都对总效率有贡献。这里把二者的贡献视作相等。如果两个对象的体量不一样大，应该以它们的加权平均值为准。效率度介于 0~1 之间。

式 $K=\sqrt{k_1 k_2}$ 中，k_2 是公平（公平度），即

$$k_2 = \frac{e^{-\left|\frac{x}{x_0} - \frac{y}{y_0}\right|} - e^{-1}}{1 - e^{-1}} \quad (0 \leq k_2 \leq 1)$$

公平公式的含义是：协调度与两个对象的效率之差成负相关。在总效率（k_1）保持不变的情况下，提高协调度的关键是加快弱势地区（群体）的发展（即提高其效率）。

这样，协调度公式就可以写成

$$k = \sqrt{\left(\frac{x}{x_0} + \frac{y}{y_0}\right) \frac{e^{-\left|\frac{x}{x_0} - \frac{y}{y_0}\right|} - e^{-1}}{2(1 - e^{-1})}} \quad (0 \leq k \leq 1)$$

此模型揭示的规律是：协调取决于效率和公平两个方面（二者缺一不可）。首先是效率问题，没有效率就没有协调；一个组分的效率保持不变，另一个组分效率在提高，虽然二者的差别扩大了，但并不一定是不协调（要看 k_1 和 k_2 哪个增长得更快，以及走 k_1，k_2 乘积的变化）。

如果所考察的因素太多，按上述思路构造的模型将非常复杂，计算工作量也将太大。为此，建议使用 AHP 层次分析法，先确定各级各个指标的权重 C_i，然后将各个指标的数值与理想值进行比较，得出分值 X_i。如果 $X_i>1$，取其倒数；$X_i<1$，保留原值。这样所有指标值范围都介于 0~1 之间。最后进行逐级加权加和就可得到一级指标——城乡协调发展度的数值。数值越接近 1，说明城乡发展越协调。

第六章　推进农业可持续发展

《中共中央关于加强党的执政能力建设的决定》指出：坚持以人为本，全面协调可持续的科学发展观，更好地推动经济、社会的发展。"在指导方针、政策措施上注意加强薄弱环节，特别重视解决好农业、农村、农民问题"。这说明以科学发展观指导农业发展和农村经济工作，是解决"三农问题"、促进农业可持续发展的必然要求。可持续农业是一种新型的科学的发展模式，它能够有效地平衡农业发展、资源保护与经济效益之间的关系，是未来农业的发展趋势。加强可持续发展农业的发展，是推进新农村建设、落实科学发展观的必然要求，也是我国农业经济发展的机遇和挑战。

第一节　可持续发展农业的内涵与特征

一、可持续发展农业的内涵

可持续农业发展农业（sustainable agriculture）也叫可持续农业，代表着一种全新的农业发展观，是实施可持续发展的重要组成部分。

第二次世界大战以后，为了重建家园，世界各国以传统发展观加快工业化生产，力求经济快速增长，出现了经济增长过热的现象。这种增长使社会生产力得到了极大提高，经济规模得到空前扩大，创造了前所未有的物质财富，大大推动了人类文明进程。但是，由此也产生了一系列负面影响，主要由于自然资源的过度开发、消耗和污染物质的大量排放，导致全球资源紧缺、环境污染和生态环境破坏。由此人们开始理性思考，努力寻找新的发展模式，于是便产生了可持续发展的新概念。

1972年在斯德哥尔摩举行的联合国人类环境研讨会上正式讨论。这次研讨会云集了全球的工业化和发展中国家的代表，共同界定人类在缔造一个健康和富有生机的环境上所享有的权利。自此以后，各国致力界定可持续发展的含义，拟出的定义有几百个之多，涵盖范围包括国际、区域、地方及特定界别的层面。

1987年世界环境与发展委员会在《我们共同的未来》报告中第一次阐述了可持续发展的概念，得到了国际社会的广泛共识。可持续发展是指既满足当代人的需求，又不对后代人满足其需求的能力构成危害的发展。它们是一个密不可分的系统，既要达到发展经济的目的，又要保护好人类赖以生存的大气、淡水、海洋、土地和森林等自然资源和环境，使子孙后代能够永续发展和安居乐业。可持续发展要求人与自然和谐相处，认识到对自然、社会和子孙后代的应负的责任，并有与之相应的道德水准。其核心思想是人类应协调人口、资源、环境和发展之间的相互关系，在不损害他人和后代利益的前提下追求发展。它所要解决的核心是人口问题、资源问题、环境问题与发展问题，简称 PRED 问题。其最终目的是保证世界上所有的国家、地区、个人拥有平等的发展机会，保证我们的子孙后代同样拥有发展的条件和机会。

1991 年 4 月，联合国粮农组织在荷兰召开的农业与环境国际会议，通过的《登博斯宣言》对可持续农业做出的定义是："管理和保护自然资源基础，并调整技术和机构改革方向，以便确保获得和持续满足目前几代人和今后世世代代人的需要。这种（包括种植业、畜牧业、林业和渔业）持续发展能保护土地、水资源和动物遗传资源，而且不会造成环境退化，同时技术上适当、经济上可行，能够被社会接受。"《登博斯宣言》的这一定义得到广泛认同。其中，"不造成环境退化"是指人类与自然之间、社会与自然环境之间达到和谐共处；"技术上适当"是指生态经济系统的合理化并不一定依靠高新技术，需采用适用、合理的技术；"经济上可行"是指要实现低成本、高产出；"能够被社会接受"则是指生态环境变化、技术革新所引起的社会震荡，要在人们能够接受的程度之内。由此，可持续农业的内涵可以理解为：在合理利用和维护资源与保护环境的同时，实行农村体制改革和技术革新，以生产大量的农副产品，来满足当代人及后代人的需要，促进农业和农村经济的全面发展。

可持续农业提出后，人们在理解上有很大差异，有的强调资源利用和环境保护，有的强调增加产品以满足需要，还有的强调高效率。20 世纪 80 年代以后，可持续发展的概念逐步被界定，可持续发展的内涵日趋明确。

可见，农业可持续发展的内涵很丰富，虽然至今概念还没有完全统一。但以下几点已得到普遍认同。①都强调不能以牺牲子孙后代的生存发展权益作为换取当今发展的代价。②均认为可持续农业要兼顾经济的、社会的和生态的效益，不能只顾某一方面。③可持续农业包括"硬件"和"软件"两大要素。"软件"指可持续农业的外部环境，即人们的观念、政策体制等；"硬件"指技术上的创新。

二、可持续发展农业的目标和原则

（一）可持续发展农业的目标

1. 保证粮食供给的有效性和安全性

随着我国人口数量的增加，要保证食物供给的有效性，实行集约化经营，提高单产，增加供给总量是当务之急。要不断改善农业生产条件、提高经营管理水平，适当增加对农业的投入，包括资金、物质、人力资源和科学技术的投入。粮食供给的安全性，一方面指食品中不应包含各种有毒有害物质和其他有损于人体健康的因素，生产绿色环保健康食品；另一方面是指稳定粮食供应，保障供给安全。适当增加粮食的调剂与储备量（粮食储备量占年需要量的 17%—18% 为最低安全系数）。

2. 增加农业收入，扩大农村就业，实现脱贫致富

实现农村脱贫致富的关键在于发展农村经济。而现阶段从总体上来看虽然基本实现了小康，但部分地区仍然是经济基础薄弱，生产力水平不高。存在着农村产业结构单一、基本生产设施简陋、劳动力素质不高、技术条件落后、信息不灵、资源利用率较低等现象，影响了农村经济的发展。必须通过系统工程，加大对农村工作的重视程度和扶持力度。只有通过改善条件，调整农村产业结构，大力发展农村工商业、运输业、建材及信息产业等，加强农村综合开发，提高农村社会化服务水平，提高农村劳动力素质，增加农民收入，才能消除农村贫困，从根本上改变农村贫困落后的面貌，全面建设小康社会。

3. 保护资源环境的永续性循环

我国要实现这一目标任务很重。其原因有以下几点：我国资源总量和人均占有量严重不足；我国资源消耗增长速度惊人；我国资源利用效率整体偏低；我国对外资源依赖度还将升高。因此在农业发展的过程中，我们一方面要有效地控制生态环境的破坏和污染，增强农业对自然灾害的抵御能力；另一方面，努力提高资源利用率及利用效益，对稀缺资源的使用更要倍加珍惜，并积极寻求替代途径。此外，对已造成的环境污染和破坏，要亡羊补牢采取有力措施治理改善。合理利用和保护农业资源，造福子孙后代。

以上三大目标是一个整体。它的基本精神：一是把农业生产和农村发展结合起来，把农村经济发展和农村社会发展结合起来；二是必须把"资源与环境"和"生存与发展"结合起来。总之，保护资源与环境功在当今，利在后世。

（二）可持续发展农业的原则

中国农业如何持续发展，已经成为我国经济社会发展的突出问题。农业发展有其内在的客观规律性，从原始农业到传统农业再到现代农业，是一个逐步发展演进的过程。每一个过程都有其特征和要求，我们应当认识并掌握这些发展规律，通过借鉴发达国家的经验教训，并根据各地的地理位置、自然资源条件和经济实力水平，因地制宜，科学地设计农业可持续发展的道路。在从我国实际国情出发制订我国农业可持续发展战略的过程中，必须坚持一些重要的原则。

1. 优先发展原则

我国农业生产力水平尚不能满足人民生产和生活的需要，农业可持续发展必须以发展为前提。发展是人类活动的主旋律，不但要搞好当代人的发展，而且要为后代人的发展打下良好的资源环境基础。作为一个发展中国家，中国始终把发展经济、摆脱贫困、走向富裕作为可持续发展的核心目标，努力寻求一条经济、社会、环境和资源相互协调，兼顾当代人和子孙后代利益的发展道路。

中国《21世纪议程》关于人口、环境与发展问题的白皮书中明确地将发展摆在首位。因为要满足全体人民的基本生活需求和日益增长的物质文化生活需要，必须保持较快的经济增长速度，这是我国当前和将来满足人民需要和增强综合国力的一个主要途径。只有当经济增产率达到和保持一定的水平，才有可能不断消除贫困，人民的生活水平才会逐步提高，也才能够提供必要的能力和条件支持可持续发展，并做到经济迅速发展、资源开发利用和环境保护相协调，从而逐步走上可持续发展的轨道。农业是国民经济和整个社会发展的基础，它不仅为社会提供生活资料和工业原材料，而且作为一种源头产业，能够延伸繁衍出一个庞大的经济体系。农业的最终消费功能能够形成国民经济发展中的"乘数效应"，维系国民经济整体的不断增长。没有稳固发达的现代农业作为依托，国民经济的起飞与现代化是不可能实现的。

要建立可持续农业，首先要把发展放在第一位，根据我国农业的历史与现状改变农业的弱势地位。中国农户的经营规模小，农村市场发育不完全，农村产业结构和就业结构有待于进一步改善，农产品的科技含量较低，而且地区间差距较大，农村改革和农业科技缺乏重大突破。种种问题的存在使我国近年来农民收入增长缓慢，农业经济发展速度下降，如今又要应对加入 WTO 之后的各种挑战，使农业与农村的可持续发展受到了一定的影响。

国际上以罗马俱乐部为首的悲观派提出的"增长的极限"与"零增长理论"，认为人口、粮食、资本投资、环境污染、能源消耗等的增长都是指数式的，而资源是不会增长的，所以经济增长的后果就是人类自掘坟墓。为了避免世界末日的到来，就要停止人口增长，停止工业投资增长，以达到零增长与全球平衡。这种悲观主义观点忽略了发展中的各种问题只有通过发展和技术进步才能得到解决。如果人为的使经济增长停滞，消极被动地对待发展中遇到的各种问题，而不去积极主动地寻找解决问题的方法，人类就不会进步，也绝不会实现理想的生态平衡，所以对这种观点应当持批判的态度。

2．资源节约原则

我国农业的发展必须要改变高投入、高消耗、低产出的粗放经营方式，走节约资源、保护环境的持续发展道路。我国单位 GDP 的能耗是日本的 6 倍，美国的 3 倍；化肥利用率只有 30%，比发达国家要低一半；灌溉用水的利用率只有 40%。正是因为人均资源的短缺，所以农业要持续发展，必须注意经济合理地利用淡水、耕地和能源，减少资源的浪费，改善农业生产环境，从而提高农业产出和农业经济效益，争取以最小的资源消耗获得最大的经济产出，实现农业可持续发展。

3．共同发展原则

实现生产、经济、生态三个领域共同发展。农业生产系统是一种在自然系统基础上的人工生态系统。人类通过对原有农田环境的改良，良种、化肥、灌溉、机械、农药等的外部投入，才能改善环境质量，大大提高系统的生产力及其持续性，也同时可以增加经济效益。农业系统不是纯自然的，各地自然环境对农业发展也不是完美无缺的。只有通过人为的努力，科学的增加外部投入才能实现农业系统的改善，推进农业持续发展。我国人均资源紧缺，只有通过增加对农业的物质和智力等各项投入，提高单位面积的土地生产率，并在控制人口增长、提高人口素质的基础上，减少农业劳动力的数量，才是农业可持续发展的出路。同时，要注意贯彻生产、经济、生态三个持续性相结合的原则。没有生产持续性，农业系统就会萎缩；没有经济持续性，农民就没有积极性；没有生态持续性，资源环境就会遭到破坏，后代人持续发展的权利就被剥夺，失去了农业增长和经济发展的机会。可见，三者是相互联系，相辅相成的。

4．科技兴农原则

"科技是第一生产力"，农业可持续发展，必须坚持把农业科技作为推动力的原则。我国是一个农业科技和生产力较为落后的国家，土地生产率和劳动生产率都比较低。每个农业劳动力平均产粮数量仅相当于发达国家的 1%—2%，也就是说我国的 50—100 个农业劳动力的生产的农产品数量相当于发达国家一个农业劳动力的产量。日本的农业劳动生产率是我国的 5 倍，受灾后的平均损失只有我国的 18%；我国的氮肥利用率比发达国家要低 15%—20%毒我国对农业科技贡献率只有近 45%，而发达国家一般都是70%—80%。另外，我国农业科技人员匮乏和对农业科技投入的不足，也制约了科技作为第一生产力的转化。我国每万名农业人口，每 7 000 亩耕地，只有一名农技人员，而德国、美国、日本等发达国家农技人员与农业人口的比例分别是我国的 13.5 倍、7.2 倍和 5 倍。我国对农业科技的投入不到农业总产值的 1%，而发达国家都一般在 3%以上，其他发展中国家也达到了1.51%—2%的水平。我国农业科研支出占国家财政支出的比例由 1985 年的0.51%下降到 1997 年的 0.33%。全国农业科研单位课题人员人均科研费仅为全国总水平的一半。

十一届三中全会以后，我国农业科技发展很快，农业科技贡献率由 1978 年的不足 20%提高到 2004 年的 45%，2019 年我国农业科技进步贡献率达到59.2%。虽然我国农业科技发展迅速，但是与发达国家相比还有很大的差距。究其原因，农业科技投入总量严重短缺、投入机制陈旧、投入效率及管理不善等是导致我国农业科技进步后劲不足的主要原因。要使我国农业高速、高效和持续发展，就要坚定不移地实施"科教兴农"的战略方针，培养和稳定农业科技队伍，加大农业科技投入的力度，提高农业科技水平，与此同时，要大力发展农业教育事业，提高广大农民的文化素质和科技素质，通过农业科技的跨越性发展实现农业现代化，进而实现农业可持续发展。

5.协调发展原则

（1）农业可持续发展，必须把握区域协调发展原则。在开放的商品经济社会，受自然资源和经济资源比较优势规律的支配，农业商品化程度越高，其专业化、规模化生产需求越大，就会加快农业生产的区域化进程。我国东部已经出现了以生物技术和信息技术为代表的现代农业的生产力，然而广大西部和中部的一些地区依然停留在自给自足和半自给自足的自然经济状态。为了适应国家总体区域经济的战略转变，在农业上要加快东中西部协调发展。我国当前的农业生产力结构是自然经济生产力、机器生产力和现代生产力并存。现代农业生产力比较薄弱，所占比例较小，大多分布于东部沿海；机器生产力主要分布于东部、中部和西部的少数地方，自然经济的生产力主要分布于西部和中部的少数地方。在实施可持续农业发展战略时，必须从我国的这种生产力结构出发，因地制宜，把握生产力布局、发展目标及发展重点的地域性特征。东部地区的重点应该是加强水土资源的保护管理和生态环境的治理；中部地区的重点是加快商品粮基地建设，提高集约化和产业化的水平，并加强对环境污染的防治；西部地区应着重加快生态建设和环境建设，因地制宜地推行退耕政策，防止土地沙化和水土流失。

（2）农业可持续发展，要坚持人才培养与农业发展相协调。人口数量变化是影响人与自然是否和谐的关键因素，农业现代化的一个重要标志就是拥有高素质的农民和文明发达的农村。但是我国农村人口不仅数量多，而且文化程度低。据 2000 年 11 月 1 日普查，2000 年，小学以下文化程度的农村劳动者达到 54.17%，初中以下占 90.3%，大专以上只占 0.4%。在近 6 000 万残疾人口中，农村占 70%，许多欠发达农村地区的医疗卫生条件较差，缺医少药现象严重存在。我国农业劳动力的平均受教育程度是 5 年，日本早在 1975 年就已经达到 12 年。德国农民中，具有大学文化程度的占 6.7%，受过职业教育的占 85%；日本农民中，具有大学文化程度的占 59%，高中以上的占 74.8%；英国 70%—80% 的农民受过良好的职业教育。我国农民文化素质较差而且大量过剩的情况已经严重束缚了农业经济的可持续发展和农业现代化的进程。实施农业可持续发展战略，就要严格控制人口数量，加强农村智力建设，全力提高亿万农民的科学文化与技术素质，大力发展农业教育事业与推广事业，增强农业劳动力的劳动技能。

三、可持续农业的特征

（一）生态的可持续性

可持续农业首先要维护生态的可持续性。生态可持续性主要是保持生物、自然环境条件以及生态系统的持续生产能力和功能。要维持生态可持续性，则要维护资源基础的质量，维护其生产能力。如对土地做到用养结合，才能维持或提高其生产的能力。生态可持续性还要保护农业自然条件、基因资源和生物多样性。现代农业还存在着种植制度僵化、集约种植单一、经营粗放、高能源、高投入，从而导致土壤退化、养分流失、土壤污染等不尽如人意的问题，影响了土地生产力和农业可持续性发展。要使农业能够可持续发展，就要减除不利影响，保持生态平衡，维护农业生态系统生产力。

（二）社会可持续性

生产服务于社会，社会促进生产。社会可持续性是指维持农业生产、经济、生态可持续发展的需要的农村社会环境的良性发展。主要包括人口数量控制在一定水平，农村社会财富的公平分配，人口素质的不断提高，农村劳动力转移等。强调农业发展与社会各方面协调发展问题。只有实现了社会各方面的协调运转，和谐统一，社会才有可持续性，进而才有农业发展的可持续性。

（三）经济上可持续性

农业再生产伴随着经济再生产。经济可持续性主要指农业生产的经济效益及其产品在市场上的竞争力保持良好和稳定，这直接影响到生产是否能够维持和发展下去。在市场经济为主体的情况下，经营者首先关心的是自身的经济效益。生产经营活动和某种技术措施能否正常开展，主要看有没有市场竞争力，经济效益起着决定作用。经济上的可持续性，决定着农业生产的可持续性。

农业的可持续发展要以生态可持续性为基础，以经济可持续性为主导，以社会可持续性为目的。

第二节　影响我国农业可持续发展的主要因素

一、我国可持续发展农业的产生

我国农业可持续发展的探讨开始于 20 世纪 80 年代，到现在已经有 30 多年的时间了。早在 20 世纪 70 年代末到 80 年代初，由于农业政策的变动，一些思想比较先进的农业科技人员，已经意识到传统农业在未来发展中的弊端，开始以户村为单位进行试点，探索和实践生态农业的理论，这是我国可持续发展农业的开端。

中国的生态农业在符合现代生态学的基本要求之外，还继承与发展了我国传统的"天人合一""人与自然和谐发展"的老庄哲学思想。在 30 多年的发展中，我国的生态农业在发展思路上逐渐与国际生态农业结合，初步形成了比较完整的发展体系。

但 1992 年由原国家计委等部门联合参与编制了《中国 21 世纪人口环境与发展白皮书》(以下简称《白皮书》)，这一文件是我国将可持续发展农业作为一项国家战略确定下来的标志，在我国可持续发展农业史上具有重要的意义。1994 年 3 月我国政府制定并通过了《中国 21 世纪议程》，议程从我国具体国情出发，充分考虑我国的人口状况、环境状况与经济发状况，明确地提出了人口、经济、社会、资源和环境相互协调、农业可持续发展的总体战略、对策以及行动方案。此外，在"九五"计划和2010年发展纲要中对相关的工作进行了详细的部署，这标志着我国可持续发展农业进入了新的发展阶段，向着农业生态化、现代化开来大踏步地迈进。

二、我国农业可持续发展面临严峻的挑战

随着我国经济的发展建筑用地与工业用地会在较长的时间内保持一个增长的趋势，在未来很长一段时间内我国农业耕地将进一步被压缩。我国统计部门的相关文件显示，我国人口增长速度虽然已经放缓，但是仍然保持了一个增长的台式，预计2030年前后，我国的人口将增加至16亿，因此农业用地的减少与人口增长之间的矛盾短时间内难以得到缓解。人多地少是我国农业发展的基本现状，面对不算增长的农产品需求，我国必须立足这个基本现实提高农产品的质量和产量，这是解决我国农产品供需压力重要手段。这就意味着我国对耕地的使用效率必须不断地提高才能满足这一基本要求。农业集约化生产现代农业提高耕地利用率，促进农业结构调整的重要手段，在未来的农业发展中我们应该着重发展集约化农业生产，这也是国际农业发展的一个重要趋势。

从发达国家的农业发展历史中，凡是人均GDP超过3 000美元之后，其国内对畜禽产品的需求都会出现一个爆发式的增长阶段。这种增长速度与增长量，是一般的增长所不能比拟的，在传统的生产模式下畜禽产品供应增长根本不能满足这种需求的增长。集约化农业生产能够帮助农户在最小的成本下大规模地采用先进的农业生产技术与管理技术，在提高农产品的质量与产量上具有独特的优势。发达国家的农业发展之路为我国农业发展提供了很好的借鉴，我们要善于从这种借鉴中吸取经验。

农业物种安全问题也是我国农业发展中必须面对的问题。我国农业五种安全主要包括两个方面的内容，即物种多样性的保护，以及外来物种危害性检疫。随着动、植物在农业上的用途范围的不断扩大，国际贸易及国际合作的加强，引进物种会越来越多。但最近二十年我国发现的若干入侵物种，如水葫芦、豚草、紫茎泽兰、美洲斑潜蝇等，已经对我国的农牧业生产环境以及我国生态环境造成了影响。同时，由于集约化农作下单一品种种植、养殖，以及连作等生产方式的占压倒性优势，将不断增大对农业种质资源的保护和利用的不利影响。

最近几年由于不合理的农业耕作方式与土地开发方式，我国土地的肥

力整体出现了衰退的迹象，并且局部地区突然污染现象越来越严重已经严重威胁到了农业生产。对我国农田的地力状况一直以来缺乏系统和权威的监测和评估。由于农作不当而加重的水土流失所引起的黄土高原和东北平原土地的退化和地力下降，则已是不争的事实。中国科学院农业政策研究中心2003年的一项研究表明，我国东部地区20世纪80年代以来土壤肥力和土壤酸化的形势严峻。在今后农田复种指数必将不断提高的前景下，如何维护、保持和改善土壤肥力，将是十分艰巨的任务。土壤污染是指重金属污染、农药和持久性有机化合物（POPS）污染，以及化肥使用不当的污染。随着农业集约化程度的不断提高，我国面临的土壤环境安全问题将愈加突出。只有首先保证"净土"，保证"洁食"的目标才能实现。

资源承载能力过载的危险性。除水资源外，我国农业资源——生产的综合承载能力相对于农产品消费过高的需求将是不堪重负的。据 J.J.Brown（1997）等的测算，如果我国也全面采用美国肉牛主要用谷物饲料育肥的生产方式，并且人均牛肉消费量达到目前美国的水平，则要生产这么多牛肉，每年至少需增加4亿 t 谷物饲料。仅此一项即相当于我国目前年粮食总产量的 84%。又如，假定我国人均鱼类消费量达到目前日本的水平，则可能要把全球的鱼类资源全部吃光。

另外，随着经济的发展，对农业多功能性的要求也越来越高，不但要有较高的生产功能，同时还要具备较强的生态、休闲等功能。

总结来说，在未来的发展过程中我国农业发展将要长期面对的矛盾主要有下面两个矛盾。

（1）在农业发展的过程中，我们既要努力的保证农产品安全又要保障农民的生活水平不断提高，还要兼顾生态环境效益，这三者之间存在一定的矛盾，如何寻找这三者之间的平衡点，对我国农业的稳定发展具有重要意义。

（2）国家、地方、农民利益的调和。在农业发展的过程中，由于各自的出发点不同，国家、地方和农民各自的追求的利益有一定的差异，这种差异会使的三者利益的协调出现一定的矛盾，在发展的过程中应该结合（1）中所述的矛盾进行综合处理。

受传统农业发展模式以及我国农业客观发展状况的影响，我国农业的发展必将经历一条坎坷的发展之路。面对当前我国农业经济和农业生产发展的双重瓶颈，面对可持续发展与保护生态环境的压力，面对我国现代农业基础薄弱发展难度大的现实状况，我们不仅要做好解决农业发展困难的准备还要具备解决问题的勇气和能力。

三、制约我国农业可持续发展的因素

（一）水资源严重不足已构成投入的"瓶颈"之一

我国降水量南北分布严重不均和年际间变异大。占粮食播种总面积 55% 的重要农业区，即淮河以北的"三北"地区（东北、西北和华北）水资源只占全国总量的 14.4%，而且旱灾频繁；雨季降水集中且多暴雨，易造成涝灾。黄淮海地区被公认为是我国今后农业生产潜力最大的地区，然而其拥有 10% 的国土，却只占有全国水资源总量的 1.5%，水资源严重不足已经影响了该地区的可持续发展。如河北省沧州地区由于地表水及地下水资源严重不足，水资源年赤字高达 4.68 亿 m³ 占粮田总灌水量的 58%，只有靠超采地下水来补足。换言之，全地区粮食总产的 1/3 是靠开采基本上属于不可更新的地下水特别是深层地下水来获得的，因而是不可持续的。沧州地区与邻近的衡水地区由于地下水连年严重超采，已形成著名的"沧、衡漏斗区"；中心区自 1970 年以来地面已下沉 74.4cm。至于拟议中的长江水北调，即使能成功，预计届时每方水的成本也是农业生产很难承受得了的。

农业一直是我国使用水资源的"第一大户"，当前约占总用水量的 70% 左右，虽然较 1997 年的 75% 有所下降，但为了确保已有的灌溉水总量（4 200 亿 m³），以及尽可能地增加灌溉面积（规划到 2030 年扩大到 6 000 万 hm²），农业势必与其他的水资源用户包括工业和城市用水争夺十分有限的水资源。实践证明，其中最容易受到伤害的就是生态（环境）用水，年约需水量 1 000 亿 m³。因此，今后随着水资源竞争的进一步加剧，农业用水必须走节水型农业的道路。

为了解决北方水资源的缺乏问题，国家从 2002 年投巨资开始建设"南水北调"工程，分为东、中、西三条线路。但在工程的施工和运行中，应注意防止沿线农业生产、工业生产等可能对水体造成的污染问题。

（二）地资源的制约作用

我国人口众多，人均耕地很少，再加上来自工业、城镇化以及交通等用地需求的增加，农业耕地进一步减少。2000 年全国耕地 1.3 亿 hm²。据预测，今后 50 年内，我国耕地面积将在现有基础上减少近 1/8，使得我国要实现粮食自给自足的任务将变得更加艰难。

另一方面，我国实行的是家庭联产承包责任制，户均农田规模（0.5 hm² 左右）太小，致使农业规模效益得不到发挥，机械化水平较低，农业劳动生产率因此长期"居低不上"。另外，1990 年我国平均每个农业劳动力年产量为 1.2 t，而美国早在 1985 年就已经达到了 122 t。人多地少，农业劳动力大量过剩，未来农业用地将进一步减少，这种状况在我国将长期存在。

（三）大量使用商品能源的不可获得性

1988 年我国农业五项主要生产资料（化肥、农用电、农机、燃油及农药）所耗的商品能已高达 1 196 万亿 kJ；相比之下，美国农业在 1970 年耗能水平达历史最高纪录时也不过 2 209 万亿 kJ（食物加工运销耗能 3 536 万亿 kJ 不计在内），况且美国耕地面积比中国还要多 30%左右。我国农业能源使用处于高消耗、低效率的状态。

优质（高浓度、复合）肥料是农业必需的大量投入项目。但由于我国同这类化肥生产密切相关的硫、磷、钾矿储量及天然气产量很低，且品位差，致使复合肥在化肥总量中的比例很低；1991 年尿素在氮肥中所占比例亦不过三分之一，远远不能满足生产要求。更令人担忧的是硫、磷、钾矿及石油、天然气的储量到 2020 年前后均将告罄，需要大量进口。我国化肥的进口量，1992 年是 1 859 万 t，2000 年 1 189 万 t，2004 年 1 240 万 t，始终占化肥总用量（纯养分）的 20%—30%。

农用燃油（主要是柴油）的供应长期严重不足，而且国家财政还要大量补贴。我国已经探明的石油资源 2003 年底为 32 亿 t，估计石油总储量可能为 300 亿—600 亿 t，最终可开采量为 150 亿 t，以目前的开采速度，到 2030 年现有资源将剩下 18%，到 2037 年将全部耗尽。1993 年我国首次由石油净出口国变为净进口国。2004 年，原油进口量达到 1.5 亿 t，中国原油对外依存度增长至 42.1%。当前世界已经告别低油价时代，进入高油价时代。因此，只有进行农业生产方式的变革，提高能源、资源等的利用效率，不断降低生产成本，才能保证农业生产的可持续发展。

从我国总的能源结构看，煤占 71%，油气占 22%。我国每年 11.5 亿 t 的煤炭产量，实际要消耗 43 亿 t 的煤炭资源，几乎相当于全球的煤炭产量。同时大量可燃气体的浪费相当于每年白白烧掉 60 亿元人民币。全国 322 个城市空气质量检测统计结果，超过国家环境二级标准的城市有 233 个，超过三级标准的有 140 个。同时，后果也是极其严重的。联合国环境署估计我国 11 个最大的城市中，烟尘和细颗粒物每年致使 5 万多人夭折、40 万人感染慢性支气管炎；联合国开发计划署估计中国空气污染严重地区死于肺癌的人数比空气良好地区高 4.7—8.8 倍。当前这种农业生产方式已经到了非转变不可的程度了。

（四）过剩劳动力的负面约束

经典的经济学把资金、土地和人力不足并称为农业经济发展的基本限制（稀缺）因素，而人力这一个因素在中国情况却正相反。劳动力严重过剩已成为农业发展难以克服的障碍因子。据统计，种植业劳动力一年在农田的有效劳动时间不足 20 日，其余时间则赋闲在家，这种状况，直接阻碍了农民收入的提高。

据统计，2003 年底农村劳动力就业人口达到 5 亿，加上 18 岁以下和 60 岁以上尚在劳动的人，实际就业人口在 6 亿元左右，而目前农业生产力的水平只需要 1 亿左右的劳动力，农业劳动力隐性失业率在 80% 以上。20 世纪 80 年代乡镇企业的异军突起，解决了部分劳动者的就业问题，到 1996 年发展高峰期，解决了 1.4 亿人就业；再加上从 1992 年开始每年均有上亿的农村劳动力在不同地区之间的大规模流动，这在一定程度上缓解了农民就业压力。但目前至少还有 3 亿左右的过剩劳动力存在，而且还在随着农村人口的不断增长而增加。

我国农业劳动力不仅存在这种数量上的绝对过剩，而且从生产实际看，他们中的主体科技文化素质很低，远远不能满足现代农业对大批高素质人力资源的需求。

（五）投资严重不足和国内外市场的约束

中国农业自中华人民共和国成立以后一直在为国家建设积累资金作重大贡献。最主要的方式体现在工农业产品之间的"剪刀差"。即使在农业绝对产值还很低的 20 世纪 50 年代到 70 年代，每年的"剪刀差"即为国家贡献 200 亿—400 亿元；进入 80 年代后更增至每年 600 亿—1 300 亿元。按照国际上发达国家和若干发展中国家的规律，当工业靠农业积累发展到一定程度之后，国家便转而开始以各种形式（投资及补贴等）支持农业。韩国、中国台湾（地区）在人均 GDP 值达 400 美元时即开始对农业进行补贴。而我国 1991 年时人均 GDP 值已近 400 美元。但由于国家财政承受着城市价格补贴、工业亏损及高额行政费用等沉重负担，不但不能进入对农业大力支持的转折期，而且继续扩大"剪刀差"。同时用于农业基本建设的费用，近年来不仅无大的增长，有的年份还比以前大幅度下降。从 2004 年开始，国家开始对农业进行粮食直补，2004 年全国农户人均粮食直补 8.2 元，这在一定程度上促进了农民积极性的提高；但这也存在很多问题，2004 年粮食直补仅相当于上年农民人均纯收入的 0.3%，有些粮食主产区的农民，觉得直补金数额太少或领取不便而放弃领取，如江西南丰县一些只有几分地的小农户，其粮食直补资金只有 2—3 元；另一方面，政府为了保障粮食直补资金直接入户，却耗费了巨额行政成本。"城市支持农村，工业反哺农业"方针，迟至 2005 年才提出。总体上看，我国当前还没有进入实质性的工业反哺农业的阶段。

我国农民收入增长速度自 1985 年起减缓，尤其到 1989 年竟出现了负增长，这直接影响了对农业生产的再投入能力。自 1984 年以来，我国个人（总量）对农业生产固定资产的投资每年一直都保持在 150 亿元左右，加上集体积累多年平均 150 亿元左右，两项合计每公顷耕地年投资 150 元左右，加上国家对农业基本建设的投资每公顷平均 34.5 元，合计每公顷年投资只有 184.5 元。

农民收入水平低，大大限制了国内市场的发展扩大。另一方面，工农二元经济结构的长期存在，实际上造成了大量农业积累通过非税收的途径转入城市和工业。2003 年的城乡居民人均生活消费支出比已经高达 3.4∶1，2005年更是达到了 4∶1，这种不平衡的发展进一步加剧了农村消费市场的萎靡。另外，由于农产品的品质和安全质量问题，我国农产品大规模出口之路还很漫长。从而使我国的农产品长期处于"卖难"状态，丰收不增产甚至减产的现象很普遍，大大影响了农民务农的积极性以及农业生产水平的持续提高。

通过以上分析可看出，我国农业长期以来采取传统的粗放外延扩大再生产方式，高投入但有效利用率低，对资源和环境产生了巨大的副作用。在当今我国农业进入市场经济并即将融入国际大市场的今天，如果不对传统农业生产方式进行彻底的变革，农业的可持续发展就只能是一句空话。

第三节　可持续发展农业的模式和路径

一、农业可持续发展的一般模式

（一）立体种养农业

1．平原区常用模式

（1）农田互利共生种植模式。农田互利共生种植模式是将农田与农业生物，如粮食、蔬菜、菌类、果蔬等作物进行科学的布局，充实每一个能够利用的生态位，并且使他们能够相互利用，以此来达到增加产量、提高农业效益的目的。

（2）种、养结合型模式。种、养结合型模式的核心思想是废物资源化实现生态产物的多级利用。比如，鸡—猪—沼气—食用菌—蚯蚓养殖模式,；鱼—田—蚕—猪—蚯蚓模式等。

（3）种、养、加结合型模式。种、养、加结合型模式是种养结合的基础上，增加农副产品加工或者工业生产这一环节。该模式能够将农业产业链延长，增加农产品的附加值，对我国农业经济的发展和农民收入的提高具有十分积极的意义。

2. 山区常见模式

（1）小流域综合治理模式。小流域综合治理的基础是水土保持，林果种植是整个生态体系的核心。在该模式中，农业种植与水保措施结合施行，从而将单一的农业种植、养殖活动的外援扩大，向着工商业联合经营这一现代化农业发展模式转变，整个生态农业区域将会成为丰收高产的果品、畜牧生产基地，木材、乳制品加工基地。小流域综合治理，应该坚持以生物防治、不新增环境破坏这两个基本原则，将区域内的各个子功能系统有机地结合起来，激发整个治理系统的最大生态和经济效益。

（2）林—果—粮—牧模式。林果体系是生态农业发展中的一种重要模式，该模式将整个山区作为农业生态系统为规划对象和范围，旨在通过生态产物的利用、生态空间的利用建立起一个综合性的生态农业循环系统。该模式除了能够比较有效地保持水土之外，还能将山地资源进行充分的开发，实现对荒山生物资源的有效利用，增大我国农业可利用空间。一般来说，荒山草坡养禽、山沟养鸡等都属于该模式下的一种生态农业发展模式。

（3）贸—工农结合模式。农业经济的发展必须与市场结合起来，在生态农业系统的构建过程中，我们应该清晰地认识到这一点，从市场需求出发，发展现代化的立体式农业，将特色生产、生态种植融入整个生态系统之中。该模式的核心思想是"以工带农"，通过工业生产与市场需求的结合，促进农业经济的发展。

3. 城郊模式

城市是农副产品的重要销售市场，靠近城市的农村地区或者城郊应该充分利用自己的区位优势，积极开拓城市农产品市场，促进农业经济的发展。通常来说，发展蔬菜、水果种植业以农畜产品加工业是该类型农业生产模式的主要形式。随着我国城镇化步伐的逐步推进，该类型的农业发展模式将会拥有越来越广阔的发展空间和发展前景，在生态农业的发展规划过程中相关人员要充分考虑这一因素，有针对性地对城郊、近郊地区的农业生产进行规划。

（二）观光／旅游农业

随着我国城市化水平的提高，脱离农村和土地的人口越来越多，城市高压力、快节奏的生活激起了人们对简单、舒适的农村生活的向往，越来越多的城市人会在周末或假期选择到农村休闲度假，旅游观光农业正在成为农业经济发展的一个重要增长点。除此之外，随着人们生活水平的不断提高，城市居民对的食品的消费开始追求质量，因此无公害蔬菜、绿色食品产业将成为我国农业经济和农村地区发展的一个重要思路。

近年来，我国农业生产逐渐脱离了简单地向城市单一输入农产品这一模式，正在向着集农业生产，农业生态休闲、娱乐，农产品加工这一现代化农业发展模式转变，不少地区已经建立起了农业生态休闲旅游基地，出现了一批带领农民致富的农产品加工龙头企业。

发展观光农业、旅游农业应充分发挥和利用农业的"三生"功能。

（1）生产功能。农业的生产功能可以为城市的生产和生活提供新鲜的原材料，比如蔬菜、水果、粮食等。

（2）生态功能。农业的生态功能是指农业能够调节人与自然的关系，促进人与自然的和谐发展。

（3）生活功能。在都市农业区或者近郊的农业生产区域开辟绿地、市民农园、花卉公园、教育公园等，不仅能够提高城市居民的生活水平与生活质量，还能够促进农业经济的发展，促进农村与城市间的交流，提高农民的收入和生活质量。

（三）有机农业及其标准

有机农业是可持续发展农业的重要组成部分，作为一种新型的农业发展模式有机农业可以很好地将农业生态环境的保护、农业经济的发展结合起来，解决目前我国农业经济发展与生态环境保护的困境。要想发展有机农业我们必须了解有机农业生产的标准是什么。国际上对有机农业生产标准已经有了一些比较一致的看法，具体如下。

（1）种植业中禁止使用化肥以及化学农药等，长期使用或食用会对土地资源和身体健康造成伤害的物品。

（2）不能为了长期贮存农产品或者保鲜，使用违禁的化学药剂。

（3）农畜产品的饲养中，不能使用破坏牲畜自然生产状态的抗生素、激素等违禁药品。

美国的有机农业发展时间较长，有机农产品生产标准体系较为成为，其农业部对有机农业的要求主要有以下几种。

（1）一种生产系统中，尽量避免或者不使用非天然肥料或饲料。

（2）为了保证土壤的肥力，避免因长期种植农作物造成突然贫瘠，要轮作种植，依靠天然腐殖质以及有机肥料增强土壤的可持续耕作能力。

（3）依靠生物手段来防治农作物病虫害，保证植物的健康生长。

（四）可持续农业技术

可持续农业法发展技术，是生态技术与农业生产技术结合的产物，它是一种综合性的、集多种功能于一体的一种技术，是实现农业可持续发展的基础。就目前各种的可持续农业技术而言，适合发展中国家国情的，比较成熟的技术主要有以下几种。

1. 作物多样化

种植的多样化可以促进局部种植生态的改善，帮助种植户抵御各大风、冰雹等恶劣天气的影响，降低农产品出售的市场风险，有效减少各类病虫害的影响，提高产量。

2. 填闲作物

当谷物或蔬菜收获后，尽量不要让土地如果处于闲置状态，即使不在种植农作物，也可以种植黑麦草、苜蓿等能够控制杂草生长、保持水土或者改善土壤肥力的作物。

3. 多种作物轮作

多种作物轮作符合生态学基本原理，以及土壤利用和植物生长的客观规律。作物轮作对于控制病虫害、减少水土流失以及防止土壤侵蚀能够起到很好地预防和保护作用。

4. 害虫综合治理（IPM）

害虫综合治理是指将生物、种植、物理和化学等农业技术手段通过科学的规划结合到一起进行实践应用的一种害虫治理措施。害虫的综合治理能够用最小的经济成本，换取最大的生态效益和经济效益。

5. 养分管理

农作物生长的不同阶段、不同的农作物对营养成分的需求量以及需求类型都有很大的差异，在农业种植过程中我们应该有针对性的对处于不用营养需求状态下的农作物进行施肥管理，最大限度地提高农作物的产量，从而提高农业经济发展的效率。

6. 水土保持

水土保持是可持续发展农业中必须要解决的一个问题。目前比较常见的水土保持措施主要包括，丘陵耕作梯田、平原带状耕作、土质松软区少耕、免耕等措施。

二、充分借鉴国外可持续农业模式

(一) 美国的农业可持续发展模式

从 1990 年起，美国在"低投入农作计划"的基础上，实施"持续农业研究和教育计划"。该计划强调可持续农业并非仅是提倡低投入，而是要通过智力的高投入以适当减少物质资源的投入。当时威胁到美国农业可持续发展的四个重大问题是：水资源短缺及水的质量问题；农业生产对农用化学品的严重依赖性及其产生的一系列副作用；土壤侵蚀由于农业措施不当而成倍加重问题；农村经济及农村社区问题。美国现在已经形成了一套完整的持续农业理论和目标措施，主要包括：土壤管理、持续农作制度创造、生物技术和对病虫害的综合防治等等。农业可持续发展的主要模式是通过尽可能减少化肥、农药等外部合成品投入，围绕农业的自然生产特性利用和管理农业内部资源，保护和改善生态环境，降低成本，以求获得理想的收益。当前美国可持续农业的主要技术包括：

1. 作物轮作、休闲轮作与覆盖作物插入轮作

这是美国可持续农作制度的核心内容。作物轮作有助于抑制杂草及病虫害，改善植物养分供给，防止水土流失，保持土壤的养分，降低水资源污染。为了维持农场的经济可持续性，面对农产品市场价格的持续低迷，美国政府制订了一系列的补贴政策，其中就包括对休耕农田的补贴政策，以鼓励、引导农场主采用休闲方式，降低生产成本，并使农地得以休养和恢复地力。覆盖作物插入轮作主要在美国东部温带湿润地区试行，以豆科绿肥、豆科作物、饲草作物（如饲用小麦、饲用黑麦、饲用燕麦等）为主，并设计开展了各种不同的覆盖作物与小麦、玉米、棉花、马铃薯的轮作体系。覆盖作物一般在5—9月份以外的季节种植，越冬后直接用作覆盖绿肥还田（相当于每公顷归还干物质 2 000 kg 左右），并采用专用的免耕穴孔播种机械播种番茄、大豆等

经济作物。据试验，在基本不用氮肥的情况下，产量可提高 30%—40%，但需要使用除草剂。目前全美约有 5%的农场开始试验这项技术，主要问题一是农场的认识，二是现有的播种、耕作等机具不适应。

2. 作物残茬覆盖免耕法

这是一项在美国已有 20 余年的技术，至今仍然占免耕农田的主导地位。主要是把小麦、大豆、花生等作物的秸秆采用机械化的秸秆粉碎还田技术和高留茬收割技术等直接归还农田，并采用专用的 6 行和 4 行大中型免耕播种机直接播种作物。大量试验表明，这种方式可以减少化肥用量，增加土壤有机质，保持水分，防除杂草。目前美国约有70%的农田采用这种技术。

3. 病虫害综合防治

这项技术是以减少农药使用量，保护环境，提高防治效果为目的，采用生物覆盖、轮作倒茬、发展适宜于天敌的牧草、种子包衣处理、抗病虫品种等多种综合技术的应用。

4. 农牧结合

美国从种植制度安排到生产、销售等各个环节都十分重视种植业与畜牧业的紧密联系，由畜牧业的生产规模决定种植业结构的调整，两个产业使饲草、饲料、肥料三个物质经济体系之间形成相互促进、相互协调的关系，养殖场的动物粪便或通过输送管道或直接干燥固化成有机肥归还农田，既保护了生态环境，又提高了农畜产品的产量。

5. 网络化技术与精确农业技术

推动农业的信息化、网络化、自控化是近年美国农作制度的新趋势。美国的农业信息化程度日渐提高，尤其在农业技术推广、农业检测等领域进展很快。此外，农业试验研究部门已研究开发出利用"3S"技术的精确农业机械，其上装有计算机控制系统、产量监控器、激光测定技术等先进高新技术设备。

（二）日本的农业可持续发展模式

众所周知，日本的农业是竞争力薄弱的产业。日本政府认为，农业是一个国家的基础，同时承担着环境保护、国家粮食安全等多种功能。面对进口农产品的冲击，日本政府利用世贸组织规则和贸易谈判扶持和保护竞争力薄弱的本国农业，同时加大农业改革力度。1999 年日本颁布的新农业法《食品、农业和农村基本法》，提出创建和发展"对环保做出贡献的农业""可持续发展的农业"等，以增加本国农产品的竞争力。

（1）通过降低农作物外部的化肥、农药等的投入来保护环境，防止土地盐碱化，保持和逐步提高土壤肥力，同时利用现代生物技术培育适于水地、盐碱地、荒漠等耕作的作物品种，扩大耕地面积，弥补耕地不足。

（2）重视系统内部各部门的效率及其与资源系统关系的协调，强调农林牧渔的比例结构与农业资源及其组合特点相吻合，以防止自然资源的浪费和自然生态环境的破坏。

（3）提出了森林在防止水土流失和动植物多样性及净化空气等方面的价值，重视对绿色资源的保护。虽然日本的国土面积不到世界的0.3%，居世界第60位，但是其森林覆盖率比较高，居世界第12位，森林面积居世界第26位，木材采伐量居世界第27位，是世界上屈指可数的森林之国之一。

日本还围绕"有机农业"，修改和制定了一系列措施，比如对农民购置农业机械在资金借贷和征税方面进行扶持；建立农畜粪便管理和堆肥制度；减少化学肥料在农业中的使用等。日本政府通过的"农业经营政策大纲"，确定了今后农业生产的三个重点目标，具体如下。

（1）为提高国内农产品的价格竞争力，将扶持选定的40万户农民进行大规模生产。

（2）通过农业改革，推广无化肥农业。

（3）改善农产品的销售与流通环节等。据调查，日本全国312万户农民中已有20%实施了有机农业生产，北海道的农民中有1/3开展经营环保型农业。

（三）西欧的农业可持续发展模式

在20世纪50年代，欧洲农业的首要任务是提高生产率，环境保护在当时被认为是无关紧要的小事，因此《罗马条约》制订的共同农业政策对环境只字未提。到20世纪60年代，环境使农业遭受了不同方式的危害。1972年，世界首次环境会议在斯德哥尔摩召开，欧共体的政策中才首次关注到环境问题，农业也才首次关注到环境保护。主要是针对现代农业持续增产、高产而造成土壤重金属元素增加，水资源趋于紧张，氮磷元素和农药残留物对环境污染，生物多样性遭到破坏，农产品品质下降，自然资源和劳动资源浪费等问题提出来的。在1992年联合国环境与发展大会之后，欧共体通过了第5个环境行动纲领，其根本目标是保持自然界的生态平衡，尤其是保护水土资源和基因资源，以达到自然界的平衡，而这正是农业可持续发展必不可少的前提。共同农业政策也随着作了重大的改革，鼓励农民运用粗放型耕作方式，以减少对环境的压力，控制生产过剩。此外，还把一系列农业环保措施与植树造林措施结合起来，并把环保作为欧盟发展农村地区结构政策的重要组成部分。为此，各成员国都制订了有关农业生产方式的管理规定，不仅提高了产品的安全质量标准，也有效地保护了环境。把对农民的直接支付与环保标准的贯彻挂钩，凡对环境和景观产生积极影响的生产方式都给予补贴，引导农民改变有损环境的耕作方式，从根本上减少对环境的污染，减轻农业生产对环境的压力，如采用粮、油、豆科植物的轮作和自由休耕。欧盟还实施严格的载畜量规定，保护草场和环境；遵守放养密度规定的养殖户可获得养殖补贴，违者给予处罚等。

作为可持续农业的重要组成部分，有机农产品的生产可以从很大程度上解决常规农业生产的环境、生态、经济甚至社会问题，欧盟的政府决策层也逐渐认识到推广有机农业的必要性和紧迫性。欧盟关于有机农业的法规标准主要体现在：绿色环境标志、绿色技术标准、绿色包装制度、绿色卫生检疫制度等方面。其中，"绿色环境标志"是一种在产品或其包装上的图形，表明该产品不但质量符合标准，而且在生产、使用、消费、处理过程中符合环保要求，对生态环境和人类健康均无损害。1978 年，西德率先推出"蓝色天使"计划，以一种画着蓝色天使的标签作为产品达到一定生态环境标准的标志。欧盟于 1993 年 7 月正式推出欧洲环境标志。凡有标志者，可在欧盟成员国自由通行，各国可自由申请。它犹如无形的层层屏障，使发展中国家产品进入发达国家市场步履维艰，甚至受到巨大冲击。

三、我国可持续发展农业发展的路径

（一）加大财政支农力度

我国是一个农业大国，实现农业可持续发展是我国农业发展的必然趋势。我国的国情决定了政府始终是农业投入的重要渠道，而财政对农业的支出是政府支持农业发展的主要手段。加入 WTO 后，为增强我国农业发展的竞争优势，确保农业可持续发展目标的实现，有必要重新审视我国财政支农政策的现状，完善我国财政支农政策。

1. 财政支农的重要作用

理论和实践经验表明，政府的财政政策对于一国的农业可持续发展来说，确实有着极为重要的作用。具体体现在三个方面：

（1）导向作用。在实施农业可持续发展战略的过程中不仅要求政府转变职能，更重要的是通过一些途径向农民宣传农业可持续发展思想，加强其可持续性生产意识，让农民熟悉可持续发展农业的模式，并让他们从中真正获益。

（2）乘数效应。财政投入属于一种基础性投入，很大程度上能够决定和吸引其他经营性投入的多少和效益，并且这种效益会随着时间的推移表现出非常出色的收益性。

（3）"发动器"作用。实现农业可持续发展需要外部力量的介入，财政投入是一个重要的外部作用因素。实践证明，财政对农业投资的效果十分明显，以农业基本建设投资为例，根据农业部信息中心（1998）的计算表明，农业基本建设投资与农业增加值和粮食产量的增加密切相关，1980—1997 年间，每增加 1 亿元农业基建投资，农业产值可增加 38 亿元，增加粮食产量 39 万吨。

2. 财政支农的主要方法

各级财政部门应按照多予、少取、放活的方针，让公共财政的阳光更多地照耀到广大农村，让农民更多地享受到发展和改革所取得的成果。

（1）建立财政支农资金稳定增长的机制。通过调整财政支出的存量，同时把增量重点向农村倾斜，不断地加大对农村和农业的投入，使建设社会主义新农村有一个稳定的资金来源。增加农业投入，是建设现代农业、强化农业基础的迫切需要。尤其要抓住当前的有利时机，继续巩固、完善、加强支农惠农政策，切实加大对"三农"的投入。

（2）减轻农业负担。在全国全面取消农业税大大降低了农民的负担，激发了农业发展的活力。切实做好对灾区和贫困户的税费减免工作。对受灾严重、生活困难的农户，要依照国家有关规定减免农业税、乡统筹费和村提留。对因执行减免政策而减少的税费收入，要通过上级转移支付的办法解决，不得分摊到其他农户。同时，禁止在灾区、贫困地区向农民搞任何名义和任何形式的集资或募捐活动。

（3）完善和强化粮食直补、良种补贴、农机具补贴。2006 年粮食直补资金在 13 个主产区达到粮食风险基金的 50%，比上年增长 10 个亿。同时良种补贴和农机具补贴也比上年有了很大幅度的增长。另外，还将加大对产粮大县的奖励制度，由去年的 55 亿元调整到 2006 年的 85 亿元。2020 年2 月 10 日，国家财政部发布《2019 年财政收支情况》，2019 年，全国一般公共预算支出 238 874 亿元,其中农林水支出 22 420 亿元,同比增长 6.3%。可以看出我国在农业补贴规模超过 2 万亿。

（4）加大对农村义务教育投入。2006 年率先在西部中小学免收学杂费,2007 年在全国农村全面实行义务教育,免收学杂费。真正让农民的孩子能够上得起学、读得起书,使农民孩子上学问题切实得到保障。中央财政和地方财政,准备增投入,建立农村义务教育经费保障机制,2020 年我国教育投入超过 4 万亿,对农村的教育投入力度明显加大。

（5）解决农民看病难的问题。我们要大力发展和巩固农村合作医疗,2006 年合作医疗试点要扩大到农村 40%的县,2007 年争取达到 60%,在2008 年全面实行农村合作医疗制度。2006 年,中央财政对农村合作医疗的补助达到了 47 亿,是去年的 7 倍多。国家改革与发展委员会的统计数字显示,新农合等三项基本医疗保险参保率稳定在 95%以上,我国已经在农村地区建立起世界上规模最大的农村社会保障体系。

（6）加快农业经济制度改革。推进以农村乡村机构改革、农村义务教育制度改革和县乡财政体制改革为主要内容的农村综合改革,目的是给农民的实惠切切实实落到实处,使他们的负担不反弹,使建设社会主义新农村的步伐稳步、有序地向前推进。

（二）健全法律保障机制

要持续全面地实施农业可持续发展,从根本上讲必须依靠法制。同时,还要不断完善相关的法规、制度和政策等。

1. 大力宣传相关法律和政策

要广泛深入地宣传《中华人民共和国环境保护法》《中华人民共和国土地管理法》《中华人民共和国森林法》《中华人民共和国水法》《中华人民共和国水土保持法》《中华人民共和国草原法》《中华人民共和国野生动物保护法》等法律,不断提高全民的法制观念,形成全社会自觉保护环境、美化环境的强大舆论。逐步建立健全以有关法律为基础、有关行政法规相配套的法律法规体系,依法保护和治理生态环境。

2. 严格遵法和执法

各级政府、各有关部门在制定经济发展规划时,要把生态环境建设作为重要内容统筹考虑,在经济开发和项目建设时,要严格执行有关生态环境方面的法律法规,项目设计要充分考虑对周围水体、土地、大气等环境因素的影响，并提出相应的评估报告，安排相应的环境建设内容。工程验收时，要同时检查保护生态环境措施的落实情况。

要严格执法，强化法律监督，依法打击各种违法违规行为。坚决制止开垦草原、开垦湿地、乱占耕地、乱砍滥伐、毁坏植被等易于造成水土流失和生态破坏的经济活动。要尽快研究、建立生态效益补偿制度，坚持资源有价、环境有价、谁使用、谁投资、谁破坏、谁赔偿的原则，按照市场经济规律，治理和改善生态环境。

3. 健全农业可持续发展环境政策法规体系

经过多年的努力，我国在农业环境保护法制建设方面取得了很大进展。截至 2001 年底，国家制定和完善了环境保护法律 6 部，资源管理法律 13 部。同时，国务院还制定颁布了有关环境与资源方面的行政法规 30 余部。1998 年我国制定了具有长期指导作用的《全国生态环境建设规划》，并纳入国民经济和社会发展计划实施；2000 年 12 月我国政府又发布了《全国生态环境保护纲要》，提出了生态环境保护的中长期目标；2003 年初，国务院又印发了《中国 21 世纪可持续发展行动纲要》，提出了我国可持续发展的目标、重点领域和保障措施，是进一步推进我国农业可持续发展的重要政策文件；2008 通过《循环经济法》，为我国生态经济的发展提供了方向；2016 年开始实行《环境保护税法》，我国生态经济法规建设进一步完善。

在环境政策实施方面，坚持经济建设、城乡建设和环境建设同步规划、同步实施、同步发展；坚持经济效益、社会效益、环境效益一起抓；推行"预防为主，防治结合"，"谁污染谁治理，谁开发谁保护"和"强化环境管理"的三大政策。

但总体说来，我国的农业环境法规体系还相对薄弱，部分法规条例已经难以适应新的体制变化和经济发展需要，地区间、部门间的发展水平也参差不齐。在执法工作方面，还存在着执法力量薄弱、执法机构过于分散、执法人员素质不高、执法装备落后等问题，这些都严重影响了执法效果，不利于农业可持续发展方针政策的贯彻落实。

根据美国、日本、欧盟成员国等发达国家的经验，这些问题必须通过加强法制建设来解决。要加强农业可持续发展立法，完善有关法律制度。以可持续发展为原则，制定和完善人口、资源、生态环境、自然灾害防治以及信息资源共享和利用等方面的法规。根据市场经济运行规律和世贸组织规则，修订相应的农业和环境法规,建立健全农业可持续发展的法律实施保障体系，修订和完善农业环境标准体系，严格依法行政，加强执法监督，切实保证可持续发展的各项法律制度得以实施。必要时可以出台单独的农业环境保护法及其实施办法，以利于加强农业生态保护、实施农业可持续发展。

4. 巩固和完善相关政策规定

（1）关于退耕还林还草的若干政策。第一，国家向退耕户无偿提供粮食。粮食补助的标准，应根据农户退耕面积、当地实际平均粮食单产和还林还草情况综合确定，原则上要有利于鼓励农民积极退耕。粮食补助的期限，根据试点情况确定，需要几年就补几年。

第二，国家给退耕户适当现金补助。考虑到农民退耕后近几年内需要维持医疗、教育等必要的开支,中央财政在一定时期内给农民适当的现金补助。现金补助标准和现金补助的期限，根据试点情况确定，需要几年就补几年。

第三，国家向退耕户无偿提供种苗。退耕还林还草的育苗、育种单位向农民无偿供应所需种子和苗木。

第四，实行个体承包。按照"谁造林（种草）、谁管护、谁受益"的原则，实行责权利挂钩，积极引导和支持农民大力整治荒山荒地，并把植树种草和管护任务长期承包到人，30年不变。退耕地造林种草后由当地县级人民政府逐块登记造册，纳入规范化管理。

（2）关于治理开发"四荒"的政策。

第一，实行谁治理、谁管护、谁受益的政策。在经过治理开发的"四荒"地上种植的林果木、牧草及其产品等归治理者所有，新增土地的所有权归集体，在协议规定期限内，治理者拥有使用权，享受国家有关优惠政策。

第二，农村集体经济组织内的农民都有参与治理开发"四荒"的权利，本村村民享有优先权。鼓励和支持有治理开发能力的企事业单位、社会团体及其他组织或个人，采取不同方式治理开发"四荒"。

第三，治理开发"四荒"，应做到公开、公平、自愿、公正。治理开发的规模要适度，既不搞平均主义，又要避免由于规模过分悬殊带来的资源分配和经济利益不合理的矛盾。

第四，治理者对"四荒"享有治理开发自主权。国家依法保护治理开发"四荒"的成果和治理者的合法权益。在符合国家有关法律、法规、政策、规划和治理开发协议的前提下，允许并鼓励治理者在保持水土和培育资源的基础上，宜农则农，宜林则林，宜果则果，宜牧则牧，宜渔则渔，根据实际情况开发利用"四荒"。

第五，无论采用哪种方式治理开发"四荒"，都必须遵守有关法律、法规和政策。不准在坡度25°以上的陡坡上开荒种植农作物，不准破坏植被、道路和农田水利、水土保持工程设施。不得进行掠夺式开发,不得将"四荒"改作非农用途,以免造成新的水土流失,违者要按有关规定予以处罚。

（3）关于基本农田保护政策。第一,禁止任何单位和个人闲置、荒芜基本农田。经国务院批准的重点建设项目占用基本农田的,满 1 年不使用而又可以耕种并收获的,应当由原耕种该基本农田的集体或者个人恢复耕种,也可以由用地单位组织耕种;1 年以上未动工建设的,应当按照省、自治区、直辖市的规定缴纳闲置费;连续 2 年未使用的,经国务院批准,由县级以上人民政府无偿收回用地单位的土地使用权。

第二,承包经营基本农田的单位或者个人连续 2 年弃耕抛荒的,原发包单位应当终止承包合同,收回发包的基本农田。

第三,国家提倡和鼓励农业生产者对其经营的基本农田施用有机肥料,合理施用化肥和农药。利用基本农田从事农业生产的单位和个人应当保持和培肥地力。

第四,县级人民政府应当根据当地实际情况制定基本农田地力分等定级办法,由农业行政主管部门会同土地行政主管部门组织实施,对基本农田地力分等定级,并建立档案。

第五,农村集体经济组织或者村民委员会应当定期评定基本农田地力等级。

第六,县级以上地方各级人民政府农业行政主管部门应当逐步建立基本农田地力与施肥效益长期定位监测网点,定期向本级人民政府提出基本农田地力变化状况报告以及相应的地力保护措施,并为农业生产者提供施肥指导服务。

第七,向基本农田保护区提供肥料和作为肥料的城市垃圾、污泥的,应当符合国家有关标准。

（4）关于渔业资源的增殖和保护政策。

第一,禁止炸鱼、毒鱼。不得在禁渔区和禁渔期进行捕捞,不得使用禁用的渔具、捕捞方法和小于规定的最小网目尺寸的网具进行捕捞。

第二,重点保护的渔业资源品种,禁渔区和禁渔期,禁止使用或者限制使用的渔具和捕捞方法,最小网目尺寸以及其他保护渔业资源的措施,由县级以上人民政府渔业行政主管部门规定。

第三,禁止捕捞有重要经济价值的水生动物苗种。因养殖或者其他特殊需要,捕捞有重要经济价值的苗种或者禁捕的怀卵亲体的,必须经国务院渔业行政主管部门或者省、自治区、直辖市人民政府渔业行政主管部门批准，在指定的区域和时间内，按照限额捕捞。

第四，实行休渔制度，在东海、黄海、渤海和长江等水域禁止在伏季捕鱼，保护渔业资源。在每年的禁捕时期、有关休渔地区普遍实行"船进港、网入库、人上岸"。

（5）关于耕地可持续利用政策。第一，禁止在坡度25°以上陡坡地开垦种植农作物。省、自治区、直辖市人民政府可以根据本辖区的实际情况，规定小于25°的禁止开垦坡度。禁止开垦的陡坡地的具体范围由当地县级人民政府划定并公告。开垦或禁止开垦坡度25°以下、5°以上的荒坡地，必须经县级人民政府有关行政主管部门批准；开垦国有荒坡地，经县级人民政府有关行政主管部门批准后，方可向县级以下人民政府申请办理土地开垦手续。

第二，国家鼓励水土流失地区的农业集体经济组织和农民对水土流失进行治理，并在资金、能源、粮食、税收等方面实行扶持政策，具体办法由国务院规定。

第三，开发国有荒山、荒地、滩涂，必须向当地土地管理部门提出申请，由县级以上地方人民政府按照省、自治区、直辖市规定的权限批准，法律、法规另有规定的，依照有关法律、法规办理。

第四，单位和个人将耕地改为非耕地的，须经县级以上人民政府批准。

（6）草原的可持续利用与保护政策。第一，严格保护草原植被，禁止开垦和破坏。草原使用者进行少量开垦，必须经县级以上地方人民政府批准。已经开垦并造成草原沙化或者严重水土流失的，县级以上地方人民政府应当限期封闭，责令退耕并恢复植被。

第二，在草原上割灌木、挖药材、挖野生植物、刮碱土、拉肥土等，必须经草原使用者同意，报乡级或者县级人民政府批准，在指定的范围内进行，并做到随挖随填，保留一部分植物的母株。

第三，禁止在荒漠草原、半荒漠草原和沙化地区砍挖灌木、药材及其他固沙植物。未经县级人民政府批准，不得采集草原上的珍稀野生植物。

第四，合理使用草原，防止过量放牧。因过量放牧造成草原沙化、退化、水土流失的，草原使用者应当调整放牧强度，补种牧草，恢复植被。对已经建成的人工草场应当加强管理，合理经营，科学利用，防止退化。

（三）调整农业产业结构

我国各地情况千差万别，应因地制宜、发展适合自己特点的优势、特色农业。因此，必须克服过去"以粮为纲"、"一刀切"的农业发展模式，形成农业的区域优势、品种优势和加工优势相结合的农业发展格局。

1. 农业产业结构调整的具体内容

（1）优化农产品品种、品质。目前，我国农产品品种、品质结构还不够完善，农产品优质率较低。从比较优势来分析，我国应该重点发展的农产品是：牛、羊、猪等肉类产品；苹果、梨等水果产品；花卉产品和水产品等。在国际市场上，这些产品虽具有明显的价格优势，但面临着品种不优、质量不高的困扰。以苹果为例，我国是苹果生产大国，产量居世界第一位，但近年来我国苹果年出口量仅占总量的 1%左右。出口量小的主要原因是质量差，大小不均，含糖量低，采后保质能力差，果实农药残留超标等。

在多数农产品供过于求的背景下，农业的结构调整必须从追求产品数量的增长，转向追求产品品种、品质的提高，以及发展优质、高效农业。这样，才能提高我国农产品的市场竞争力，增强农业可持续发展能力。

（2）调整农产品品种结构，促进品种结构和品质结构优化。目前全国优质稻种植面积已达 2.5 亿亩，超过水稻总面积的一半；优质专用小麦达 900 多万亩，占小麦总面积的 25%。种植业结构的调整要由"二元结构"（粮食、经济作物）向"三元结构"（粮食、经济作物、饲料作物）转变。淘汰和调减那些不适销对路的品种，增加名、优、特、新产品生产，大力发展适应市场需要的优质特色产业和产品。现在出现"卖难"的农产品，主要是品质较差的大宗农产品，一些专用的、优质的农产品还是供不应求。因此，我们必须加快品种改良和良种推广，下决心淘汰劣质品种，大力开发优质品种，优化农产品品种结构，全面提高农产品质量。这是我国农业产业结构战略性调整的首要目标。

（3）大力发展"绿色"农产品，加强质量安全，形成品牌效应。我国农产品的优质品率非常低，粮食产品的优质品率一般仅为 10%左右，农产品的综合优质率也仅为 15%左右。农产品质量不高，已成为影响农产品销售，影响农民收入的突出问题，也成为影响农业生产持续稳定发展的主要因素。

提高农产品质量是农业结构调整的重点，是提高效益的核心，也是参与国内外市场竞争的保证。随着人们生活水平的提高，对农产品的品质要求也必然越来越高，不仅对农产品的色、香、味、形有了更高的要求，而且对农产品的无公害、无污染的要求也越来越高。要大力发展优质、高效、低耗农业，从市场需求出发，更新粮食品种，增加优质粮食和高附加值经济作物生产。农业部有关负责人就表示，农业结构调整要把提高农产品质量放在突出位置，根据市场需求进一步优化农产品品种结构，大力改善农产品品质，确保农产品质量安全，力争经过几年的努力，农产品质量能够满足城乡居民生活水平日益提高的需要，全面增强我国农产品的国际竞争力。

食品安全的威胁主要来源是农药、化肥、兽药的不合理使用。要着力发展无公害农产品和绿色食品，保障农产品安全。建立无公害蔬菜基地，并对无公害基地生产过程进行监控。大力发展无公害农产品、绿色食品和有机食品，尽快使优质安全的农产品形成品牌。

组织实施"无公害食品行动计划"和符合 WTO 规则要求的畜牧无规定疫病区建设，建立健全农产品质量安全保障体系，完善有关法律法规和政策，切实加强对农产品从生产到市场环节的管理，全面提高农产品质量安全水平和国际竞争力。

2. 调整农业产业内部构成

产业结构调整的另一方面，就是产业合理布局即大农业内部农、林、牧、渔四大结构的调整。产业结构调整里面，要注意提高牧、渔业的比重，特别是畜牧业产值的比重。

第一，种植业。以提高农产品质量和效益为中心，以稳定提高粮食生产能力为前提，继续全面调整种植业作物结构、品种（品质）结构和区域布局，大力发展优质高产高效农作物。稳定发展粮食作物生产，突出发展高效经济作物和饲料作物，逐步形成粮食作物、经济作物、饲料作物"三元"种植结构。推进农作物生产进一步向优势产区集中，提高专业化、集约化和产业化经营水平，实现总量平衡和效益不断提高的目标，形成布局合理、结构优化、质量较高、经济效益较好的种植业新格局。

第二，畜牧业。要抓住当前粮食供应比较充裕、人们对动物性食品消费水平不断提高的有利时机，把畜牧业作为一个大的产业加快发展，使其成为吸纳农业劳动力和增加农民收入的有效途径，促进农产品转化增值。发展畜牧业，必须依靠科技，走优质高产高效的路子。要加快畜禽良种繁育、动物疫病控制体系建设。开发饲料资源，扩大饲料作物种植面积，加强草原建设，大力发展饲料工业。转变畜牧业养殖方式，改进分散户饲养技术，发展适度规模饲养，提高专业化、集约化饲养水平。重点扶持一批规模大、起点高的现代化畜产品加工龙头企业，鼓励引进国外先进的畜产品加工技术和设备，提高我国畜产品加工深度和综合利用水平，推进畜牧业的产业化经营。

第三，渔业。坚持"以养殖为主，养殖、捕捞、加工并举，因地制宜，各有侧重"的方针，进一步优化渔业结构。加快发展水产养殖业。大力推广普及健康养殖方式，重点发展高效生态型水蕊养殖业。有条件的地方，积极发展技术、资金密集型的工厂化养殖，发展休闲渔业。

3. 合理进行区域产业布局

农业生产总是在一定的地域进行的。不同的地域有不同的自然工程的核心内容，它既可提供洁净的能源，还有助于实现农业生态系统的良性循环。

条件和经济条件，适宜进行不同的农业生产，形成了农业生产某种产品的比较优势。

调整和优化农业布局结构，应充分发挥区域比较优势。农业战略性结构调整要通过区域分工协作，充分发挥不同区域的比较优势。这涉及不同区域的战略性定位，只有明确在战略性层面上的分区域结构调整路径，通过发挥比较优势，形成不同的要素增长极，实现要素流动和优势互补，才能真正实现调整的"战略性"。

我们要合理配置土地、水、资金、技术等资源。从宏观上讲，要适当减少粮棉油糖等土地资源密集型农产品的生产，增加优质果、菜、花卉等劳动密集型产品的生产，增加养殖及加工品的生产。

东部地区农业结构调整的定位是"局部地区的现代化集约农业"，在突出发展二、三产业的同时，农业表现为高投入、高效益，其中外向型农业将占很大比重。东部地区在发展外向型农业、高科技农业和高附加值农业基础上，还应积极发展适应国际市场要求的农产品生产，增强出口创汇能力，加快推进农业现代化进程。

中部地区农业结构调整的定位是"主要农产品的供给基地"。

西部地区农业结构调整的定位是"突出发展生态农业和特色农业"。西部地区要抓住国家实施西部大开发战略的机遇，转变发展模式，将退耕还林、还草、还湖与发展特色水果、特色种养业并举，同时充分开发农业旅游资源，大力发展观光农业，积极发展特色农业、生态农业、节水农业和绿色农业，走农牧、林牧结合的农业发展道路。

（四）发展农业循环经济

我国应选择怎样的农业可持续发展模式呢？由于当前我国最大的生态问题在于人口与耕地的矛盾问题，由此带来了水土流失等一系列问题。科学技术是综合国力的重要体现，是可持续发展的主要基础和手段。中国虽然有历史悠久的传统农业技术，但现代农业科学技术的开发、推广和应用水平还很低，严重制约着农业的可持续发展。今后农业可持续发展的主要潜力和依靠力量在于发展和应用新的科学技术，要由传统的依靠土地、劳动力资源为主的增长方式，转移到依靠技术、知识为主的现代化增长方式上来。

1．不断增强农业科技创新能力

继续深化农业科研体制改革，着力构建国家农业科技创新体系，加快建设国家创新基地和区域性农业科研中心，在机构设置、人员聘任和投资建设等方面实行新的运行机制。加强农业科技研发和攻关，重点攻克农业重大科学技术难题和制约农业发展的关键核心技术，组织良种繁育、动植物疫病防控、节约资源、无公害生产、防灾减灾等方面技术攻关，重点抓好优质高产粮食品种攻关，推出一批有突破性的主导品种，有效支撑粮食增产、农民增收。充分利用国家重大科技计划，开展生物育种、航天育种、转基因技术、微生物工程、农业信息化和自动化控制等研发，强化基础研究和科技储备。提高优良品种和重大技术引进的水平，坚持引进、消化、吸收、创新相结合，不断增强农业技术水平和开发能力。

2．建设支持可持续发展的农业科技体系

尽快建立起与农业可持续发展相适应的科技体系、管理机制与评价体系。加强适合中国国情的有关持续农业理论与技术体系的研究。制定全国性及区域性集约化持续农业技术的评价指标体系。建设各级与集约化持续农业相适应的科研组织体系、管理体系并逐步制定有关法规。

将全国主要农业科学技术项目纳入可持续发展的农业科研体系与网络之中。加强农业环境科学、农业生态系统、农业生态经济等可持续性基础学科研究。制定可持续性农业科学技术评估制度，对现有农业技术，从对资源利用率、产品产量和品质以及环境影响等方面定期进行可持续性评估，对于其中有利于可持续发展的技术，制定优惠政策加大推广力度，对于不利于可持续发展的技术，坚决淘汰，并制定相应的惩罚措施。

加大节约资源、提高产量和品质、保护环境等方面农业技术的研究、开发和推广力度，积极开发农业生物技术，以提供丰富安全的动植物食品。近期优先开展农作物防治病虫害节药技术、节能技术、节水灌溉及机械化旱作农业技术、草地病虫鼠害测报及综合防治技术、无公害农产品生产技术、有机肥的积造与施用技术的推广与培训等。

建立健全广泛、有效的农业技术推广体系，充分发挥县一级农业技术推广中心的作用，加强农业技术推广、服务站点和网络的建设，造就一大批农业可持续发展方面的技术推广人才。

3. 加快农业可持续发展高新技术研究和应用

世界农业科技发展新的趋势表明，必须广泛采用生物技术、信息技术、核技术、农药化工技术等高新技术，使高新技术快速进入农业领域，用高新技术改造传统农业，实现高新技术在农业领域内的商品化和产业化，这是推进中国农业可持续发展的必由之路。

虽然在"七五"和"八五"期间，中国政府和农业科研与生产部门已将发展农业高新技术摆在重要位置，并取得了一些成果，但与世界先进水平相比还有很大差距。目前，中国农业高新技术的研究和推广才刚刚起步，还面临着不少的困难和问题。

瞄准 21 世纪农业发展趋势，集成国内外农业高新技术，建成以市场为导向，科技为先导，产业为目标的科技经济一体化的农业高新技术产业。通过安排一批产、加、销一体化的高新技术开发和产业化工程项目，形成一批农业高新技术产业基地和工程（技术）研究中心，初步改变农业科技成果不能迅速转化和适应产前、产中、产后一体化要求的局面。

在全国选择适宜地区进行高技术试验研究、组装配套、引进、消化、示范等工作。应用组织培养、细胞融合、杂交瘤及单克隆抗体技术，培育高产、优质农牧水产品新品种，开发和繁殖具有特色的名特优珍稀品种资源。培育抗病虫、耐盐碱、抗寒、耐旱、抗杂草、抗风和洪涝等灾害天气，具有抵御不良环境条件的新作物和品种。

以果、林、花卉苗木主要病毒脱毒和快繁为方向，建立工厂化生产技术体系；建设简便、实用和快速的病毒检测技术体系，制定与国际接轨的分级标准；完善高效脱毒检测技术及快繁技术和生产工艺流程；建立果树无毒苗木繁育体系，形成较大规模的无病毒苗木生产能力。

以海水贝类快速生长和抗病为方向，发展贝类三倍体育种技术，建立无病毒虾苗繁育体系，形成较大规模的无病害虾苗生产能力。

加强来源于微生物和植物的杀虫、杀菌、除草的新农药研制；新剂型生物农药浮剂、粉剂、油乳剂、可湿性粉剂的研究与开发；建立人工卵赤眼蜂工厂化生产基地和繁殖技术体系。在研究开发不同种类微生物肥料的优良菌种和生产工艺的基础上，建立适于不同作物、不同生态区、不同品种的微生物肥料生产示范基地。

（五）建设节约型农业

建设节约型农业的指导思想是：认真贯彻落实科学发展观，坚持资源开发与节约并重，把节约放在首位的位置，紧紧围绕农业增长方式转变，以提高资源利用效率为核心，以节地、节水、节肥、节药、节种、节能和资源的综合循环利用为重点，强化节约意识，综合运用经济、法律、行政、科技和教育等手段，结合农业区域资源特性，深化农业结构调整，保护农业资源，加快农业标准化建设，创新和推广农业技术，建立健全推进节约型农业建设的体制和机制，促进节约型社会建设。

当前和今后一个时期，我国应重点从以下几个方面推进节约型农业建设。

1．稳步提高耕地集约利用水平

加强耕地质量管理，开展耕地地力的全面调查，建设耕地质量监测网络，实现耕地质量的动态管理。切实加强耕地质量建设，推广耕地培肥和保护性耕作技术，加快中低产田改造，完善田间水利、机耕道路等基础设施。结合不同旱作地区的现实条件和技术应用基础，有针对性地推广旱作节水农业技术，因地制宜地确定种植结构，加快坡耕地治理，提升自然降水利用率和旱地综合生产能力。

2．不断提高农业投入品的利用效率

全面开展测土配方施肥行动，积极推广应用高效低毒、低残留、强选择性的农药和新型施药器械，改进施药方法，减少农药使用量。普及应用种子精选分级、包衣、药剂拌种等加工处理技术，提高种子质量和良种供应能力。全面推广应用主要农作物精量半精量育种技术。同时要抓好农业装备节能工作，千方百计降低以农业机械为重点的农业装备能耗。

3．大力发展集约生态养殖业

在适宜地区积极推广绿色高效生态畜禽养殖技术，稳步推进绿色高效生态养殖小区建设，降低饲料和能源消耗。在草原禁牧、休牧和轮牧区，大力推广舍饲、半舍饲圈养技术模式。合理开发利用渔业资源，推广高效、优质、集约化的生态水产养殖技术，提高资源的有效利用率和经济效益。

4．切实加强农村能源工作

要普及农村沼气，加强农村户用沼气和大中型沼气工程建设。加快太阳能、风能、生物质能和农村水电等可再生能源的开发与利用。加强乡镇企业节约生产工作，重点抓好轻工、化工、冶金、有色金属、建材、煤炭、电力以及农产品加工等行业的节能降耗与清洁生产。

（六）发展生态农业

1. 农村能源综合利用技术

农村能源泛指一切用于农村生产和生活的能源，通常包括秸秆、薪柴、人畜粪便、沼气、小水电以及太阳能、风能、地热能等新能源。目前，以沼气为纽带的农村再生能源的利用是"生态家园富民"。

2. 发展庭院经济

（1）庭院经济的开发与利用的基本类型有三种。

第一，方便实用型。这一类型是目前北方地区农村庭院经济的主要形式，农户可根据自己的喜好安排一些省时、省力又有一定经济效益的项目。如庭院种植红提葡萄或者蔬菜，或者养殖一些粗放管理的家畜家禽，一般不需要很高的技术，投资小、方便实用。产品主要是满足自身需要。

第二，技术效益型。此种类型是目前庭院发展的主干。其特点是农户充分发挥自己的技术特长，根据市场变化，组配高产高效模式，如庭院立体种养食用菌生产等。这种类型要求农户有一定的技术特长，懂管理、重信息，投资相对较高，也比较费时费力，获得的效益也较大，是纯商品性生产。农户庭院收入高的有数千元，低的也在千元以上。

第三，环境美化型。农户庭院存在的主要环境问题是脏、乱、差，由养殖业和秸秆等物品产生的固体废弃物及气味。为了从根本上改变农村居民的环境问题，许多农户将庭院养殖业进行加工改造，代之以花卉、盆景及户用沼气池等，从而丰富了庭院构成，优化了庭院生态位，改善了居住环境。其特点是要求居民有知识、懂技术，并有一定的环境美化意识，是一种较高层次的类型，经济效益一般户均可达 1 500 元左右，而且环境优雅。

（2）庭院经济的开发有以下几种建设方式：

第一，庭院立体养殖模式在庭院的地面或水面上分层利用空间养殖各种农业动物或鱼类的饲养方式。如在南方的庭院池塘中养鱼，池塘上层打架养鸭，鸭粪进入池塘作鱼饲料。也可形成系列化的养殖，如肉鸡系列化养殖，从引进父母代开始，孵化、育雏、产蛋、营销等，并附之养猪，将鸡粪配合饲料喂猪，猪粪养蚯蚓，蚯蚓喂鸡，从而形成良性循环养殖多级利用的食物链结构，使多种养殖项目相互连接，互相促进，协调发展，提高物质和能量的转化效率。

第二，庭院立体种养模式在庭院内合理布局农业生物（动物、植物、微生物），使它们分层利用空间的种养结合方式。如南方的稻—萍—鱼种养，北方的林—果—菌方式。也可在庭院内栽植葡萄，葡萄架下养兔（鸡、猪）等。

第三，庭院种养加立体开发模式在庭院内将种植、养殖、加工、沼气合理搭配的"四位一体"的生产模式。如在庭院内安装饲料加工设备，建沼气池，大棚，种植蔬菜（花卉）、养猪（鸡）。饲料养猪，猪粪进沼气池，沼液、沼渣作为种植的肥料，形成种—养—加—沼良性循环的生产模式。

3. 绿色食品生产技术

绿色食品技术是一种集农业、环保、卫生、食品于一体的新兴食品产业。其显著特点：一是安全、无污染；二是优质、有营养；三是其生产过程与生态环境保护紧密结合。

绿色食品生产必须具备四条标准：产品或产品原料的产地必须符合绿色食品的生态环境标准；农作物种植、畜禽饲养、水产养殖及食品加工等必须符合绿色食品的生产操作规程；产品必须符合绿色食品的质量和卫生标准；产品的标签必须符合《绿色食品标志设计标准手册》中的规定。

参 考 文 献

[1] 孙久文. 区域经济学[M]. 北京：首都经济贸易大学出版社，2014.

[2] 张洪. 区域经济学[M]. 北京：中国人民大学出版社，2014.

[3] 庞皓. 计量经济学[M]. 北京：科学出版社，2014.

[4] 吕文俊，应益荣. 经济统计学[M]. 上海：上海大学出版社，2013.

[5] 高敏雪. 国民经济核算原理与中国实践[M]. 北京：中国人民大学出版社，2013.

[6] 付红研. 国民经济统计[M]. 北京：首都经济贸易大学出版社，2013.

[7] 胡乃斌. 国民经济管理[M]. 北京：中国人民大学出版社，2011.

[8] 方天堃. 农业经济管理[M]. 北京：中国农业大学出版社，2012.

[9] 陈娆. 农业经济管理[M]. 北京：高等教育出版社，2012.

[10] 朱道华. 农业经济学[M]. 北京：中国农业出版社，2005 .

[11] 李秉龙，薛兴利. 农业经济学[M]. 北京：中国农业大学出版社，2009 .

[12] 冯开文、李军. 中国农业经济史纲要[M]. 北京：中国农业大学出版社，2008 .

[13] 王雅鹏. 现代农业经济学[M]. 北京：中国农业出版社 2008.

[14] 海泳. 美丽乡村蓝图下生态农业建设之道[M]. 长春：吉林大学出版社，2016.

[15] 李素珍，杨丽，陈美莉. 生态农业生产技术[M]. 北京：中国农业科学技术出版社，2015.

[16] 唐珂. 中国现代生态农业建设方略[M]. 北京：中国农业出版社，2015.

[17] 杨承训，仉建涛. 高端生态农业论：探研中国农业现代化前景[M]. 北京：社会科学文献出版社，2015.

[18] 周纪纶，郑师章，杨持. 植物种群生态学[M]. 北京：高等教育出版社，1992.

[19] 骆世明. 农业生态学[M]. 北京：中国农业出版社，2001.

[20] 张孝羲. 昆虫生态及预测预报[M]. 北京：中国农业出版社，2002.

[21] 王云川. 消费需求的宏观调控[M]. 成都：西南财经大学出版社，2003.

[22] 尹世杰，蔡德容. 消费经济学原理[M]. 北京：经济科学出版社，1992.

[23] 伊志宏. 消费经济学[M]. 北京：中国人民大学出版社，2000.

[24] 杨公朴，夏大慰. 产业经济学教程[M]. 上海：上海财经大学出版社，1998.

[25] 龙茂发，马明宗. 产业经济学概论[M]. 北京：高等教育出版社，1996.

[26] 杜肯堂，戴士根. 区域经济管理学[M]. 北京：高等教育出版社，2004.

[27] 陈栋生. 区域经济学[M]. 郑州：河南人民出版社，1993.

[28] 张敦富，覃成林. 中国区域经济差异与协调发展[M]. 北京：中国轻工业出版社，2001.

[29] 陆大道. 中国区域发展的理论与实践[M]. 北京：科学出版社，2003.

[30] 郭庆旺，赵志耘. 财政理论与政策[M]. 北京：经济科学出版社，2003.